丛淑芹 主编

医药市场营销实务

Marketing of Medicine

山东人民出版社
国家一级出版社 全国百佳图书出版单位

编委会

主　编　丛淑芹　山东药品食品职业学院

副主编　于晓芳　山东药品食品职业学院

编　者　刘相晨　济南漱玉平民大药房

宋俊超　山东瑞康医药有限公司

张　宁　山东药品食品职业学院

杜　沛　山东药品食品职业学院

周　冰　山东鲁南制药股份有限公司

孟宪雷　山东药品食品职业学院

单雪梅　山东药品食品职业学院

胡怀斌　山东东阿阿胶股份有限公司

贺洪波　山东药品食品职业学院

都慧慧　山东药品食品职业学院

崔荣娜　山东药品食品职业学院

前 言

随着国家一系列医药制度的改革和政策的规范，以往那种单凭客情或好的销售政策就能做好市场的时代已逐渐离我们远去，因此对医药营销队伍的要求也将越来越高，在未来的几年中，各医药企业的首要任务就是建设一支更加强大的营销队伍。公司目标的完成要靠提升营销人员的综合能力来实现，这些综合能力包括营销和医药专业知识技能、对市场敏感并且能够迅速反应的能力、较强的团队协作能力等。

本书针对医药高职院校学生的特点，以培养学生的职业能力和素养为目标，同时融入了医药购销员职业资格标准，确定了“学生为主体、教师为主导、教学做一体化”的课程设计理念，精选教材内容。按照“项目导向、任务驱动、理论实践一体化”贯穿始终的思路，以医药企业营销岗位的工作过程为主线，共设计出4个项目、18个学习性工作任务。每个项目都展示了从医药市场调查到目标市场选择，再到市场营销策略制订，最后到实施过程控制管理的完整工作过程，体现出由简单到复杂、由单一到综合、能力递增的特点。

4个项目及18个学习性工作任务具体内容如下：

项目一　医药产品市场营销策划	项目二　零售药店市场营销
✧ 任务1　医药消费者市场调查	✧ 任务1　零售药店市场调查前期准备
✧ 任务2　选择目标市场	✧ 任务2　零售药店市场调查实施
✧ 任务3　撰写市场营销策划方案	✧ 任务3　目标零售药店选择
	✧ 任务4　零售药店市场维护
	✧ 任务5　零售药店市场拓展
	✧ 任务6　零售药店市场分析

续表

项目三　医院市场营销	项目四　医药商业市场营销
✧ 任务 1　医院市场调查	✧ 任务 1　医药商业市场的开发与维护
✧ 任务 2　医院目标市场选择	✧ 任务 2　中标药品配送
✧ 任务 3　医院市场开发	✧ 任务 3　药品招商
✧ 任务 4　医院市场维护	
✧ 任务 5　医院市场拓展	
✧ 任务 6　医院市场分析	

本书的编写特点主要体现在以下三个方面：

1. 以医药行业为背景，突出行业特色

本书在编写时紧密结合医药行业、企业的岗位需求特点，通过对医药行业、省内外多家医药企业、往届毕业生进行的大量、深入调查，与企业专家一起进行了行业、职业、市场分析，归纳出了医药营销岗位的典型工作任务，融入了行业标准、岗位操作标准，教材内容的编写设计充分体现了医药行业的特色。

2. “项目导向、任务驱动、教学做一体化”的设计思路

根据医药企业营销岗位的工作特点，按照工作内容的类型对教材内容进行了项目化设计，更有助于学习者理解和掌握营销岗位的具体工作内容。同时，为了强调实用性和可操作性，在每一个项目里，根据该工作内容的过程设计了若干个可实际完成的任务。这样，学习者在完成任务的同时，既理解、掌握了相关知识点，又提高了实践动手能力。

3. 配套开发 3 个项目的 FLASH 动画

为了提高学生的学习兴趣，丰富教学资源，与医药企业合作开发了包括零售药店市场营销、医院市场营销、医药商业市场营销 3 个项目的 FLASH 动画视频，不仅提高了学习的趣味性，而且能够更为形象、直观地展示相关工作细节。

本书主要是作为医药院校相关专业高职高专、中职教育教材使用，也可作为医药企业营销岗位人员的学习参考书。

由于编者的水平有限，本书难免会有疏漏之处，望广大读者批评斧正。

丛淑芹

2015年12月

目 录

项目 一

医药产品市场营销策划

项 目 导 图

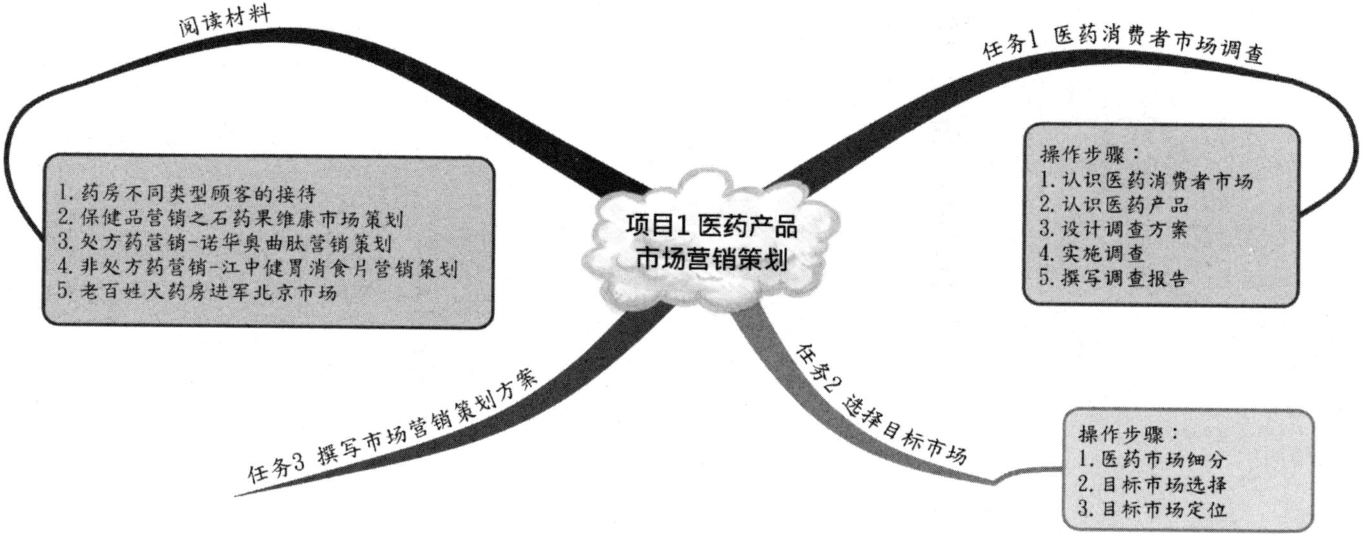
项目1 医药产品市场营销策划
阅读材料
1. 药房不同类型顾客的接待
2. 保健品营销之石药果维康市场策划
3. 处方药营销-诺华奥曲肽营销策划
4. 非处方药营销-江中健胃消食片营销策划
5. 老百姓大药房进军北京市场
任务1 医药消费者市场调查
操作步骤：
1. 认识医药消费者市场
2. 认识医药产品
3. 设计调查方案
4. 实施调查
5. 撰写调查报告
任务2 选择目标市场
操作步骤：
1. 医药市场细分
2. 目标市场选择
3. 目标市场定位
任务3 撰写市场营销策划方案

任务1　医药消费者市场调查

• 任务目标

通过本任务的学习，达到以下目标：

- □ 能掌握、分析消费者的购买行为特点
- □ 能检索产品相关信息
- □ 能根据产品特点设计调查方案
- □ 能有效实施调查方案
- □ 能正确撰写调查报告

• 任务描述

你是刚应聘到某制药企业的市场部专员，负责公司部分产品的推广工作。经理要求你在1周内熟悉所负责的产品，然后对产品的市场情况进行全面了解，并撰写调查报告上交。

• 任务素材

1. 某制药公司的系列产品
2. 计算机
3. 阅读材料

• 任务实施

步骤一　认识医药消费者市场

相关知识

一、医药消费者市场特点

消费者市场：是指为满足自身需要而产生购买行为的一切由个人或家

庭构成的市场。

（一）一般消费者市场特点

1. 非盈利性

消费者购买商品是为了获得某种使用价值，满足自身生活消费的需要，而不是为了盈利去转手销售。

2. 非专业性

消费者一般缺乏专门的商品知识和市场知识。消费者在购买商品时，往往容易受厂家、商家广告宣传、促销、商品包装和服务态度的影响。

3. 层次性

由于消费者的收入水平不同，所处社会阶层不同，其需求会表现出一定的层次性。一般来说，消费者总是先满足最基本的生存需要和安全需要，购买衣、食、住、行等生活必需品，而后才能视经济情况逐步满足较高层次的需要，购买享受型和发展型商品。

4. 替代性

一般消费品中除了少数商品不可替代外，大多数商品都可以找到替代品或可以互换使用的商品。因此，一般消费者市场中的商品有较强的替代性。

5. 广泛性

消费者市场上，不仅购买者人数众多，而且购买者地域分布也较广。从城市到乡村，从国内到国外，消费者市场无处不在。

6. 流行性

消费需求不仅受消费者内在因素的影响，还会受环境、时尚、价值观等外在因素的影响。时代不同，消费者的需求也会随之变化，消费者市场中的商品具有一定的流行性。

（二）医药消费者市场特点

1. 消费的单一性和多样性并存

药品不同于其他商品，只有当一个人产生了健康需求后，才会产生购买欲望，其诱导性相对于一般商品而言比较小，其诉求点也不像一般商品那么丰富。同时，由于存在消费者个体上的差异，如民族、宗教、经济收入、文化程度、性别、年龄等，使其在药品的购买行为方面产生一定的区别，因此医药产品形成了多样性的特点，以满足消费者的不同需求。

2. 消费信息的不对称

由于医药产品在使用过程中需要相对多的专业知识，而大部分的消费者缺乏医药知识，所以必须向医生求助，或者受到广告、宣传和他人的影响。

3. 对医药产品的需求持续增长，不断变化

随着社会的发展和经济水平的提高，人们开始追求生活质量的提升。对于医药产品的需求，也发生了很大的变化。例如，消费者对营养滋补品和防衰老产品的需求越来越大，包括过去少有人问津的高档营养品销售量也日益增加。

4. 疾病谱的改变

20 世纪以来，由于人口结构与流行病学的变迁，使得疾病的形态与医疗服务体系发生了很大的改变。过去以急性传染病的预防与治疗为主，而今已经转变成以慢性病的防治为重点，医药产品的结构发生了重大改变。

5. 季节性

由于有些疾病的发生具有明显的季节性，因此，药品也形成了其特有的季节性消费特点，例如，在春、冬季感冒频发，因而感冒类药品的销售比夏季高出许多。

二、消费者购买行为

（一）消费者购买行为的基本模式

每个消费者的购买行为是有差异的，但千差万别的购买行为背后，实际上也存在着某些相似之处。任何消费者的购买行为都脱离不了人类行为的一般模式，即刺激—反应模式，也就是说，个体通过刺激，经过心理活动，最后产生反应，如图 1－1 所示。

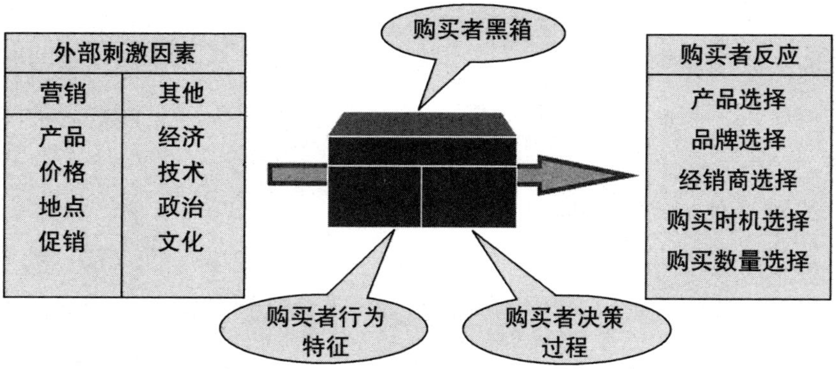

图 1－1　消费者购买行为模式

这一模式表明，购买行为的发生首先由外界刺激引起。这种刺激包括两种：一是企业所能控制的营销因素，即产品、价格、地点、促销对消费者产生的刺激；二是企业不能控制的宏观环境因素，即经济、技术、政治、文化对消费者产生的刺激。这些刺激进入消费者的意识之后，基于购买者的不同个人特征，在思想意识里进行受这些个人特征影响的决策过程，作出购买决策和发生相应购买行为。

消费者购买行为的一般模式，是企业营销部门制订营销计划、扩大商品销售规模的依据。企业营销人员就是要探究外界刺激进入消费者思想意识之后，受个人特征影响，消费者会作出何种反应，并作出怎样的购买决策，从而明确消费者购买行为的形成过程，并根据本企业的特点，自如地运用刺激—反应模式，向消费者进行适度的刺激，达到营销目的。

（二）消费者购买行为内容

消费者购买决策，就是消费者为满足自身的某种需求而寻求最适合药品或服务的解决方案。从某种意义上来说，购买过程的实质就是消费者不断进行决策的过程。消费者购买决策的内容因人和环境的不同存在着明显的差异，但不同的消费者购买决策具有一些共性的特点。药品消费者的购买决策主要有以下六个方面的内容，可以简单概括为“5W1H”。

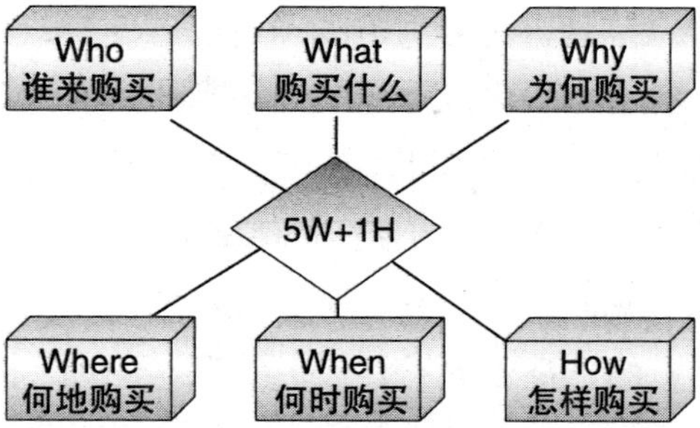

图 1－2　消费者购买行为内容

1. 谁来购买（who）？即确定购买者

消费者购买的药品并非都是自己使用，同样，消费者使用的药品也并非都是自己亲自购买。药品企业必须了解、分析特定药品的购买者情况，包括购买者角色、主要的患者类型、年龄构成、收入情况、职业、地区分布等。这是企业研究药品消费者市场的基础和开始，因为只有找准消费者后才能更有针对性地开展营销活动。

2. 购买什么（what）？即确定购买对象

购买对象是购买决策最基本的内容。满足消费者同一需求的药品是多种多样的，消费者确定购买对象不只是要确定购买的药品类别，还要决定购买药品的品牌、品种、价格等。也就是说，消费者购买药品，不仅仅是药品本身的效用，还有该药品的附加值，购买的是药品的整体概念。比如，药品消费者最想购买的是那些效用高而价格低的药品，同时还有所购药品服用的方便性，与药品本身相关的服务，药品的品牌、包装、药店信誉等。因此，企业在药品营销中应不断塑造企业品牌、降低药品成本和价格、提供完善的服务，做到在向顾客销售药品本身的同时，还应销售给顾客药品带来的附加利益。如销售儿童药品时，在介绍药品疗效的同时，应突出药品的口味和让儿童愿意服用的特点等。

3. 为什么购买（why）？即购买目的

消费者购买行为主要是由其购买目的引起的。药品消费者会根据自己的病情，选购使用相应的药品。这是消费者对药品需求的根本目的，决不会因销售人员的提示和诱导而改变。药品企业能做的就是审方给药、指明药品所在位置，或者依据病情推荐治疗该疾病的药品。具体应做到：药品严格按照 GSP 的要求陈列，充分考虑消费者的方便性，药店店员也应及时引导那些需要特定药品的顾客，为其准确指明药品的位置；药店执业药师和店员在推荐药品时，应详细了解消费者的症状并针对症状推荐药品，同时要注意提炼自己的药品解说内容使之简明扼要、卖点突出。

4. 在哪儿购买（where）？即确定购买地点

消费者购买地点的选择受到购买经验、购买习惯、动机、个人偏好以及求便、求廉、求速等很多因素的影响。比如，到医院就诊者一般在医院的药房购买药品，也有一小部分在附近的药店购买药品；不少药店有自己的诊所，在诊所就诊者自然选择在该药店购买药品。城镇居民购买 OTC 药品一般都是去自己比较信任、价格低、服务好的药店；乡村居民购买 OTC 药品或处方药一般在自己所在的乡村诊所、药店。药品零售企业应对消费者购买药品的地点做细致研究，采取相应的营销对策：首先是合理选择店址，一般应选择在人口聚集的居民区或商业密集区，方便药品消费者购药，同时扩大销售规模，降低企业经营成本。其次，药店要尽力做到经销的药品品种齐全、质量过关、价格合理，并努力做到店面环境整洁、药品陈列科学、服务上乘，从而吸引众多消费者固定在该药店购买药品。

5. 什么时候购买（when）？即确定购买时间

消费者购买时间的确定同样受到很多因素的影响，如消费者的闲暇时间、药店的促销活动等，但最主要的还是满足其需要的迫切性的程度。如果消费者急需某种药品，就会很快进行购买，以解决自己的不安和紧张。因此，企业要通过有针对性的营销活动，一方面让消费者产生购买的迫切感，使其尽快实现购买行为；另一方面，要注意了解消费者购买商品的时间习惯和规律，以便适时满足消费需求。药品消费具有急迫性的特征，消费者在任何时间都可能购买药品。但这任何时间里也存在一定规律，那就是集中性、季节性、流行性、节日性。

集中性：是指购买药品的时间段。在医院附近的药店，药品消费者大多购买处方药，比较集中的时间为 9：00—12：00 和 14：30—17：30；社区药店药品消费者大多购买 OTC 药品，比较集中的时间为早上 8：00 左右、中午 12：30 左右和下午 6：00 左右。

季节性：是指消费者由于季节性疾病的原因，而集中在特定季节购买特定药品的现象。比如，酷夏季节购买藿香正气水等降暑药品的比较多，秋冬之交购买感冒药的比较多等。

流行性：是指流行性疾病频发期间购买治疗或预防该流行性疾病的药物的特别多。比如流感期间购买感冒药的消费者明星增多，而一旦流行性疾病得到控制，这种需求就会急剧下降。

节日性：是指药品消费者由于节庆日生活方式突变的原因得了节日病，比较集中地购买特定药品的情况。比如在春节期间，由于聚餐较多，容易消化不良，助消化药就比较畅销。

6. 如何购买（how）？即确定购买方式

如何购买是指消费者怎样购买药品、购买行为如何，主要指消费者购买商品时的货币支付方式和获得产品所有权的方式，如现金结算、使用医保卡、网上订购等。消费者如何购买受到个性、职业、年龄、性别等若干因素的影响。由于药品的特殊性，消费者在购买活动中一般目的明确，在购买数量上很少受促销活动影响，在购买价格上选择自己接受的药品，从不讨价还价，一般在买卖时实时结算。药品企业必须通过市场调查，了解消费者的购买动机、消费需求及流行趋势等，采用有效的营销策略，“如何购买就如何服务”。

（三）影响医药消费者购买行为的因素

1. 消费者购买行为类型

药品消费者购买行为是指消费者为满足个人和家庭治疗疾病、维护健康的需要而购买药品和服务的活动，包括需要产生、做出决策、实施购买等过程。消费者的购买行为除了受购买动机的支配外，还会受购买者个性特点、产品特性、购买环境等因素的影响。因而，药品消费者的购买行为复杂多样，根据消费者的购买态度和个性特点，可划分为六种类型。

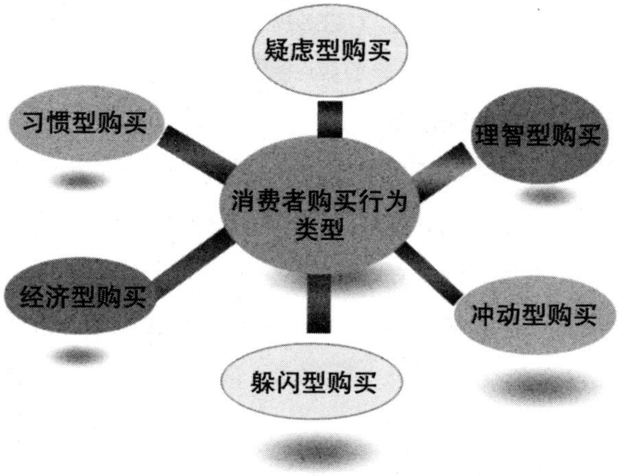

图 1－3　消费者购买行为类型

各种行为类型特点各有不同，作为经营者来说，必须要有不同的营销策略来应对，如表 1－1 所示：

表 1－1　消费者购买行为特点及营销策略

类型	行为特点	营销策略
习惯型	购买者根据购买经验和习惯购买熟知和惯用的产品，对新产品一般不愿贸然尝试，属于保守型购买者	以良好的质量、有效的宣传、优惠的价格来扩大自己的影响力，成为消费者习惯购买的产品
理智型	购买者非常重视产品的质量、性能、价格和实用性等，往往要经过深思熟虑，不会轻易受到其他人的影响	销售过程不能过多进行推荐，以免引起反感，而应以准确的导购服务为主
经济型	购买者由于经济条件的限制，会十分重视产品的价格，且注重其实用性，即往往选择性价比较高的产品	生产或经营经济实惠的产品，满足此类消费者的需求
冲动型	购买者没有明确的购买目的，在受到广告、活动、其他人的影响时，临时做出购买决策，比如减肥产品	采取活动促销、广告宣传、美化产品包装等策略促成消费者的冲动购买
疑虑型	购买者的性格一般比较内向，善于观察细小事物，在行为上表现为小心谨慎、疑虑重重	用非常热情的服务来引导此类消费者，耐心为其介绍产品，消除其心中的疑虑
躲闪型	购买者因患有隐私型疾病或购买隐私类产品时，往往会表现出躲闪、不安的行为	生产或经营经济实惠的产品，满足此类消费者的需求

2. 消费者购买的一般影响因素

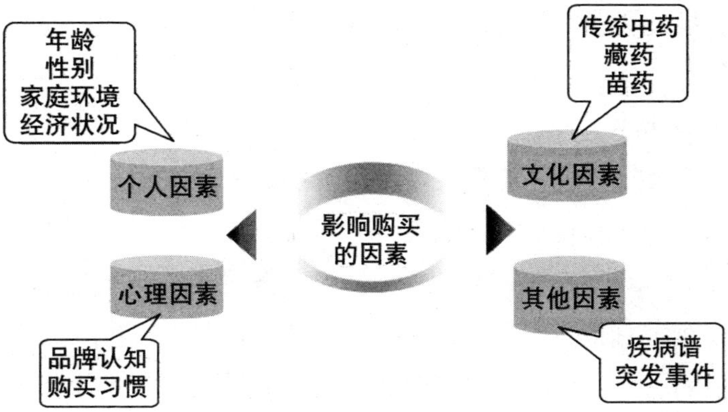

图 1－4　消费者购买的一般影响因素

（1）个人因素

个人因素即年龄、性别、职业、经济状况、生活方式、个性和自我观念等个人外在特征，均会影响消费者的购买行为和决策。

✧ 年龄、性别和职业　不同年龄层、不同性别的消费者，无论是在生理上还是心理上都有明显的差异，导致他们对药品和服务的消费需求和购买方式都有明显的差异。如青年人一般对时尚药品如减肥、增高等兴趣浓厚，而且购买时往往缺乏充分的考虑，容易受企业各种营销刺激的影响，有一定的随意性。老年人一般身体健康状况相对较差，对治疗心血管类药品的需求较多，对延年益寿等保健品比较感兴趣。

✧ 经济状况　消费者的经济状况是制约消费行为的一个基本因素，在很大程度上决定消费者的购买能力。消费者经济状况好，其消费水平就高，就能买得起价格高的药，是医药保健品的主要需求者，也易作出购买决策。反之，就会制约其购买行为，一旦药品价格支出超过了家庭的承受能力，尽管事关自己的健康和性命，消费者也无法购买他们想要的药品。

✧ 生活方式、个性和自我观念　生活方式是指人们的生活格局和格调，个性是指一个人比较固定的性格特征，自我观念是希望自己成为一个什么样的人。不同的生活方式、个性和自我观念的消费者对药品的价值观、需求和购买行为也会不同。例如，外向型的消费者，求新心理较强，往往是新产品的首批购买者，购买过程中受促销因素的影响较大；而内向型的消费者则相反。

（2）心理因素

消费者心理是消费者在满足需要活动中的思想意识，它支配着消费者的购买行为，尤其影响 OTC 药品的消费行为。

✧ 药品品牌的认知　品牌的作用在 OTC 药品中的影响是非常大的。比如，新康泰克、白加黑、泰诺等感冒药，消费者购买这些产品的决策往往是基于之前的用药经历、广告的影响、医生的建议等诸多因素。因此，药品企业在宣传产品功效的同时要突出企业形象，通过各种促销活动努力提升本企业和产品的品牌形象，强调一流的企业生产出一流的产品，最大限度地取得消费者的品牌认同。

✧ 药品购买习惯　消费者对于习惯的品牌或药品，购买决策简单，购买行为往往重复进行，会给该药品企业产生直接的效益。在处方药的推广中有一个“医生处方习惯”的概念，凡是这一类病情就使用这一类产品。培养医生的习惯性处方行为，自然也可以体现稳定的效益。比如，21-金维他通过多年的宣传推广，形成了一大批稳定的消费群体。他们每天都会习惯性地服用两粒，如同一日三餐一样有规律，每人每月消费一瓶，在给消费者带来健康的同时，也给企业带来了稳定的销量。

（3）社会文化因素

每个人都生活在一定的文化氛围中，并深受这一文化所含价值观念、行为准则和风俗习惯的影响。这一影响也延伸到了他们的消费需求和购买行为，影响着他们对药品的评价和选择。比如，我国消费者受传统中医药文化的影响，普遍认为中药的毒副作用小，疗效全面，可以从根本上治疗疾病，在预防和保健方面作用也较为显著，在一些慢性病的治疗方面可能比西药更有效。当前我国药品企业在推广藏药、苗药时，也都注意了文化的因素。

（4）其他因素

✧ 疾病谱　疾病谱是由固定的谱阶组成的疾病过程。各谱阶间界线互相交错，并非截然分开。此外，疾病谱的另一含义为，某一地区危害人体健康的诸多疾病中，可按其危害程度的顺序排列成疾病谱带。不同的个人和地区，疾病的谱带组合情况不尽相同，导致消费者会选购使用相应的药品。

✧ 突发性因素　主要是人们事先不能预测或难以预测的一些客观情况，包括自然现象和社会现象。一些突发性的因素也会影响药品消费的趋势，比如战争、自然灾害、流行病等，如 2002 年的“非典”、2009 年的“甲流”。

3. 消费者购买的医药影响因素

（1）疾病的严重程度及其认知水平

（2）药品购买的习惯

（3）药品品牌的认知情况

（4）药品或品牌的满意度

做一做

根据表 1－2 给定的几个消费者性格特点的描述，分小组讨论、分析每个消费者的性格特点，运用所学知识判断出每个消费者最可能属于哪种购买类型，并制定出有针对性的策略。

表 1－2　　人物性格特点描述

人物	性格特点
小孙	小孙是个很会精打细算的人，因为来自农村，家里不是特别富裕，所以每次发工资都是存一大半，剩下一点当生活费，平时的吃穿都很节俭，但是她却很快乐：“我在给自己攒嫁妆呢”
小李	小李是个内向的小姑娘，平时不太爱说话，不主动跟别人交往，总是小心翼翼的，但是做事情却很认真，很少出错
小张	小张性格很稳重，做事情总是井然有序，就是不太懂得变通，认死理，比如衣服只买大牌子，化妆品只买国际名牌，连吃个快餐都要点名去肯德基，用她的话来说就是：用顺手了，懒得改来改去的
小王	小王性格大大咧咧，为人特别豪爽，典型的“少根筋”，平时爱凑热闹，喜欢新鲜的玩意儿，所以经常买回一堆没用的东西，经常被老人数落乱花钱，但依然不怎么长记性

步骤二　认识医药产品

相关知识

一、药品的概念

根据《中华人民共和国药品管理法》，药品是用于预防、治疗、诊断人的疾病，有目的地调节人的生理功能并规定有适应症或者功能主治、用法和用量的物质，包括中药材、中药饮片、中成药、化学原料药及其制剂、抗生素、生化制品、放射性药品、血清、疫苗、血液制品和诊断药品等，是医药产品的主要组成部分。

（一）分辨药品的重要标志：药品批准文号

表 1－3　　药品批准文号注释表

注释 1	字母 H：化学药品　　字母 Z：中成药 字母 S：生物制品　　字母 J：进口分包装药品 字母 T：体外诊断试剂
注释 2	◎ 数字第 1、2 位：“10”代表原卫生部批准的药品，“20”“19”代表 2002 年 1 月 1 日以前国家食品药品监督管理局批准的药品，其他使用各省行政区划代码前两位的，为原各省级卫生行政部门批准的药品 ◎ 数字第 3、4 位：为换发批准文号之年公元年号的后两位数字，但来源于卫生部和国家药品监督管理局的批准文号仍使用原文号年号的后两位数字 ◎ 数字第 5 至 8 位：顺序号

（二）药品、保健食品的批准文号真假查询

1. 药品的批准文号到国家食品药品监督管理局网站的“数据查询”栏

中进行查询。

2. 目前保健食品的批准文号有两种类型：卫食健子和国食健字。

“卫食健字”到卫生部网站的“数据查询”栏中进行查询。

“国食健字”到国家食品药品监督管理局网站的“数据查询”栏中进行查询。

二、医药市场的分类及特点

（一）按照产品大类

按照产品大类可分为药品市场、保健品市场、化妆品市场、医疗器械市场。

（二）按照药品分类管理的要求

按照药品分类管理的要求可分为处方药市场、非处方药市场。

（三）按照药品产品种类

按照药品产品种类可分为中药材、化学原料药及制剂、生物制品等。

（四）按照药品市场的客体组成

按照药品市场的客体组成可分为消费者市场、组织者市场。

表 1－4　各类医药市场的特点

市场分类	市场特点
处方药市场（RX）	◎ 决策者和使用者分离 ◎ 终端人员专业化：文化层次较高、医学知识、文化知识较多 ◎ 产品生命周期相对比较长：需市场维护、开发新产品难度大 ◎ 需求弹性小：对药品价格不太敏感 ◎ 警示语：请仔细阅读说明书并在医师指导下使用
非处方药市场（OTC）	与保健品市场接近的非处方药市场： ◎ 疗效可靠、迅速，可以宣传 ◎ 注重品牌形象的培养 ◎ 大部分市场份额集中在知名品牌厂家 ◎ 例如：排毒养颜胶囊

续表

市场分类	市场特点
非处方药市场（OTC）	常见疾病非处方药市场（40%）： ◎ 消费者比较成熟 ◎ 市场容量大，利润较稳定 ◎ 竞争激烈，医药企业竞争的主要阵地 ◎ 市场细化，每个细分市场充斥着大量品牌 ◎ 市场终端拦截现象严重
	与处方药市场特征相似的非处方药市场： ◎ 不注重包装，缺乏知名品牌 ◎ 市场空间小，容量小 ◎ 消费者认知度低，培育市场 ◎ 安全性较其他非处方药低
	◎ 警示语：请仔细阅读说明书并按说明书使用或在药师指导下购买和使用
化学制剂市场	◎ 在全球药品市场中，欧美日三大市场占 88% 的份额，是世界医药主流市场 ◎ 企业规模小，数量多，产品低水平重复多 ◎ 我国化学制剂药物以仿制为主，利润低
中药市场	◎ 国际市场所占市场份额很小：日本（汉方药）80%；中国 3% ◎ 服用中药的顾客呈老化趋势，年轻一代接受西医药 ◎ 中药存在问题： 信用：假冒伪劣现象严重，以次充好行为当道 污染：重金属含量超标，农药残留 中药剂型不符合国外消费习惯，技术落后
保健品市场	◎ 发展迅速，需求旺盛 ◎ 高利润，高风险 ◎ 保健品市场发展不成熟：审批容易，投入较少 ◎ 产品生命周期短
医疗器械市场	◎ 小而散：医疗器械的生产企业也超过了 12000 家，医疗器械企业规模过小 ◎ 以生产技术含量较低的中小型产品为主，大型医院医疗设备仍靠进口，导致进出口产品结构差异大

做一做

选定某制药企业的主打产品，登陆该企业的官方网站，查阅“产品中心”，检索上述产品的基本知识，或者在百度上进行检索，重点记录产品的适应症、价格；组内讨论后，形成一份完整的产品信息报告。

步骤三 设计调查方案

相关知识

一、医药市场营销环境

医药市场营销环境是指与医药产品生产经营市场营销活动相关的，影响医药产品市场供给与需求的各种外界条件和内部因素的总和。医药市场的特殊性，决定了医药企业营销活动的受限制性。

（一）宏观环境因素

宏观营销环境（又称间接营销环境）是指所有与企业的市场营销活动有联系的环境因素，主要在宏观层面对企业营销活动产生影响，如图 1－5 所示：

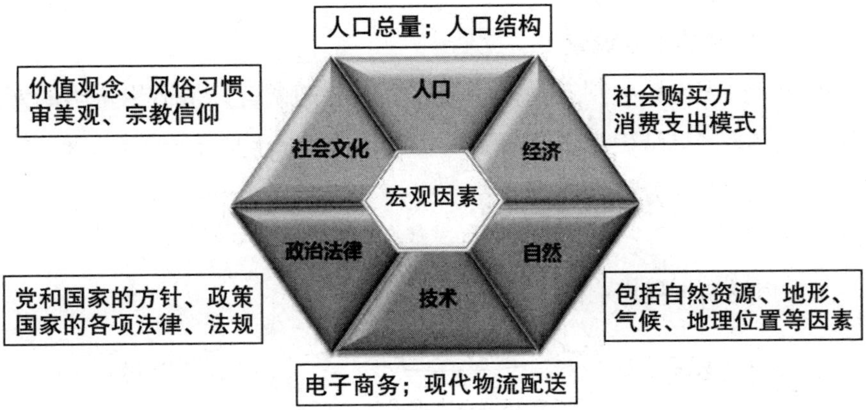

图 1－5 宏观营销环境

（二）微观营销环境

微观营销环境（又称直接营销环境）是指与企业营销活动紧密相关的环境因素，直接影响其营销能力的各种组织与行为者的力量和因素，如图 1－6 所示：

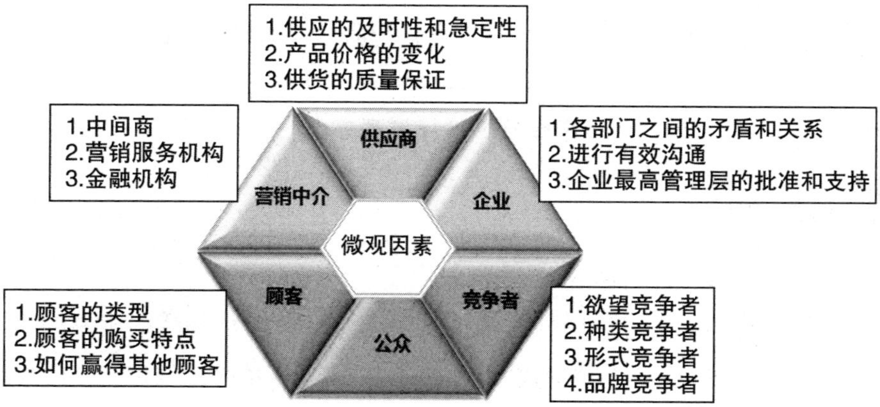

图1-6　微观营销环境

二、市场调查的含义

(一) 狭义的市场调查

是针对顾客进行的调查，是运用科学的方法和手段收集消费者对产品购买及其使用的数据、意见、动机等有关资料，并进行分析研究。

(二) 广义的市场调查

包括从认识市场到制定营销决策的全过程的调查，是运用科学的方法和手段，收集产品从生产者转移到消费者手中的一切与市场活动有关的数据和资料，并进行分析研究的过程。

三、市场调查程序

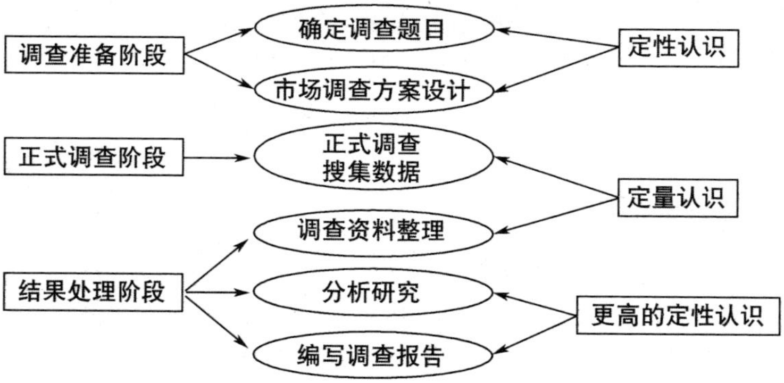

图1-7　市场调查程序

（一）确定调查目的

确定调查目的就是确定市场调查所要明确或解决的问题。

（二）设计调查方案

市场调查方案是整个药品市场调查工作的行动纲领。

（三）信息收集

收集信息是关系到市场调查成功与否的关键一步，主要包括两个方面的内容：

✧收集二手资料　二手资料是指对已有的资料进行有目的的检索、选取，从中找出对本次调查有用的信息。

✧实地调查　实地调查是调查人员现场收集资料的过程，是市场调查的关键环节。

（四）资料整理与分析

✧资料的整理　一般包括：问卷检查、资料再编辑、编码、录入等。

✧资料的分析　主要是运用数理统计分析方法对收集到的原始资料进行运算处理，并根据运算结果对研究总体进行定量的描述与推断，以发现市场的真实状况和内部规律。

（五）撰写调查报告

调查报告是整个调查活动的书面记录，是对市场调查工作最集中的总结。

四、市场调查方案设计过程

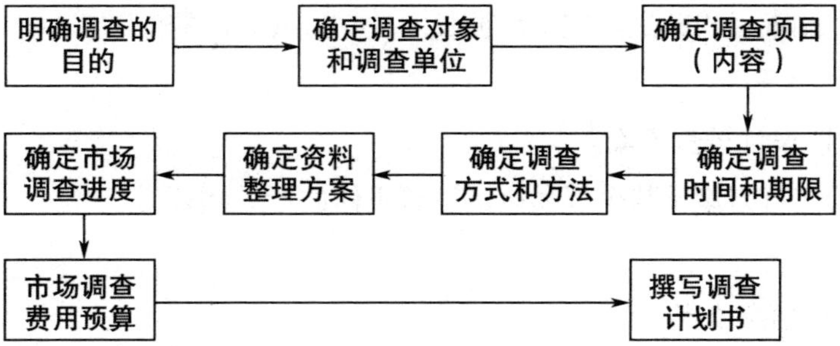

图 1-8　市场调查方案

（一）调查目的

明确调查目的是进行市场调查首先应解决的问题。

（二）市场调查的内容

1. 药品市场环境调查

（1）政治、法律环境调查　了解影响药品市场的国内外政治形势及相关的方针政策、法律法规。

（2）经济环境调查　了解国内外经济发展现状及未来发展趋势，国民收入水平、经济结构、购买力水平、物价水平等。

（3）社会文化环境调查　消费者受教育程度、文化水平、民族传统、风俗习惯、卫生健康水平等。

2. 药品市场需求调查

（1）现有顾客需求情况的调查，包括需求什么、需求多少、需求时间等。

（2）现有顾客对本企业产品服务满意度的调查。

（3）现有顾客对本企业信赖程度的调查。

（4）对影响需求的各种因素变化情况的调查。

（5）对顾客购买动机和购买行为的调查。

（6）对潜在顾客需求情况的调查，包括需求什么、需求多少和需求时间等。

3. 药品市场竞争调查

（1）竞争对手的数量及其分布区域。

（2）竞争对手的市场营销能力，包括经营规模、资金状况等。

（3）竞争对手的市场占有率、覆盖率。

（4）竞争对手的市场营销组合策略（产品、价格、销售渠道、促销）。

（5）竞争对手的优势与劣势、长处与短处。

4. 市场营销状况调查

（1）产品调查　产品（包括服务）是企业赖以生存的物质基础。其调查内容包括：产品设计调查（功能设计、用途设计、使用方便程度、品牌和商标设计以及外观和包装设计）；产品系列和产品组合调查；产品生命周期调查；老产品改进调查；新产品开发调查；药品售后服务调查等。

（2）价格调查　价格对产品销售和企业的获利情况有着重要影响。其调查内容包括：国家药品价格指导意见的新变动；目标市场对本企业及竞争企业价格水平的反应；药品需求供给的价格弹性及影响因素等。

（3）销售渠道调查　销售渠道的选择是否合理，对于提高销售效率、缩短交货期和降低销售费用有着重要的作用。其调查内容包括：市场上经营同类药品的主要中间商有哪些；销售渠道能否满足销售药品的需要；销售渠道库存是否合理；销售渠道每个环节是否对销售提供支持。

（4）促销调查　其主要内容是企业的各种促销手段、促销政策的可行性，一般企业较为重视的是广告和人员推销的调查。包括：广告的调查（广告投放媒体、广告效果、广告投放时间、广告预算等）；人员推销的调查（销售力量大小、销售人员素质、销售人员报酬、本企业销售网点分布、销售效果等）；营业推广的调查；公共关系与企业形象的调查。

提　示

以上列举了调查内容的整体范围，应该注意的是，并不是每个项目的调查都必须对上述所有内容进行调查，而是应根据调查目标的需要，本着够用和透彻的原则去选择。

（三）调查方法

调查方法是指我们用来搜集各种资料和信息的方法，常用的调查方法如1－9所示。

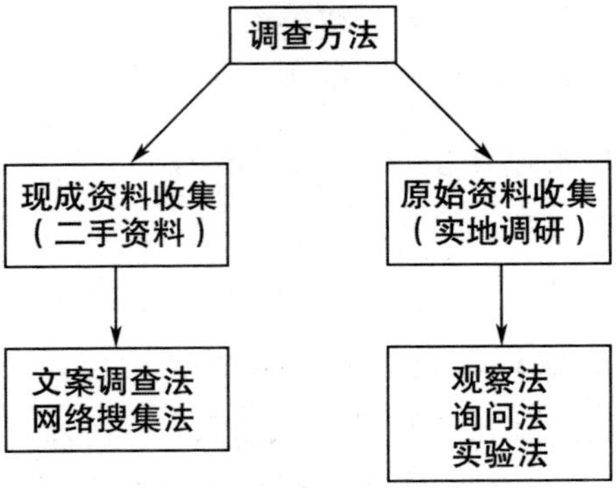

图1－9　市场调查方法

1. 观察法

✧观察顾客的行为，包括顾客的行踪和举动，分析其购买习惯和购买心理。

✧观察顾客流量。

✧观察购物环境，例如：店内布局设计、货架摆放、产品陈列等。

✧观察服务质量。

2. 询问调查法

简称访问法或询问法，是指调查者以访谈、询问的形式，或通过电话、问卷、面访（小组座谈、个别访问）等询问形式向被调查者搜集市场调查资料的一种方法。

（1）电话访问法

✧避免在电话中过多谈论细节。

✧打电话时嘴唇不能离话筒太近或太远，以确保通话语音清晰。

✧注意说话的节奏与速度，不要太快或太慢。

✧适时插入“是的”“好的”“我明白了”等类似的表示注意或赞成的话，表明你在倾听。

✧打电话时表情要愉悦，所说的内容应简洁明确。

（2）面谈访问法

✧确定访谈问题，制定访谈提纲（角色预演）。

✧充分了解被访谈者的特性。

✧确定访谈的具体时间、地点和场合。

✧拟定访谈计划。

✧称呼要恰当：入乡随俗，既要表现出尊重，又要恰如其分。

✧衣着得体：尽可能与被访谈者相似，给人一种大方自然的感觉。

✧选择恰当的接近方式：正面接近，自然接近，求同接近，友好接近。

（3）问卷调查法

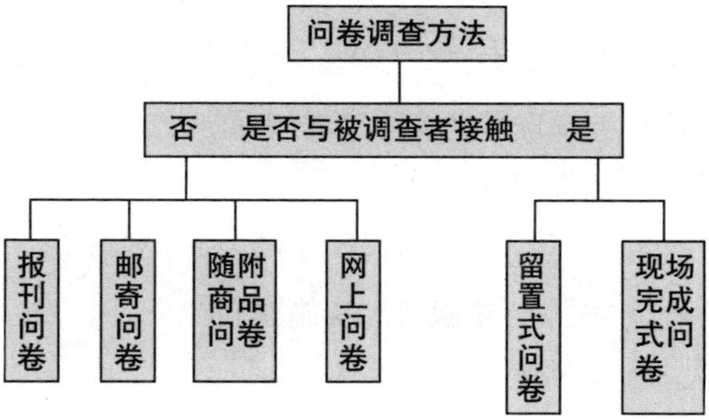

图1－10　市场调查方法—问卷调查法

3. 调查问卷的基本结构

（1）标题　说明调查研究主题。

（2）引言　也称说明词，是对调查目的、意义及相关事项的说明。其主要作用是引起被调查者的重视和兴趣，争取他们的支持和合作。其内容包括：调查人员自我介绍，本次调查的目的、意义、酬谢方式。问卷的引言文字应该简洁、准确，语气要谦虚、诚恳，要有吸引力和可读性。

（3）正文　是问卷的主体部分，主要由一个个精心设计的问题与备选答案组成。

（4）附录　是对调查过程中有关人员和事项的记录。包括：调查人员姓名和编号，调查时间，调查地点，被调查者的姓名、地址、电话等内容。

（5）结束语　结束语是在问卷的最后，简短地向被调查者表达谢意的语句。

4. 调查问卷的设计流程

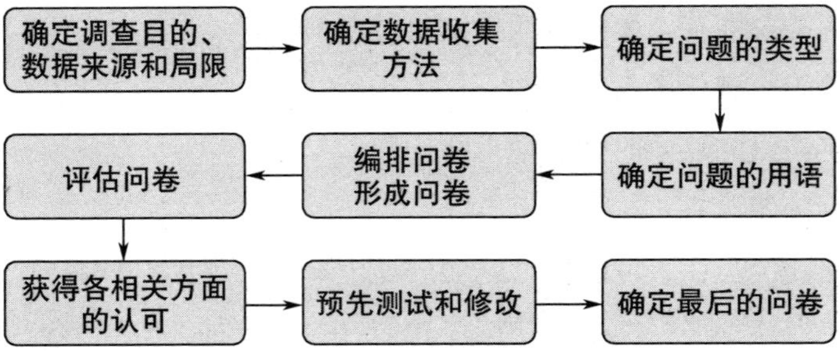

图 1－11　调查问卷的设计流程

做一做

以阅读材料中调查方案案例为参考，结合指定产品和校园环境的特点，按照调查方案的设计要求进行调查方案的编写。

要求：设计一份调查问卷。

步骤四　实施调查

相关知识

一、实施调查前的准备

（一）熟悉整体实施方案、熟悉问卷调查内容及与调查药品相关的知识。

（二）准备样本单位名单目录，包括受访者地址表及显示位置的地图。

（三）介绍信、调查人员的身份证件等证明文件。

（四）安排时间、地点和路线。

（五）调查工具：记录笔、问卷、礼品、访问夹等。

（六）必要的开场白准备，要注意公关礼仪，使用礼貌用语及沟通技巧。

调查问卷是市场调查的基本工具，是调查人员与被调查对象之间信息交流的桥梁。其设计得是否科学，直接影响到市场调查的成功与否。

二、实地调查

(一) 首先进行文案调查

通过文案调查可以以较快的速度得到二手资料，是市场调查必不可少的前道程序。

(二) 实地调查的五个要素

1. 约访　在可能的情况下，应首先约定被访者。可以通过电话、电子邮件等方式。约访时注意：简要地进行自我介绍，清楚、简短说明访问的目的；约定访问的时间和访问时间的长短；承诺访问内容保密等事项。

2. 接近　对被调查者称呼要得体，入乡随俗；接近被调查者的方式可选择开门见山自我介绍，也可选择自然接近、求同接近等联络被调查者感情的方式。

3. 提问　这个环节是调查的重要环节。开始提问时，调查人员要做好记录或引导被调查者填写问卷。对实质性的问题，调查人员应适当地、重点地、清晰地提出或给予解释，从而使被调查者能够深入了解调查的实质内容，收到较好的调查效果。

4. 气氛　调查应在放松、友好的气氛中进行，要求调查人员以诚恳、尊重、中立的态度进行调查。

5. 引导与追问　在调查过程出现障碍时，调查人员应该运用引导的技巧，保证调查顺利进行。在被调查者回答问题前后矛盾或不愿提供真实答案时要运用正确的追问技巧，从而得到真实、具体、完整的答案。

做一做

将设计好的市场调查问卷打印出来，到指定区域实施市场调查。

要求：整个调查过程有影像记录，声音、图像清晰，过程流畅、自然。

步骤五　撰写调查报告

相关知识

一、调查报告的格式

表 1－5　　　　调查报告结构

项目	内容
首页	◎ 调查报告的标题 ◎ 调查人员姓名及所属单位或调查公司 ◎ 呈报报告的日期
目录	与正文一致
正文	一般由前言、主体和结语三个部分组成 1. 前言 ◎ 说明调查的由来或接受委托情况，调查起止时间、参加调查的主要人员 ◎ 调查活动的一般情况。写明调查目的、内容方法、时间、过程安排、组织情况 ◎ 调查对象的基本情况 2. 主体 这是调查报告的核心部分，一般包括两个方面的内容： ◎ 基本情况。即调查对象过去和现在的客观情况，如发展历史、市场布局、销售情况等。要真实地反映客观事实，但不是简单罗列事实 ◎ 分析部分。对调查所收集的材料进行科学的分析，包括原因分析、利弊分析和预测分析，如“某产品滞销原因分析”“某药品利弊的分析”等，从分析中得出结论性意见 3. 结论与建议
附件	◎ 调查问卷 ◎ 统计图表 ◎ 专业技术资料

二、市场调查报告的撰写要求

（一）篇幅不要太长

调查价值是用质量、简洁与有效地效果计算来度量的。

（二）解释必须充分

对图表要配以文字说明，以便读者更好地理解报告。

（三）不要偏离目标或脱离目标

报告中不要有与调查无关的资料，以及提出不现实的建议。

（四）不要过度使用定量技术

根据调查的繁简、难易等具体需要而定。

（五）避免虚假的准确性

调查的数据本身就是一个近似值，不必把百分数精确到小数点后。

（六）调查数据不要单一

要得到准确的调查结果，必须用多种数据综合分析，防止出现偏差。

（七）资料解释要准确

可以用数字说明、分类说明、举例说明。

（八）报告用词要严谨

切忌使用“大概”“也许”“差不多”等词语，要使用专业词语及说明性词语如：“市场调查”“市场细分”“SWOT 分析”“根据”“为”“对”“从”“在”等。

三、SWOT 分析法

SWOT 分析法是对企业内外部条件各方面内容进行综合和概括，进行客观、公正评价，进而分析企业的优势和劣势及面临的机会和威胁的一种方法。

（一）优势劣势

主要着眼于企业内部，企业自身的实力与竞争对手的比较。

（二）机会威胁

着眼于企业外部，外部环境的变化及对企业可能产生的影响，增强决策的理性，减少盲目性。

表 1－6　　SWOT 分析法

内部环境	**优势（S）**	**劣势（W）**
	◎ 产权技术 ◎ 成本优势 ◎ 特殊能力 ◎ 产品创新 ◎ 具有规模经济 ◎ 良好的财务资源 ◎ 高素质的管理人员 ◎ 公认的行业领先者 ◎ 买主的良好印象 ◎ 适应力强的经营战略 ◎ 其他	◎ 竞争劣势 ◎ 设备老化 ◎ 战略方向错误 ◎ 竞争地位恶化 ◎ 产品线范围太窄 ◎ 技术开发滞后 ◎ 营销水平低于同行业其他企业 ◎ 管理不善 ◎ 战略实施的历史记录不佳 ◎ 不明原因导致的利润率下降 ◎ 资金拮据 ◎ 相对于竞争对手的高成本及其他
外部环境	**机遇（O）**	**威胁（T）**
	◎ 纵向一体化 ◎ 市场增长迅速 ◎ 可以增加互补产品 ◎ 能争取到新的用户群 ◎ 有能力进入更好的企业集团 ◎ 在同行业中竞争业绩优良 ◎ 扩展产品线满足用户需要及其他	◎ 市场增长较慢 ◎ 竞争压力增大 ◎ 不利的政府政策 ◎ 新的竞争者进入行业 ◎ 替代产品销售额正在逐步上升 ◎ 用户讨价还价能力增强 ◎ 用户需要与爱好逐步转变 ◎ 通货膨胀递增及其他

做一做

以阅读材料中的调查报告案例为参考，在前期调查的基础上，按照调查报告的格式，撰写一份针对指定区域医药消费市场的调查报告。

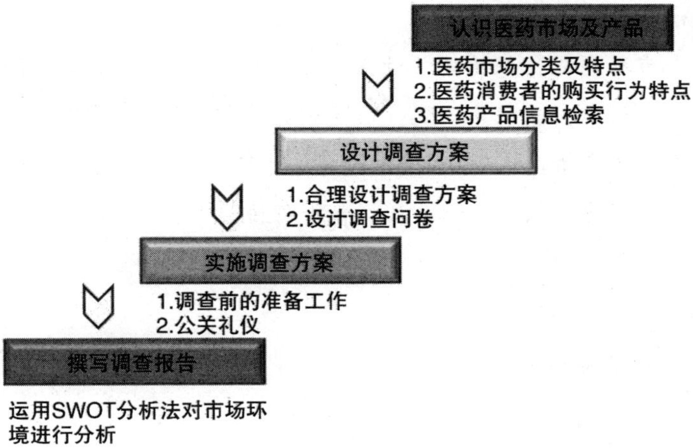

图 1－12　任务知识点

知识巩固

对照图 1－12，梳理自己所掌握的知识体系，并与同学相互交流、研讨个人对某些知识点或技能技巧的理解。

拓展任务

分析烟台荣昌制药的产品（仕卫），做一份有针对性的调查问卷。

任务 2　选择目标市场

- **任务目标**

通过本任务的学习，学生达到以下目标：

□ 能对医药消费者市场进行细分

□ 能评估细分市场、确定目标市场

□ 能进行目标市场定位

- **任务描述**

在前期市场调查的基础上，你对所负责产品已经有了初步的认识。同时，在调查过程中，你也意识到：虽然产品的消费群体很庞大，但是由于每个人的需求各有不同，因此即使是同一种疾病，不同的人也会有不同的选择。所以，你要找到适合的目标消费者群体，来打开产品的销售局面。

- **任务素材**

1. 某制药公司的系列产品
2. 计算机
3. 阅读材料

- **任务实施**

相关知识

一、STP 理论的概念

市场细分的概念最早是美国营销学家温德尔·史密斯在 1956 年提出的，此后，美国营销学家菲利浦·科特勒进一步发展和完善了温德尔·史密斯的理论并最终形成了成熟的 STP 理论——市场细分（Segmentation）、目标市场选择（Targeting）和市场定位（Positioning）。它是战略营销的核心内容。

二、STP 理论的优势

STP 理论的根本意义在于选择确定目标消费者或客户，或称市场定位理论。根据 STP 理论，市场是一个综合体，是多层次、多元化的消费需求集合体，任何企业都无法满足消费者所有的需求，企业应该根据不同需求、购买力等因素把市场分为有相似需求构成的消费群，即若干子市场，这就是市场细分。企业可以根据自身发展战略和产品情况从子市场中选取有一定规模和发展前景，并且符合公司的目标和能力的细分市场作为公司的目标市场。然后，企业需要将产品定位在目标消费者所偏好的位置上，并通过一系列营销活动向目标消费者传达这一定位信息，让他们注意到品牌，并感知到这就是他们所需要的。STP 理论是指企业在一定的市场细分的基础上，确定自己的目标市场，最后把产品或服务定位在目标市场中的确定位置上。

步骤一 医药市场细分

相关知识

一、市场细分的概念

市场细分是指营销者通过市场调查，依据消费者的需要和欲望、购买行为和购买习惯等方面的差异，把某一产品的市场整体划分为若干消费者群的市场分类过程。每一个消费者群就是一个细分市场，分属于同一细分市场的消费者具有类似的需求倾向。

医药市场细分就是按照疾病谱（或者疾病种类）、消费者年龄特征、消费者居住地等细分变量，及由此而产生对药品需求、购买行为、消费习惯的相似性及差异性，把药品市场划分为若干个子市场的过程。

二、市场细分的标准

市场细分的前提条件是消费者需求的差异性。

由于引起消费者需求差异的因素很多，因此市场细分也包含了许多变量，不同的行业，不同的产品，不同的企业都各有不同，没有严格统一的标准。药品市场细分的依据一般有以下几种：

（一）地理因素细分

按照消费者所处的地理位置、自然环境来细分市场，比如，根据国家、地区、城市规模、气候、人口密度、地形地貌等方面的差异将整体市场分为不同的小市场。地理变数之所以作为市场细分的依据，是因为处在不同地理环境下的消费者对于同一类产品往往有不同的需求与偏好，他们对企业采取的营销策略与措施会有不同的反应。比如，沿海地区经济发展水平较高，因此价格较高的保健品会首选在这些地区上市。

地理变量易于识别，是细分市场应予考虑的重要因素，但处于同一地理位置的消费者需求仍会有很大差异。所以，简单地以某一地理特征来区分市场，不一定能真实地反映消费者的需求共性与差异，企业在选择目标市场时，还需结合其他细分变量予以综合考虑。

（二）人口因素细分

按人口统计变量，如年龄、性别、家庭规模、收入、职业、教育程度、宗教、种族等为基础细分市场。比如，只有收入水平较高的消费者才会考虑购买高档营养品。人口统计变量比较容易衡量，因此企业经常以此作为市场细分的重要依据。

1. 年龄

由于生理、审美、生活方式、价值观、社会角色、社会活动等方面存在差异，不同年龄的消费者必然会有不同的需求特点。

2. 性别

由于生理上的差别，男性与女性在产品需求与偏好上有很大不同。如减肥产品通常都是针对女性消费者的需求设计的。

3. 收入

既有购买欲望又有购买力的人才能构成一种产品的市场，而购买力在很大程度上是由收入所决定的，消费者的收入水平直接影响市场的大小。

4. 教育程度

购买者受教育程度不同，其价值观、文化素养、知识水平不同，会影响他们对药品种类的选择和购买行为。

除了上述方面，经常用于市场细分的人口变量还有家庭规模、种族、宗教等。实际上，大多数公司通常是采用两个或两个以上人口变量来细分市场。

（三）心理因素细分

1. 社会阶层

处于同一阶层的成员具有类似的价值观、兴趣爱好和行为方式，很显然，识别不同社会阶层的消费者所具有的不同特点，为很多产品的市场细分提供重要的依据。

2. 购买动机

人的行为是受动机支配的。例如，有的人购买产品是为了治疗，有的人是为了保健，有的人是为了馈赠。

3. 个性

个性是指一个人比较稳定的心理倾向与心理特征，它会导致一个人对其所处环境做出相对一致和持续不断的反应。通常，个性会通过自信、自主、顺从、支配等性格特征表现出来。因此，个性可以按这些性格进行分类，从而为企业细分市场提供依据。

（四）购买行为细分

1. 购买者的品牌偏好

有些购买者经常变换品牌，也有一些购买者喜欢专注于一种品牌。

2. 购买的决策权

处方药的购买决策权在医生身上，对于非处方药，除了医生会起到一定的影响作用外，药店营业员也是很重要的影响者。

3. 购买渠道

消费者可以从医院、药店、网上购买所需药品。

4. 追求利益

消费者购买产品是为了解决某个问题，然而，产品提供的利益往往不是单一的，而是多方面的。消费者对这些利益的追求是有侧重的，例如，有的人追求经济实惠，有的人则追求品质耐用。

（五）疾病程度细分

1. 症状细分

对于某种疾病，可能会同时出现多种症状。当某产品在治愈疾病上的优势不大，而在症状的消除上有较好的效果时，可以根据产品的这个特点，选择以症状作为细分变量。

2. 疗程细分

疾病在治疗过程中，因疾病的类型不同，可以分为轻症和重症、急性病和慢性病等。因此，可以根据疾病的治疗过程进行细分，把病程分为若干阶段，根据产品的特点选择某一病程阶段会有较大的优势。这种细分特别适合于处方药的营销策划。

三、市场细分程序

（一）选定产品市场范围

明确产品的市场范围，并以此作为制定市场开拓战略的依据。

（二）列举顾客的需求

可从地理、人口、心理等方面列出影响产品市场需求和顾客购买行为的各项变量。

（三）分析潜在顾客的不同需求

对不同的潜在顾客进行调查，并对所列出的需求变数进行评价，挖掘顾客的潜在共同需求。

（四）进行市场细分

调查、分析、评估各细分市场，最终确定可进入的细分市场，并制定相应的营销策略。

做一做

以阅读材料中的案例为参考，在前期市场调查的基础上，结合产品和市场的特点，小组讨论，对指定区域内的消费者市场进行细分，确定细分标准。

步骤二　目标市场选择

相关知识

一、评估细分市场

一个企业受资源条件的限制，并不一定有能力进入细分市场中的每一个子市场，也不是所有的子市场都有吸引力，这就要求我们首先对细分后的子市场进行评估。

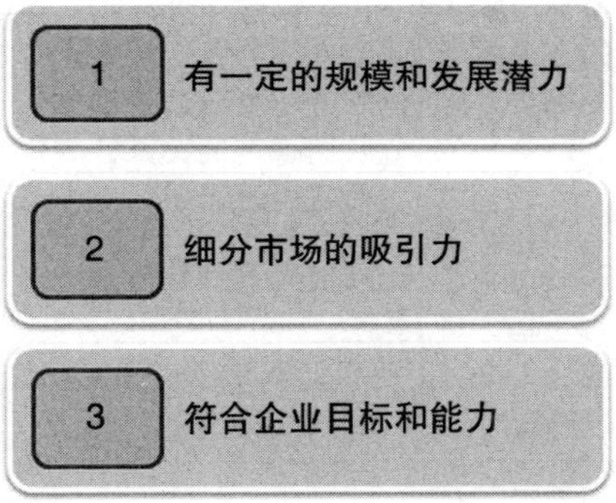

图 2－1　评估细分市场的依据

(一) 细分市场的吸引力

✧ 细分市场的规模及其成长性　没有足够的销售量就无法构成现实的市场；难以保证合理的盈利水平，也就无法成为目标市场。分析市场规模既要考虑现有的水平，更要考虑其发展潜力，以保证企业有长期稳定的发展前景。市场规模大小是相对的，应根据企业的实力选择适当的规模。

✧ 细分市场的盈利性　有适当规模和成长率的市场若缺乏盈利性同样不能成为目标市场。

(二) 企业的目标和资源

✧ 企业现有的人力、物力和财力资源能否满足细分市场的需求。

✧ 对细分市场的投资是否符合企业的长远目标。

二、 进入目标市场的模式

表 2－1 进入目标市场的模式

模式	概念	优势	劣势
密集单一型	用单一的产品占领一个细分市场	企业可以更了解该细分市场的需要，进行专业化的市场营销，竞争者通常较少	风险较大，一旦该细分市场不景气，或者出现强大的竞争对手，都会导致企业陷入困境
产品专业化	企业集中生产一种产品，并向各类顾客销售这种产品	有利于企业在某类产品方面树立良好的形象	当同类产品中出现全新的替代产品时，企业会面临巨大的冲击
市场专业化	企业生产不同的产品满足特定顾客群体的需要，即面对同一市场生产不同的产品	企业专门为特定的顾客群体服务，可与这一群体建立长期稳定的关系，并树立良好的形象	不易被其他非特定消费群体关注，容易失去更多的消费者
选择专业化	企业在细分的基础上，选择进入若干细分市场，针对每个不同的细分市场提供不同的产品与服务	这种模式可以分摊企业的风险，一个细分市场的失败不会影响企业的整体利益	如果选择的目标市场多，会分散公司的资源
全部覆盖	企业用各种产品满足各种顾客群体的需求，即企业面对的是一个整体市场	大企业可以采用这种模式	不适用于中小企业

三、满足目标市场的策略

（一） 无差异策略

不管细分市场间有什么区别，都用一种策略应时所有市场。

✧ 致力于顾客需求的相同点。

✧ 优点：成本的经济性。

✧ 缺点：顾客的满意度低。

（二） 差异化策略

所有细分市场都要考虑，并且为每一个细分市场设计一种营销组合。

✧ 致力于顾客需求的不同点。

✧ 优点：可以有针对性地满足不同顾客群体的需求，提高产品的竞争能力；能够树立起良好的市场形象，吸引更多的购买者。

✧ 缺点：市场营销费用大幅度增加。

（三）集中性策略

多个细分市场，只做一个。

✧ 致力于一类顾客的需求。

✧ 优点：专业化经营，能满足特定顾客的需求。集中资源，节省费用。

✧ 缺点：经营者承担风险较大。适合资源薄弱的小企业。

四、影响目标市场策略选择的因素

表 2－2　　影响因素

影响因素	无差异策略	差异化策略	集中性策略
企业实力	实力雄厚	实力较强	实力较弱
产品同质性	差异小	差异较大	差异大
市场差异性	差异小	差异较大	差异大
产品生命周期	导入期、成长期	成熟期	衰退期
市场供求趋势	供不应求	供过于求	供过于求
竞争对手的策略	区别于竞争对手		

做一做

对已确定好的细分市场进行评估，制定评估条件，最终选择目标市场，确定进入目标市场的策略，并说明理由。

步骤三　目标市场定位

相关知识

一、市场定位的概念

市场定位是企业及产品确定在目标市场上所处的位置。市场定位是由美国营销学家艾·里斯和杰克·特劳特在1972年提出的，是为了让企业在众多的竞争对手中处在有利的位置。

市场定位的核心就是塑造本企业产品与竞争者相区别的个性，即产品之间的差异化。然而，有些企业即使已经对产品进行了市场定位，但客户对产品形成的印象与企业的定位并不一致，这就失去了定位的意义。因此，企业必须能够准确地传达产品定位，并被目标客户认同。

二、市场定位步骤

（一）识别潜在竞争优势

这一步骤的中心任务是要回答以下三个问题：

✧ 竞争对手定位如何？

✧ 目标市场上顾客欲望满足程度如何以及还需要什么？

✧ 针对竞争者的市场定位和潜在顾客的真正需求，企业能够做什么？

通过回答上述三个问题，企业就可以把握和确定自己的竞争优势在哪里。

（二）核心竞争优势定位

竞争优势是企业能够胜过竞争对手的能力。这种能力既可以是现有的，也可以是潜在的。选择竞争优势实际上就是一个企业与竞争者各方面实力相比较的过程。比较的指标应是一个完整的体系，只有这样，才能准确地选择相对竞争优势。通常的方法是分析、比较企业与竞争者在经营管理、技术开发、采购、生产、市场营销、财务和产品等七个方面究竟哪些是强项，哪些是弱项。借此选出最适合本企业的优势项目，以初步确定企业在目标市场上所处的位置。

（三）战略制定

这一步骤的主要任务是企业要通过一系列的宣传促销活动，将其独特的竞争优势准确传播给潜在顾客，并在顾客心目中留下深刻的印象。

三、 市场定位策略

（一）避强定位策略

避开强有力的竞争对手，将自己的产品定位于另一个市场。

（二）迎头定位策略

与市场上最强的竞争对手正面竞争，进入与其相同的市场。

（三）重新定位策略

企业调整原有的市场定位，进行二次定位。

案例解读

在各种疾病中，感冒是最常见的多发病。与此对应的是感冒的用药者人数众多，由此产生的巨大消费潜力吸引着国内众多的制药企业去生产感冒药，感冒药品种更是高达百种之多，被消费者所熟知的感冒药品牌至少也有二三十种。激烈的市场竞争使各个感冒药生产企业在市场细分和定位上颇下工夫，无论是在广告宣传上还是在促销手段上都不遗余力。近几年的市场销售情况表明：有些感冒药品种已成为企业的拳头产品，并在市场上占据一定地位，形成了强势品牌，他们围绕着各自的利益点展开了一场持久的市场争夺战，感冒药的竞争已进入品牌竞争时代。许多感冒药的品牌竞争在市场中都凸显差别化的经营理念，不同品牌以不同的市场细分变量（通常以收入、职业、性别、年龄等）为依据划分细分市场。如："新康泰克"主要针对高收入的白领阶层，"康必得"针对中低收入普通民众，"护彤""小白"等针对少儿市场，"正源丹"针对妇女、老人。这些品牌都在自己所选定的细分市场上取得了不俗的业绩。

药品生产企业确定市场定位的前提是首先开展市场调查，调查结果表明：消费者对症用药的意识比较强，根据感冒症状选择相应的品牌或产品，是消费者选择感冒药的主要考虑因素之一。有些感冒药强调"一药多效"，宣称可以对抗感冒引起的多种症状，比如"八种感冒症状，一粒见效”以此吸引众多的感冒患者；“感康”以其含有对病毒有一定抵抗作用的金刚烷胺，提出了“抗病毒，治感冒”理念，以区别于其他同类产品；另有一些企业根据病毒性感冒居多的现状，利用联合开发战略，同一企业生产不同规格、不同剂型的同种药品（如某企业就同时生产双黄连片剂、颗粒剂、口服液、注射剂等），以此吸引不同用药方法需求的患者。再如针对妇女、老人使用的“正源丹”，其处方和临床试验证实对因体虚而反复感冒的人有较好的疗效。该药企通过调查发现，老人和怕冷的妇女的体质差跟体虚有关联，于是产品定位为妇女、老人，从而开辟了一个独特的市场；“感康”虽然换了多个广告，但唯一不变的是始终向消费者传递着“值得信赖”的核心价值；“新康泰克”则保持着其一贯统一的品牌风格——专家形象。有了这样的品牌个性和市场地位，感冒药生产企业就能够健康地参与市场竞争，积极把自己的产品推向品牌竞争。不同药品消费者在购买药品时所寻求的利益侧重点不同，在众多的产品选择中其消费观点也就不同，然而调查显示对治疗感冒普遍的需求是快速有效，有需求就有市场。“新康泰克”大胆承诺“12 小时缓解感冒症状”，以独特的缓释技术、药效持续时间长为诉求；“泰诺”则强调 30 分钟快速起效的概念“快速消除感冒症状”，从而获得好的销售业绩。消费者在购买药品时，首先看重的是药品疗效，但仅有疗效还远远不够。PPA 禁令一出，许多患者更加关注药品的安全性。“三九感冒灵”借其“中成药不含 PPA”的卖点迅速切入市场，它以标本兼治、毒副作用低的独特卖点进行广泛宣传，深受消费者的青睐。“白加黑”采用日夜分开的给药方法，倡导白天“不嗜睡”功能；通过调整处方使用，药患者在白天也能正常工作、学习，从而成为受消费者欢迎的感冒药品种。

以上事例说明：不同厂家的感冒药，进行不同的市场细分，面向不同的消费人群，宣传不同的销售主张，进行不同的市场定位，每个产品都选择了一个独特的卖点，在广告宣传和促销手段上都以其独特的个性与消费者产生情感的共鸣，达到长期影响消费者购买行为的目的。有了这样的品牌个性和市场地位，感冒药品牌企业才能够健康地参与市场竞争。

做一做

组内讨论，结合指定产品和目标市场的特点，制定该产品的市场定位策略，并设计一段广告和产品的推广语。

知识巩固

图 2－2　任务知识点

对照图 2－2，梳理自己所掌握的知识体系，并与同学相互交流、研讨个人对某些知识点或技能技巧的理解。

拓展任务

试运用 STP 理论完成仕卫的目标市场选择。

任务 3　撰写市场营销策划方案

- **任务目标**

通过本任务的学习，学生达到以下目标：

□ 能撰写市场营销策划方案

- **任务描述**

经过前期调查，你已确定好目标市场，经理要求你做一份完整的、可行的市场营销策划方案。

- **任务素材**

1. 某制药公司的系列产品
2. 计算机
3. 阅读材料

- **任务实施**

撰写市场营销策划方案

相关知识

一、市场营销工作的典型过程

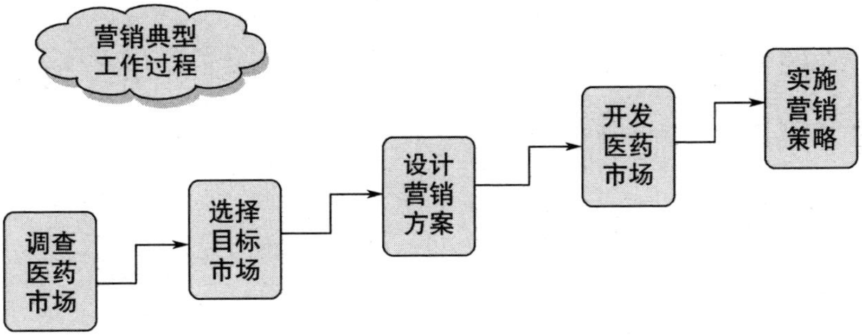

图 3－1　市场营销工作的典型过程

二、市场营销策划的概念

市场营销策划是指企业市场营销部门根据战略规划，在综合考虑外部市场机会及内部资源状况等因素的基础上，确定目标市场，选择相应的市场营销策略组合，并予以有效实施和控制的过程。

三、 市场营销策划方案书结构

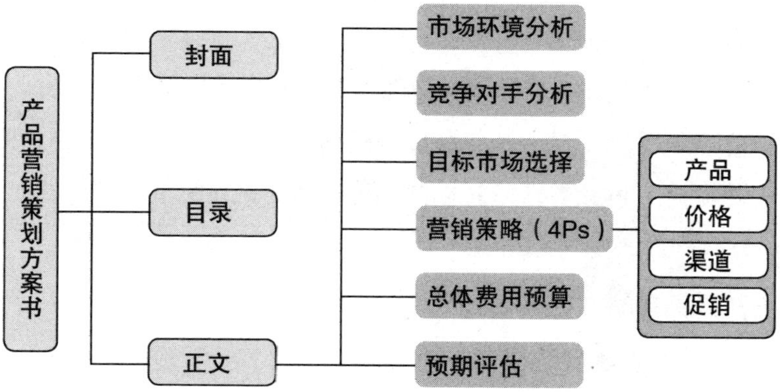

图3－2　营销策划方案结构

拓展知识

4P理论产生于20世纪60年代的美国，随着营销组合理论的提出而出现的。1953年，尼尔·博登（Neil Borden）在美国市场营销学会的就职演说中创造了“市场营销组合”（Marketing mix）这一术语，其意是指市场需求或多或少地在某种程度上受到所谓“营销变量”或“营销要素”的影响。为了寻求一定的市场反应，企业要对这些要素进行有效的组合，从而满足市场需求，获得最大利润。营销组合实际上有几十个要素（博登提出的市场营销组合原本就包括12个要素），杰罗姆·麦卡锡（McCarthy）于1960年在其《基础营销》（Basic Marketing）一书中将这些要素一般地概括为4类：产品（Product）、价格（Price）、渠道（Place）、促销（Promotion），即著名的4Ps。1967年，菲利普·科特勒在其畅销书《营销管理：分析、规划与控制》第一版进一步确认了以4Ps为核心的营销组合方法，即：

✧产品（Product）注重开发的功能，要求产品有独特的卖点，把产品的功能诉求放在第一位。

✧价格（Price）根据不同的市场定位，制定不同的价格策略，产品的定价依据是企业的品牌战略，注重品牌的含金量。

✧渠道（Place）企业并不直接面对消费者，而是注重对经销商的培育和销售网络的建立，企业与消费者的联系是通过分销商来进行的。

✧促销（Promotion）企业注重销售行为的改变来刺激消费者，以短期的行为（如让利，买一送一，营销现场气氛等等）促成消费的增长，吸引其他品牌的消费者或导致提前消费来促进销售的增长。

（一）产品策略（Product）

1. 产品的整体概念

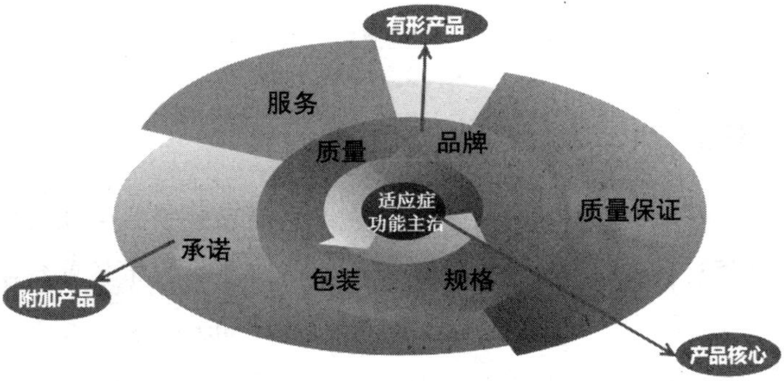

图3-3　产品整体概念

产品整体概念具有两方面的特点：首先，并不是只有具有物质实体的才是产品，能够满足消费者需要的劳务也是产品；其次，产品不仅是物质实体，还包括随同物品出售时所提供的服务。具体来讲，可把产品整体概念划分为三个层次，即核心产品、有形产品和附加产品。

（1）核心产品

这是药品整体概念中最基本和最主要的层次。它是指消费者购买某种药品时所迫切追求的基本效用和利益，是消费者需要的中心内容。它是消费者真正要购买药品的目的所在，消费者购买某种药品，并不是为了占有或获得药品本身。消费者之所以愿意支付一定的货币来购买药品，就在于药品的基本效用，使用它能够产生一定的疗效。

（2）有形产品

是指核心药品所展示的全部外部特征，即呈现在市场上的药品的具体形态或外在表现形式，主要包括药品实体及其式样、质量、特色、品牌、包装等。

（3）附加产品

是指消费者因购买形式药品时所获得的各种附加服务与利益，包括咨询、提供信贷、免费送货、安装、售后服务、质量保证或承诺等，这是药品的延伸或附加，它能够给消费者带来更多的附加利益和心理上的更大的满足感及信任感等。

2. 产品的生命周期

（1）产品生命周期的概念

产品的生命周期是指产品从开始进入营销直到退出营销所经历的时间。

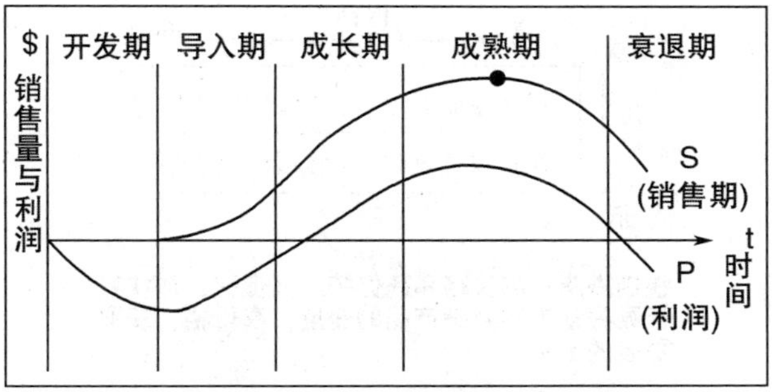

图 3－4 产品生命周期曲线图

（2）产品生命周期各阶段的特点

表 3－1 **产品生命周期各阶段特点**

阶段 开发期	消费者	销售量	利润	竞争
导入期	不熟悉，缺乏信任或了解，购买者较少	少	少	少，观望
成长期	熟悉，消费欲望逐渐增强，购买者增加	增长快	增加快	加入，防止跟随者
成熟期	愿意采用者大部分已采用，新增加购买者越来越少	销售高峰，销量增加少	增加少	竞争激烈
衰退期	转移购买	降低	降低	退出

（3）产品生命周期各阶段的营销策略

✧ 导入期营销策略——快、准

在药品导入期，由于消费者对药品十分陌生，医药企业必须通过各种促销手段把药品引入市场，力争提高药品的市场知名度。医药产品的引入需要高水平的促销努力，以达到下列目标：①告诉医生和患者他们所不知道的新产品；②引导他们使用该产品；③快速建立进入医院和药店的销售通路。要达到这些目标，医药企业多采用先推出或创造一个概念，然后利用专家的影响、学术的支持、媒体广告、销售代表的推广，让大家接受这一概念，从而接受产品，例如杨森公司的“吗丁啉”推出的“胃动力”概念。另一方面，导入期的生产成本和销售成本都偏高，医药企业在定价时不得不考虑这个因素。所以，在导入期，医药企业营销的重点在于促销和价格方面，一般有以下四种可供选择的策略。

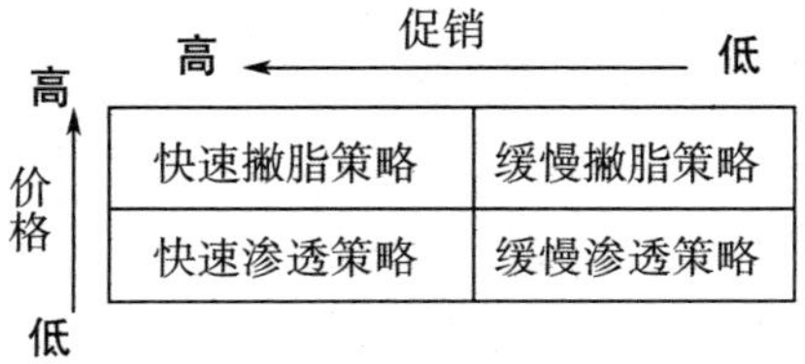

快速撇脂：高价格和高促销。高促销，加快目标顾客认识和熟悉产品的速度；高价格，获取更多的毛利。

采取这一策略，应考虑的市场条件有：

- **有潜在需求量；**
- **大部分消费者不熟悉或没听说过该产品；**
- **替代品少；**
- **有购买力。**

缓慢撇脂：高价格和低促销。高价格获取更多的毛利；低促销可降低营销费用。

采取该种策略应具有的市场条件是：

- **总体市场的规模有限，低促销可以有效传播产品信息；**
- **绝大部分消费者已知晓该产品；**
- **要购买该产品的人愿意支付较高的价格；**
- **竞争者威胁不大。**

快速渗透：低价格和高促销。低价格使市场接受该产品的消费更多；高促销，又可加快速度。可得到较高的市场占有率。

采取此策略的市场条件是：

- 市场的规模较大；
- 目标市场的绝大多数消费者对该产品不熟悉；
- 消费者对价格敏感；
- 可阻止或延缓竞争。若高价，竞争会很快到来；
- 企业通过规模扩大获得低成本生产。

缓慢渗透：低价格、低促销。低价格可使市场较快接受该产品；低促销降低营销成本，得到更多早期利润。

采取此策略的市场条件是：

- 市场的规模较大；
- 市场上的消费者大都熟悉或知晓该产品；
- 目标市场的绝大多数消费者都是价格敏感型的；
- 具有一些潜在竞争者。

图 3-5 导入期营销策略

导入期，市场营销策略的重点是要突出“快”和“准”。“快”是尽量缩短导入期的时间，以最快的速度使药品进入成长期；“准”就是看准市场机会，正确选择新药投入市场的时机，确定合适的药品价格。

✧ 成长期营销策略——好

成长期是药品生命周期中的关键时期，医生和患者都已经接受企业推出的概念与产品，同时仿制品也登场参与竞争。此时，医药企业的任务是使药品迅速得到普及，扩大市场占有率，尽可能地维持市场成长，并保持销售增长的好势头。医药企业的营销重点应该放在保持并且扩大自己的市场份额，加强自己的竞争地位、加速销售额的上升方面。另外，医药企业还必须注意成长速度的变化，一旦发现成长速度由递增变为递减时，必须适时调整策略。这一阶段可以适用的具体策略有以下几种：

- 改进产品或提高产品的质量，保持产品吸引力；
- 为适应购买快速增长的需求，应及时建立新的分销渠道；
- 加强售后服务，客户维护；
- 如果消费者是价格敏感型的，适当降价，扩大产品占有份额和增加销售量。

图 3－6　成长期营销策略

成长期是医药企业销售的黄金时期，市场策略的重点应该突出一个“好”字，即在继续扩大生产能力的同时，进一步改进和提高药品质量，防止因药品粗制滥造而失信于消费者，设法使药品的销售和利润进一步增长，扩大市场占有率，掌握市场竞争的主动权，获取最大的经济效益。切勿因药品畅销而急功近利，要加强品牌宣传，力争创名牌，树立药品声誉和医药企业信誉。

✧ 成熟期营销策略——改、长

成熟期是医药企业获取利润的黄金阶段，随着销售量的增多，投入相对会减少。但由于市场竞争十分激烈，医药企业应系统地考虑市场、药品及营销组合以调整策略，采取措施确保市场占有率并努力延长药品的成熟期。

市场改进：
- 扩大品牌使用人数；
- 寻找新用户；
- 进入新的细分市场；
- 争取竞争对手的顾客。

产品改进：
- 质量改进；
- 包装、规格、剂型改进；
- 营销组合改进。

图 3－7　成熟期营销策略

成熟期的市场竞争尤为激烈，医药企业应当采取进攻和防御并举的策略。因此，营销策略的重点是要突出“改”和“长”。“改”即是对原有的药品市场和营销组合进行改进或调整；“长”即是千方百计地争取维持甚至扩大原有的市场份额，尽量延长药品的市场生命周期，推迟衰退期的到来，创造更大的利润。

✧ 衰退期营销策略——转

当药品进入衰退期时，大多数产品形式和品牌最终会衰退，市场份额降低、销售额降低、利润降低，就像复方降压片、感冒药等。销售衰退的原因很多，主要有技术的进步，新产品的代替，消费者用药习惯的改变，竞争的加剧，治疗效果不佳，药品的副作用较大等。旧有的弱势药品不但不能给医药企业带来利润，反而会成为企业的负担，耗费企业资源，甚至影响企业在市场上的信誉，所以应该放弃，以节省费用开发新药。但是同时也要注意到，现有的药品可能还有其发展潜力，医药企业不能简单地放弃。有的药品是属于市场营销策略不当，而有的药品则可以开发新用途或者新的功效而进入新的生命周期。因此，医药企业必须认真研究药品在市场中的真实地位，然后决定是继续经营下去，还是放弃经营。通常有以下几种策略可供选择：

➢ 维持策略　指医药企业保持药品传统特色，在目标市场、价格、销售渠道、促销等方面维持现状。

➢ 缩减策略　指在保证获得边际利润的条件下，有限地生产一定数量的药品，以满足部分老顾客的需求，医药企业仍然留在原来的目标上继续经营，只是根据市场变动情况和行业退出障碍水平在规模上做适当的收缩。

➢ 撤退策略　指医药企业决定放弃经营某种药品以撤出目标市场。药品在衰退期已经形成了较大的生产能力与萎缩的市场之间的矛盾。因此，对大多数医药企业而言，应当机立断及时实现药品的更新换代。营销策略的重点应抓好一个“转”字，即转向研制开发新药或有计划、有步骤地转入新市场。

（二）价格策略（Price）

1. 价格的类型

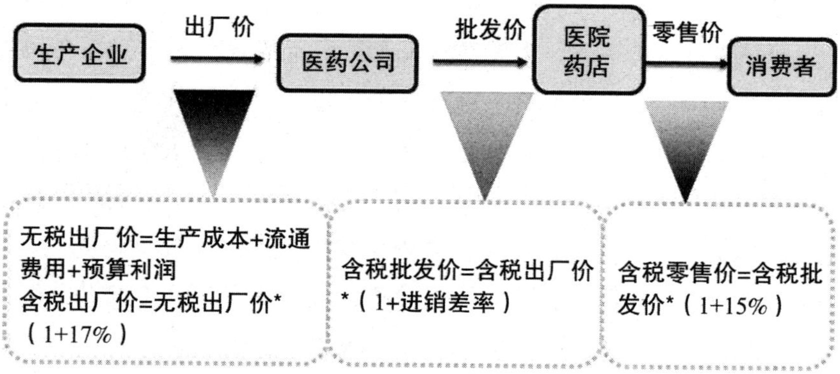

图3－8　药品价格的类型

2. 价格的构成

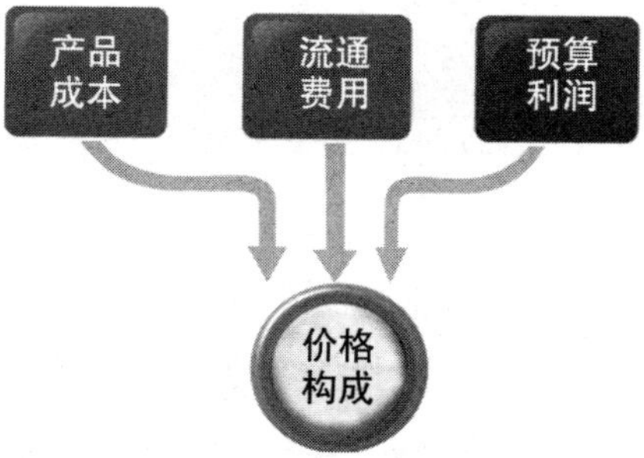

图3－9　价格的构成

（1）产品成本　是指药品生产过程中所发生的各项开支，是决定药品价格最重要、最基本的要素。具体包括：原料及各种辅料；包装材料；工人工资；制作费用；其他支出等。

（2）流通费用　是指药品在流通过程中发生的各种费用，包括销售费用、财务费用和管理费用。

（3）企业利润　是指药品销售额减去制造成本、期间费用和税金后的余额。是药品价格的重要构成因素，也是药品生产、经营企业追求的终极目标。

3. 定价办法

2015年6月1日起，除麻醉药品和第一类精神药品外，取消原政府制定的药品价格，完善药品采购机制，发挥医保控费作用，药品实际交易价格主要由市场竞争形成。麻醉、第一类精神药品仍暂时由国家发展改革委实行最高出厂价格和最高零售价格管理。其中：

（1）医保基金支付的药品　由医保部门会同有关部门拟定医保药品支付标准制定的程序、依据、方法等规则，探索建立引导药品价格合理形成的机制。

（2）专利药品、独家生产药品　建立公开透明、多方参与的谈判机制形成价格。

（3）医保目录外的血液制品、国家统一采购的预防免疫药品、国家免费艾滋病抗病毒治疗药品和避孕药具通过招标采购或谈判形成价格。

（4）麻醉药品和第一类精神药品　仍暂时实行最高出厂价格和最高零售价格管理。

（5）其他药品　由生产经营者依据生产经营成本和市场供求情况，自主制定价格。

4. 定价的影响因素

影响定价的因素有内部内素和外部因素，如图 3－10 所示，其中内部因素为：

（1）产品生产成本　在市场经济中，药品与其他商品一样，成本是构成价格的关键因素，是企业定价的重要基础。虽然在短期内，企业可能为了占领市场而采取低价策略，但从长远来看，任何产品的价格都必须高于成本，才能获得一定的利润，以维持企业的生存与发展。

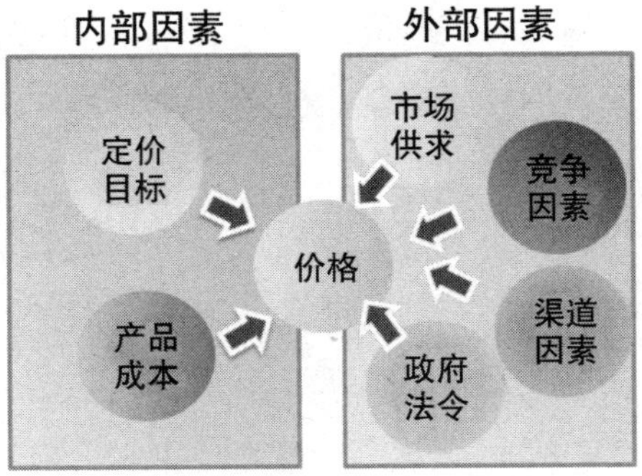

图 3－10　定价的影响因素

（2）定价目标　企业制定产品价格，除了需要核算成本之外，还必须从战略角度，根据企业的营销目标来定价，是维持生存？或是获取利润？或是追求销售成长？或是为适应竞争需要？

影响定价的外部因素为：

（1）市场供求　市场供求决定产品的价格，反过来，市场价格同时也影响市场供求。当某种产品生产企业众多，市场供应量增加，导致供大于求时，会引起价格下降；当生产量减少，市场供不应求时，会引起价格上升。同时，价格上升会引起供应量增加，价格下降会引起供应量减少。

（2）竞争因素　一般来说，竞争越激烈，对药品价格的影响越大。因此，企业在制定价格时，需要进行市场竞争调查，通过与竞争者比较，确认企业的竞争优势，制订出有效的价格策略。

（3）渠道因素　进货渠道的不同可能会造成药品的差价不同。不同的企业有不同的进货渠道，如果是直接从厂家进货，药品就相对会便宜。但有的企业进药是通过另一个企业，而不是直接从厂家进，中间就存在中转差价。

（4）政府法令　在社会主义经济体制下，为了维护医药市场价格秩序的正常运行，国家对药品价格采取了一些干预措施，颁布了系列法规文件。如《价格法》《国务院价格主管部门及有关部门定价目录》《药品管理法》《药品管理法实施条例》等。

5. 定价策略

（1）撇脂定价策略（价格由高到低）　优点：利于迅速回收投资，减少风险；定高价格，利于降价，掌握主动权；为企业生产能力的扩大和市场发展相适应创造机会。适用于一、二类新药，产品差异大，价格弹性小，少量生产。

（2）渗透定价策略（低价）　优点：消费者能迅速接受新产品，市场导入期短；销量增多，市场份额扩大，有助于降低成本。适用于三、四类新药以及仿制药定价。

（3）满意定价策略（中间价格）　介于撇脂定价与渗透定价之间，达到厂商、患者、竞争者都满意。这一策略的目的是在长期稳定的增长中，获取平均利润。因此，这一策略为众多企业所重视。

（4）差别定价策略　以用户、地点、时间、产品、流转环节、交易条件为基础的定价策略。

（5）心理定价策略　有奇数、整数、最小单位、习惯、声誉、招徕、系列定价法。

(6) 价格调整策略　发动降价、发动提价。

(三) 渠道策略 (Place)

1. 渠道的概念

市场营销渠道也称贸易渠道或分销渠道，是指产品或服务从生产者向消费者或最终用户转移过程中所经过的一切取得所有权（或协议所有权转移）的商业组织和个人。简言之，营销渠道就是产品在其所有权转移过程中从生产领域进入消费领域的途径。

2. 医药产品营销渠道常见的三种类型

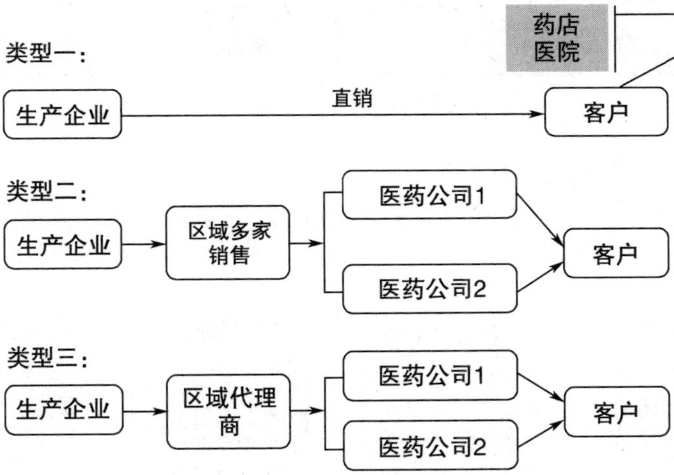

图 3-11　营销渠道的常见模式

(四) 促销策略 (Promotion)

促销是促进产品销售的简称。从市场营销的角度来看，促销就是企业通过人员和非人员的方式，沟通企业与消费者之间的信息，引发、刺激消费者的消费欲望和兴趣，使其产生购买行为的活动。

所谓药品促销，从市场营销的角度来看，是指医药企业通过人员推销和非人员方式，向目标市场传递医药产品或所提供的服务以及医药企业的信息，从而引起并刺激消费者对医药产品或所提供的服务以及医药企业的兴趣和信任，促进其购买的活动过程。

1. 常见的促销方法

促销的基本方式可以分为人员推销、广告、公共关系和营业推广四种，具体的活动形式也有所不同。

图 3－12　常见的促销方法

2. 各种促销方法的优缺点

常见的促销方式各有其自身的优点和缺点，所以在使用过程中要综合进行考虑。

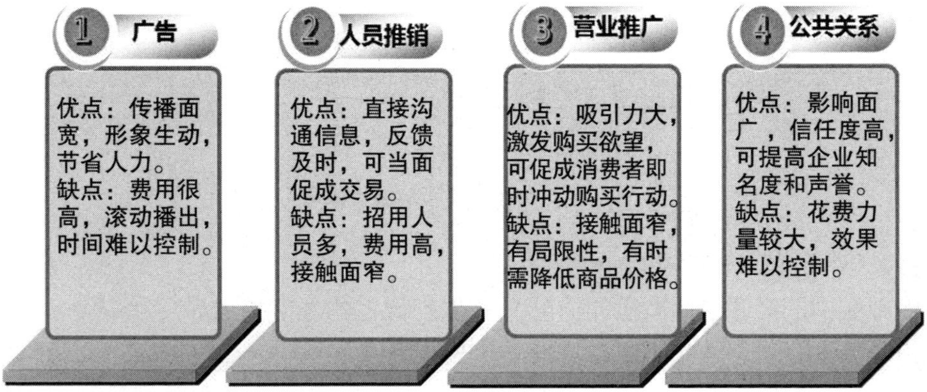

图 3－13　促销方法的优缺点

3. 促销组合

不同的药品促销组合会形成不同的促销策略，从而产生不同的效果。在促销工作中采取何种促销策略，是受到诸多因素影响的，包括：促销目标、医药产品特征、市场条件和促销预算等。

（1）促销目标 医药企业的促销目标是影响促销方法选择的重要因素。对于不同的促销目标，促销组合及策略也就会有较大的区别。在产品生命周期的不同阶段，企业所面对的市场环境各自不同，企业的现实短期目标也各有不同，这样也就导致在促销组合上，应该针对医药产品选用不同的药品促销组合。

（2）医药产品特征

1）产品性质 不同性质的医药产品，因为政策及目标消费者的购买心理和购买习惯不同，因此要采取不同的促销组合及策略，以有利于产品的销售。例如我国的处方药严禁通过大众媒体进行广告宣传，所以，人员促销是其选择的首要促销方式。

2）产品生命周期 对于产品的不同生命周期，由于企业营销目标不同、市场竞争状态不同、消费者需求变化不同等，所以不同阶段采取不同的促销策略，才能保证促销活动的效果。例如：导入期时，需要进行广泛的宣传，以提高产品的知名度。此时，广告和公共关系效果最佳，营业推广可作为辅助手段；成长期时，医药企业的促销目标是进一步引起消费者的购买兴趣，激发购买行为。因此，应突出宣传产品的特点，广告和公共关系仍需加强，重点在于宣传医药企业及品牌，树立特色；成熟期时，医药企业的促销目标是巩固老顾客，增加市场占有率。此时，应尽可能多运用营业推广，辅之以少量的广告，偏重强调产品的特定价值和给消费者带来的差别利益，以保持并扩大市场占有率；衰退期时，医药企业的促销目标是使一些老顾客继续信任本企业的产品，坚持购买。此时，可使用营业推广，维持尽可能多的销售量。

（3）市场条件 企业目标市场的规模、地理位置和消费者特征等因素都会影响到企业促销组合的选择。对于医药消费者市场，由于消费者多而散，且每次交易额较少，产品安全，所以多采用非人员推销的形式；对于医药生产者市场，由于消费者少而集中，且每次交易额较大，一般采用人员促销的形式。

（4）促销预算 企业开展促销活动，必然要支付一定的费用，而企业用于促销工作的费用总是有限的。因此，在满足企业促销目标的前提下，要做到效果好而费用省。企业确定的促销预算额应该在该企业能够承担的范围内，并且要能适应竞争的需要。

做一做

以阅读材料中的案例为参考，为指定产品制定完整的、可行的市场营销策划方案。

知识巩固

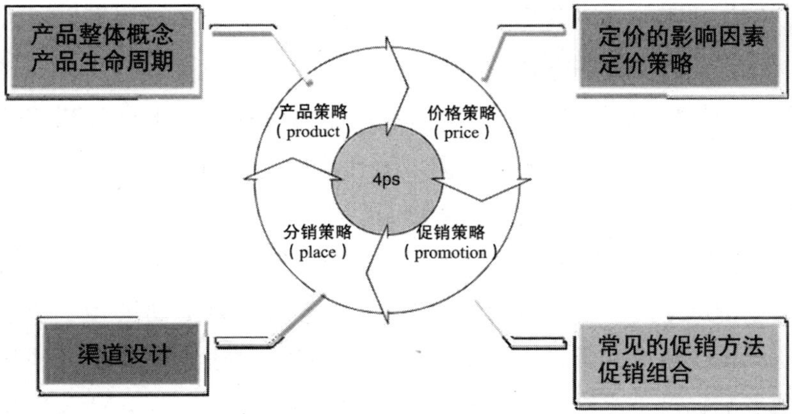

图 3－14　任务知识点

对照图 3－14，梳理自己所掌握的知识体系，并与同学相互交流、研讨个人对某些知识点或技能技巧的理解。

拓展任务

试为产品仕卫制定新的市场营销策划方案。

阅读材料

阅读材料 1 药房不同类型顾客的接待策略/案例

案例 1 不同年龄段顾客的接待

一、案例描述

【情境一】

某日，一位年轻男士顾客走进药店。

店员：您好，请问您需要点什么？

顾客：要点感冒药，最近嗓子不太舒服。

店员：这样的情况几天了？

顾客：两三天了。

店员：噢，您流鼻涕是清鼻涕还是黄鼻涕啊？

顾客：清鼻涕。

店员：您咳嗽有痰吗？

顾客：有痰啊，但是没颜色。

店员：嗯，这是风寒感冒引起的，您可以拿点感冒清热颗粒和银黄清肺片，再加上片仔癀含片，这样有利于快速治愈感冒初期的症状，在正常服药的情况下，感冒大约 5 到 7 天会治愈，但必须服够疗程。

顾客：嗯，那就拿吧。

店员：您看看要不顺便拿点 VC 和蛋白质粉，可以增强一下免疫力。

顾客：增强免疫力？

店员：是的。

顾客：好，要不就拿着吧。

【情境二】

店里又来了一名中年妇女，伴有流鼻涕、咳嗽不太严重的感冒症状，点名要两板大青叶和几包VC银翘片。

店员：您流鼻涕是清鼻涕还是黄鼻涕啊？咳嗽有痰吗？

顾客：黄鼻涕，有痰，黄色的。

店员：那您这是风热感冒引起的，您点名要的大青叶和VC银翘片买一样就行，这两个一起吃是属于重复用药，不用全买的，买个大青叶就可以了，但是您还得加个消炎的，这样才能好得快。

顾客：什么消炎的？

店员：您可以拿阿奇配着吃，这样一个中药，一个西药，相互结合，疗效好。

顾客：嗯，阿奇多少钱啊？

店员：第一天吃两片，以后每天吃1片能吃11天，共36元。

顾客：消炎的，银翘片不就是消炎的吗？

店员：银翘片主要用于外感风热所致的流行性感冒，症见发热、头痛、咳嗽、口干、咽喉疼痛，但不是消炎，您看说明书上就是这样写的。

顾客：哦，那要不就拿一盒阿奇吧。

店员：好的，对了，您是经常吃大青叶吗？

顾客：是啊，我一到冬天就爱感冒，家里常备着大青叶。

店员：您要是经常吃的话，机体的免疫力会有所降低的，最好是拿瓶蛋白质粉，它可以不断提高自身的免疫力，增强抵抗力。

顾客：蛋白质粉？那个管用吗？多少钱啊？

店员：你来的正合适，蛋白质粉正在搞特价活动，每瓶128元，一天1包约10g，能吃45天，现在买2瓶送您一瓶价值××元的VC，一天吃一片，每瓶一百片，能吃100天，配合吃可以预防重感冒，增强体质。

顾客：这倒是可以考虑，我要是拿这些还有什么赠品吗？

店员：您作为我们门店的老顾客，我可以跟店长申请一下，您的会员卡可以打97折。

顾客：好的，谢谢了。

【情境三】

半个多小时后，药店又来了一位患感冒的顾客，这是一位六十多岁的老大爷，感冒症状和年轻男士一样，听见店员热情地推荐药品，老人很不高兴。

顾客：我一直用××药。不用你推荐。

店员：大爷，这是您需要的药，您看看要不顺便拿点 VC，可以增强一下免疫力。

顾客：VC？那个管用吗？多少钱啊？

店员：VC 一天吃一片每天只花 1 块 1 毛 8，每瓶一百片，能吃 100 天哪。

顾客：吃一百天？这倒是可以考虑。

店员：一天 1 块多就可以预防重感冒，增强体质，还是挺实惠的。

顾客：好，拿着吧。

店员：大爷，您要不再看看蛋白质粉，很适合中老年人用，正在搞活动，价格合适。

顾客：下次再说吧。

店员：好的，大爷，回家一定要注意休息，VC 和药品一定要按时服用。

老大爷拿着药满意地走了。

二、案例分析

本案例中的店员能分析不同年龄段顾客的特点，把握他们的消费心理，从而提高服务质量，增加交易成功率，提高药品销售额。

情境一为青年顾客，由于年龄因素，不需要承担过多的经济负担，购买药品时对药品的质量要求较高，而没有太多经济方面的考虑；购买具有明显的冲动性，易受外部因素影响；敢于尝试新品。本店店员迎合此类顾客的心理进行介绍，向他推荐目前较新的药品，并强调此药品的高效与使用上的普遍性，该青年顾客很轻松地购买了药品。

情境二为中年顾客，多属于理智购买，购买时比较自信。他们可能对某种药品比较熟悉，或者得到了专家意见；喜欢购买既经济、质量又好的药品；喜欢购买已被证明了使用价值的产品。由于中年人已成家立业、生儿育女，并承担着家庭的责任。因此，他们有一定的经济负担和其他方面的负担，或是经济条件较好但传统价值观念较强。这类消费者购买药品时讲究经济性的心理较为普遍，同时，中年人身体健康指数正在下滑，比较注重自身保健，该店员一开始就以亲切、诚恳、专业的态度对待这位中年妇女，最终被其接受。

情境三为老年顾客，喜欢购买用惯了的药品，对新产品常持怀疑态度；购买心理稳定，不易受广告宣传的影响；购买时的动作缓慢，挑选仔细，喜欢问长问短；对服务人员的热情态度非常敏感。店员满足老大爷的需求，并关联介绍价格便宜、疗效确切的药品，只是轻描淡写地介绍了滋补药品，赢得顾客信任，为其成为忠实的老顾客打下基础。

案例2　不同购药目的顾客的接待

一、案例描述

【情境一】

一位老年顾客走进药店，停在心脑血管药货架前。一会儿把某盒药品拿在手里看，一会儿又看着货架上的药，嘴里还念念有词，来回走动着。

店员走到跟前打招呼，顾客边看边答：哦，随便看看。

店员见他手里拿起某高血压药在看，热情地介绍：大爷，要买地平类的降压药吗？您手里拿的是硝苯地平缓释片，剂型稳定，服用方便，效果不错，大厂家的，你用后一定会满意的。

顾客回答说：哦，我看了，一次得服用两片啊，我觉得有点麻烦。

店员赶紧答话：不会的，别的消费者用后反应都很好，这是缓释片，一天只需服用一次，您要是嫌麻烦的话，这儿还有一种控释片，每天一次每次一片，很方便，降压效果很好。

顾客犹豫了一下：听你介绍的是不错，但我还是看完大夫再换药吧。

店员有点不耐烦了：大爷，你应该先看大夫再来买药啊。

顾客很不好意思地愣了一下，匆匆走出了店面。

【情境二】

下午，店里顾客比较多，一个顾客径直来到中药柜台。

顾客问：您好，我是张××的儿子，我妈在这里煎的中药好了吗？

店员：哦，是张阿姨的啊？今天熬药的人比较多，请您稍候，小李，先把张阿姨的药装袋，张阿姨儿子等着拿药呢。您先等一会儿，药马上就好。

顾客到其他柜台转悠去了。

五分钟后，小李拿着分好的中药出来了。

小李：刘姐，人呢？

店员（刘姐）大声叫着：张阿姨的药好了！

店员（刘姐）巡视了一圈：小李，在器械柜台穿蓝衣服矮胖那个人就是。

店员这一叫，店里的客人都把目光投向了这个顾客，他不好意思低下了头，脸一下红了，接过汤药逃也似的走了。

【情境三】

一名顾客走进药店，进门就说：对不起！

店员热情地说：您好！有什么事情吗？

顾客：非常抱歉，昨天我爸在你们这里买的降糖药格列吡嗪片，回去后才知道，这个药和二甲双胍肠溶片合用，容易引起低血糖，我能不能退换啊？

店员脸沉下来：哦，要退货啊？我先看看包装有没有破损……

顾客很为难：父亲因为对药品知识不了解，光听信广告，才买错的，糖尿病不能随便换药，你看看能不能退掉，下次我会再来这儿买药？

店员检查了药品，没有问题，很不高兴地说：好了，退给你，下不为例！

二、 案例分析

上述三种情境药店店员在药品销售过程中经常遇到，作为店员需要根据顾客的表现迅速判断出该顾客到本药店的目的，根据顾客目的不同采取有效措施。

情境一的顾客属于探价型的顾客，虽然摆出要买的架势，却无心购买，作为店员应给顾客自由，出于礼貌打完招呼后让顾客随意浏览即可，当顾客对某一药品产生兴趣时再与顾客接触，应适当提供专业咨询，并注意礼貌用语，但不要过度地纠缠或不断地解说。探价的顾客是潜在的购买者，要保持平常心态、真诚服务，不能忽视，更不能歧视、厌恶。

情境二的顾客属于替人跑腿的顾客，并不是为自己来买，而是受人之托专程替他人购药。不管跑腿的顾客是何等身份，顾客都是信任他才要他跑腿，这种顾客有自己和物主的双重身份。因此，对于跑腿的顾客不可轻慢，不然的话就是同时得罪了两个顾客。“矮胖”这个词虽无贬义，但许多人，尤其男士是不喜欢别人在公共场所这样称呼他们的，因为这会使他们产生有损尊严的感觉。无论顾客的身份、容貌如何，只要他到药店来买药，就应当客气、礼貌、尊敬地接待他们。

情境三的顾客属于退、换货的顾客，由于药品是一种特殊的商品，为了保证消费者用药的安全，各个药店原则上承诺“如因质量问题，给予退换”，药品没有质量问题是不能退换货的。但是，有时顾客将药品买回家后，他自己或家人发现所购药品的适应症或禁忌症有不适时，到药店来要求退换，这种情况大多数药店都会遇到，若顾客坚持要退，要认真对待，请示药店负责人，按照程序办理退货手续。无论如何，态度要始终保持热情，敷衍塞责、甚至有烦言都是不对的。

案例3　不同性格顾客的接待

一、案例描述

【情境一】

一位女顾客在跌打损伤药货架前待了近半个小时，手里拿着三种药品反复看。最终还是拿不定主意，叫来了一位店员进行咨询。

顾客：这三种膏药说明书说的都不错，哪种更好呢？

店员：是您用？还是其他人用？

顾客：给我妈用，腰痛的老毛病。

店员：老人用A膏药效果好些。

顾客将信将疑：我看B膏药经常打广告，效果如何？

店员立刻顺应着说：B膏药老顾客使用后反馈也很好。

顾客又指向C膏药：这种贴的时候还需要微加热，两天换一次，是吗？

店员：是的，虽然贴的时候麻烦点，但透皮吸收效果好。

店员回答完后，顾客思索半天说：我还是先回去看看我妈平时用什么样的膏药再说吧！麻烦您了。

然后转身而去。

【情境二】

药店医疗器械柜台，一位约40岁左右、看起来很有学问的女性在认真、仔细观看医疗器械产品。

店员：大姐，您好！买仪器呀？

顾客：（没有反应，继续看产品）

店员：是自己用还是送人的？

顾客：（还是没有答话，也没有抬头，继续看产品，目光落在理疗仪上）

店员：大姐，您颈椎不好吗？这理疗仪卖了十年多了，治疗效果很好，好多顾客带着朋友来买！

顾客：（仍然没有答话，也没有抬头，继续看产品）

店员：大姐，要不您体验一下，可以舒筋活络，按摩颈椎，经常使用，可以治疗颈椎病，适合在家自我治疗，特别适合像您这样久坐的知识分子使用！

（店员边说边要打开产品进行演示）

顾客：哦，不用开，哪有那么神奇！都是炒作！

顾客离开了药店。

【情境三】

中午时分，一位中年男士来到药店，刚一进药店，店员就听着顾客连打了几个喷嚏，不停地擤鼻涕，擦流出的眼泪。

店员：您好！您是感冒了吗？要买感冒药？

顾客：我？没有吧？我就感觉嗓子有点不舒服，有点流鼻涕什么的，不是感冒吧？

店员：您最近经常打喷嚏吗？您咳嗽有痰吗？

顾客：我？有时候有，有时候没有，怎么了？

店员：看你的症状，听你说话的声音，您感冒了，发烧吗？

顾客：37 度多点，四天了，多喝点水就行了，你们药店啊，就想推销药品，要不怎么药品销售额逐年上升。

顾客说着，直奔儿童药柜台拿了瓶儿童止咳糖浆，来到收款台。

店员听了心里很不舒服，但仍然面带微笑，开好小票，抬起头说：请拿好小票，我还是想提醒您一下，感冒看似小事，严重了会引起肺炎的，有时候会引起高烧，会烧坏身体的。

顾客：不是吧，有这么严重吗？

店员：是的，您已经持续低烧了，必须引起重视，即使不吃药也要注意休息。

顾客摸了摸自己的头，连着咳嗽了几声，又吐了口痰。

店员：看您一直咳嗽还有痰，是什么颜色的啊？

顾客：黄色的。

店员：您流鼻涕是清鼻涕还是黄鼻涕啊？

顾客：黄鼻涕啊，怎么了？

店员：那您这是风热感冒引起的，而且已是中期了，您需要把板蓝根颗粒跟阿奇霉素配着吃，其中板蓝根是专门治疗风热感冒、咽喉肿痛的，阿奇主要用于上呼吸道消炎，将这两者搭配吃，会很快缓解您现在的病症，避免病情进一步发展。

顾客：你说的倒也有几分道理，不过这个吃了管用吗？多长时间能治好？

店员：这要看个人的体质了，但是感冒一般都会在5—7天左右痊愈，所以还要建议您最好是拿够7天的量，吃够一疗程。

顾客：一个中药一个西药能一起吃吗？

店员：中药和西药相互结合，标本兼治，疗效更好。

顾客：好，拿着吧。

二、案例分析

药店的店员要真正征服顾客，必须做到知己知彼，才能百战不殆，除了了解顾客目的之外，更要把握顾客的性格，投其所好，这对经营好药店来说至关重要。

情境一的顾客是典型的犹豫不决型的顾客，由于药品的专业性、特殊性，顾客面对功能主治、剂型、规格等诸多相近的产品，难以取舍，优柔寡断、百般踌躇，恐怕考虑不周而出现差错，在购买时往往缺乏自信。一般来说，女性由于其细心的天性，在这种类型的顾客中占大多数。案例中店员“这个很好”“那个也不错”的回答使其犹豫不决，更加迷惑，收不到积极效果。店员应该从专业角度介绍三种产品的优缺点，询问患者疾病症状，根据其回答的内容，以自信的口吻说：我认为这种最适合您家的老人，这样才会使对方信服并下决心购买。

情境二的顾客从其行为、表现来分析，该顾客冷静，不喜欢说话、较难让人接近，不太容易向对方表示友好、敏感，可推断出该顾客理智型成分较多。此类型顾客往往在购买前对商品的品名、规格、产地、功能、主治、作用机理、价格等了解得比较完整，购买时头脑冷静、行为慎重，善于控制自已的感情，不易受外界的影响而改变自己的观点。接待此类顾客应注重提供条理、逻辑及详细的资料和数据分析，而案例中的店员与顾客的沟通条理不够清晰，且没用到该类顾客最关心的数据、资料分析，自然打动不了顾客。

情境三的顾客对店员存在着片面的看法，认为是药店“就是要推销药品”，属于怀疑型客户。怀疑，说白了就是不信任，那么关键就是与客户建立一种信任关系，店员并没有急于推荐药品，而是服务始终如一，很有耐心地听客户抱怨，没有反驳。站在顾客角度，让他认为店员在为他着想，是一个认真负责的人，从而慢慢纠正他的观点与质疑！这样的顾客很容易转化为忠实客户。

案例 4　专业型顾客的接待

一、案例描述

【情境一】

一位中年女性走进药店，奔向感冒药柜台，店员迎上前询问哪里不舒服，她说有头晕、低烧、浑身关节酸痛、咳嗽等症状，店员推荐了××感冒冲剂，该顾客边看药品边抬头看了一眼店员，没吭声，店员又接着说：发烧咳嗽有炎症可以配合用点抗生素，会好得更快。

顾客抬起头，不屑地说：你知道我属于风寒感冒还是风热感冒，就用××感冒冲剂吗？小小的感冒就用抗生素，难怪抗生素越来越没有效果了。

店员马上谦虚地说：您真行！您是学医的吗？那您看，您属于哪种类型感冒呢？

顾客态度缓和了一些：我是学中药的，根据我的症状看属于风寒感冒，应该选祛风散寒类冲剂，现在感冒初期，应配合物理疗法——多喝水，要好些。

店员：跟您相比，我中医药方面的知识欠缺，××是祛风散寒类冲剂，有含糖和无糖两种，您要哪种？

顾客：有什么区别吗？

店员：无糖比含糖的提取纯度要高些，但每盒价格高三元。

顾客：那要无糖的。

顾客要了四盒，满意地离开了药店。

【情境二】

某日，店里来了位中年男顾客买心脑血管药，店员热情地给他推荐 A 厂生产的药品，并告诉他，这是近几年同类产品销量最大的品种。

顾客撇撇嘴，冷笑一声：这种药品就靠广告宣传、搞商业促销活动，药材质量把关不严，蒙老百姓可以，质量差得远了。我还听说几个月前，这药的主要成分××药材，因含量测定不达标，差点停产。你说，这种产品，我敢要吗？

店员一听，这人应属于行内人，她立刻改变策略，恭维道：您真行！对药品的生产还这么熟悉。

顾客得意洋洋：那是！我做了二十几年药了，圈里朋友很多，哪个厂家怎样，很快就知道了。

店员：原来是专家啊！刚才我还跟你荐药，真是班门弄斧了。那您觉得用哪个厂生产的药用得放心？

顾客：告诉你，B 厂生产的药比较可靠，这是个名优厂家，购进中药材把关很严，是我国首家出口欧美的中成药厂家，虽说价格高点，但质量很好，我一直用这个厂家的中成药。

店员：跟您聊一回，真长见识！您要几盒？我给您拿去。

顾客痛快地要了三盒。

二、案例分析

上述两个情境中的顾客均属于专业型顾客，专业型顾客有些特殊，他们来药店购药时，内心常带有一种专业的优越感，店员的知识在他们眼里不值一提。这类顾客的心理表现为：无论在学历还是专业上，他们都有一种比店员胜出一筹的高傲心态，因此在买药时，自己心中有数，基本上不会听店员的意见，还会故意摆出一种盛气凌人的姿态，年轻的或底气不足的店员常被这类顾客问得哑口无言，甚至一旦获知顾客是专业人士后便不敢继续接待，不仅让生意白白溜走，而且有损药店形象。这两个店员之所以能够成功销售出药品，是因为他们没有费尽口舌荐药，而是掌握好了专业型顾客的心理，“投其所好”，以请教的姿态，主动倾听顾客的见解，让他们“反客为主”，自己选药。

对待专业型顾客一方面可以多说恭维话：比如对他们渊博的学识表现出敬佩的样子，这不仅让他们骄傲的心理得到满足，也会为了表现自己而向店员传授更多知识；另一方面多使用讨教的语气，降低姿态，以讨教的语气进行交流，利用他们好胜的心理来促成销售；同时，还要增加专业知识，能够和顾客进行平等交流，为顾客提出合理化建议，提供专业化服务。

案例5　分析顾客购买心理，挖掘潜在需求

一、案例描述

一对老年夫妇拿着医院医生开的处方单前来买药，处方上的第一个药是山东博士伦-福瑞达药业生产的润洁。营业员非常热情地进行接待，看了顾客手中的处方，马上拿出公司要求强力推荐的同类替代产品，即药店的A类产品/利润贡献产品予以介绍。

顾客表示以前没有听说过营业员所推荐的产品，更没有在其他药店里见过，不知道疗效怎么样。营业员回答说“该产品以前只在医院内销售，疗效非常好，我们药店通过很大努力才争取到该药品的销售权，今天您能买到这样的产品是您的福气”等等。顾客希望了解为什么营业员推荐的药品价格比他们想买的药品高出了七、八元钱。该营业员回答说，该产品在医院卖得更贵，现在我们卖的价格已经很便宜了……

推荐过程已经超过了十分钟的时间，显然营业员的说辞并没有打动顾客，只是碍于营业员热情的面子，该顾客吞吞吐吐地表示还是想买处方所开的药品。刚好又有其他顾客询问其他药品，该营业员就“放下”这位顾客，又开始全力投入对下一位顾客的强力推荐工作中。这一对老年顾客则利用这一空当，悄悄离开并转身进了不远的另一家药店，一位年轻的女营业员热情地接待了两位老人，当她看完老人手中的处方单后，并没有马上按照医生处方单上的药品给两位老人拿药，而是站在对方的角度，开始耐心地向两位老人介绍其他价廉物美的产品，首先她告诉老人润洁其实就是氯霉素眼药水，零售价格是八块多，而一般的氯霉素眼药水却只需要六毛钱，疗效是一样的，建议老人购买两支一般的氯霉素眼药水只需要一块二就可以了，两位老人很高兴地接受了营业员的建议。

两位老人被小姑娘的热情和专业知识深深地打动了，从而转化成了一

种高度的信任，接下来的产品都要求这位营业员给参谋参谋，这时营业员向顾客的主动推荐转变成了推荐成功率极高的被动推荐。医生处方单上的其他药品几乎都被营业员顺利地换成了其他同类产品中药店的高毛利产品，同时该营业员还不时热情地询问两位老人的身体情况，当老太太说到老伴有慢性支气管哮喘时，营业员告诫两位老人要注意天气变化预防感冒，感冒很容易诱发老人的支气管哮喘，感冒多是由病毒引起的，为了应对目前天气多变的情况，家中应该常备些抗病毒的药品，如板蓝根冲剂。两位老人欣然接受了营业员的又一次推荐介绍，但购买的板蓝根冲剂也不是白云山牌的板蓝根冲剂，当然又是药里主推的高毛利产品。最终两位老人的这次药店之行购买了满满一篮子的药品，临走时还不断向营业员表示感谢。

二、案例分析

面对有购药需求的同一个顾客，案例中两家药店的销售业绩是完全不同的。第一家药店的店员，以经营者利益为出发点，没有站在顾客角度考虑问题，没有把握用户需求心理，与顾客利益背道而驰，未能满足顾客的需求，因此是一次失败的营销。

第二家药店店员以顾客需求为出发点，站在顾客的角度上分析问题，满足了顾客的需求，又在聊天过程中，获取信息，给老人以关怀，为老人提供医药专业知识，赢得顾客信任，深入挖掘潜在需求，最终成功销售了未在老人计划购买之内的产品和利润高的同类产品，从而达到增加销售收入和销售利润的目的，同时，还会留住顾客，成为老顾客。

一个善于把握用户需求心理和行为的药店店员，能够在药品销售过程中起到事半功倍的效果。药店店员不仅要具有医药专业知识，还要理解和把握消费者的心理，并通过他们的心理来开发他们的表面需求以及潜在的需求。

阅读材料2　保健品营销之石药果维康市场营销策划

石药集团是中国最重要的原料药生产基地之一，维生素C产销量全球第一，80%出口欧、美、日、澳、东南亚等五十多个国家和地区。国际知名饮料品牌可口可乐、七喜、红牛等所用维生素C均为石药提供。石药集团在抗生素领域曾创造过欧意、维宏等知名制剂品牌。

然而，在耀眼的光环之下，石药集团也面临着形势变化带来的困扰：一方面，优势业务原料药出口受阻，利润不断降低，处方药广告受限，抗生素制剂竞争恶化；另一方面，由于企业长期为人作嫁、专注处方药领域，在OTC和大众消费市场，企业品牌形象和影响力并没有建立起来，消费者无法感受其存在。

为了改变这一现状，石药决策层决定进军大众市场。在对市场和产品进行深入分析之后，最终将目光凝聚在自己的新产品右旋维生素C——果维康维C含片上。但是研发一个产品相对容易，成功营销一个产品实属不易，让一个原料药处方药企业转而面对大众消费市场搞营销更是难上加难！由于石药集团一直扮演着原料供应商、出口商和处方药生产企业的角色，导致其在大众快速消费市场，没有任何经验，营销组织和团队资源不匹配，这也是中国众多传统大中型医药企业在跨出原有领域走向大众消费市场时所面临的共同难题。

果维康将以怎样的策略开拓局面、征服市场？经过严格考察之后，石药集团决定聘请专业营销咨询机构——福来传播完成这一历史性战略跨越。21世纪福来传播机构是中国营销咨询界最具实战性和创新性的公司之一，尤其在医药保健品和快速消费品领域成绩斐然，福来所创造的杂交营销和“品牌功效化，功效品牌化”等中国特色营销理论，与石药高层寻求战略突破的初衷不谋而合，从而开启了石药果维康的成功营销之旅。

一、市场环境分析

（一）消费者市场

我国是全球维生素 C 的生产大国、出口大国，但每年国内的维生素 C 用量仅在 1000 吨左右，人均用量尚不足 8 克，远远低于欧美发达国家 300 克的年人均用量。这说明，中国人对维生素 C 的认知率和使用普及率不高。据调查显示，大众消费者对维生素 C 的需求主要是“预防感冒”“补充活力”两个方面。于是，福来将“预防感冒”和“补充活力”确定为产品的核心价值和消费利益。“预防感冒”是理性，“补充活力”是感性，两者交叉配合，恰到好处。另外，中国有 13 亿多人口，市场潜力巨大，保守估计每年的维生素 C 消费需求在 70 多亿左右，且以每年 120% 的增长率不断增加，增速惊人。

（二）竞争格局

中国维生素 C 市场目前处于内争外夺、群雄逐鹿的状态。石药集团、东北制药、华北制药、江山制药构成的国内维生素四大家族和瑞士罗氏、德国巴斯夫等国际巨头形成鼎立之势。在惯常的医药市场中，维生素 C 类产品早已风生水起，罗氏力度伸、利君维口佳、江山艾兰德、纽崔莱、双鹤 VEC 等已经展开激烈的征战。善存、金施尔康、21 金维他等复合维生素也在分食市场。作为后来者，石药集团的果维康要想成功，无异于虎口夺食，其难度不言而喻。更为重要的是，现有的维生素 C 医保市场容量只有 3 个亿。

也许是产品均出自医药企业的缘故，众品牌不约而同地都来挤医药保健品市场这个“独木桥”，维生素 C 产品作为日常消费品的快消属性反倒被忽视了。近年来，一大批具有功能性的食品取得了成功：雅克 V9 维生素糖果，脉动、激活等功能饮料，乐天、好丽友等木糖醇无糖防龋齿的功能口香糖等，这些产品中都添加了功能性成分，最常见的就是维生素 C。食品功能化已成为消费者追逐的新宠和食品营销创新的新趋势，市场容量也惊人地倍增。

既然雅克、脉动、乐天等食品企业能够将食品功能化，作为维生素C巨头的石药集团，为什么不能反其道而行之，将功能食品化，把医保品当食品来营销？果维康批准文号是保健品，果维康就是维生素C。不难看出，无论从消费者还是从市场角度来讲，果维康完全具备快速消费品的特性。

（三）营销环境分析

对石药果维康的市场营销环境进行SWOT分析，如表1所示。

表1　　石药果维康的市场营销环境分析

优势（S）	劣势（W）
1. 石药集团是中国最大的维生素C生产基地，质量有保证，制造成本低 2. 果维康是右旋维生素C，类天然，活性和吸收都要比左旋维生素C要好得多 3. 石药集团的企业信誉好、专业	石药以原料药、处方药生产为主，在大众市场的品牌知名度较低，消费者不知晓
机会（O）	**威胁（T）**
1. 随着消费者保健意识的增强，对维生素C的认知和需求在不断增长，市场需求量变大 2. 功能性食品成功的案例	1. 竞争对手很多 2. 从未涉足快消品市场，没有经验，没有专门的销售队伍

根据以上分析，不难看出，石药果维康在原料来源、产品创新等方面所占的优势非常明显，这为下一步的营销推广打好了基础；但同时也存在着一些劣势，对快消品市场的不熟悉、销售队伍的欠缺，都会对石药果维康的进一步发展形成阻碍。

在综合了以上的所有影响因素之后，福来决定将石药果维康定位为快消品，进军大众市场。

二、营销策略

如果仅仅依赖石药集团在医药保健品行业的优势，按其常规思维将果维康简单置入医药保健品市场，果维康不仅面临产品宣传瓶颈，同时也面临与诸多国内外竞争对手的直面冲突，市场开拓将极其艰难。而进军功能食品市场，果维康具有先天优势，其专业的维生素C背书优势更是一般快速消费品企业所无法比拟的！石药果维康要跳出医药行业血腥竞争的红海，抛开与维生素 C 医药终端产品的直面竞争，在快速消费品行业、在消费者中“亮剑”。功能食品化营销路线的确定，为果维康找到了与大众沟通的价值点，为石药集团在消费者市场的顺利开拓打开了一条全新的绿色通道。

（一）产品策略

产品差异化：从左旋到右旋。

维生素 C 是人体必需的基础营养素，2003 年“非典”期间曾被国家卫生部列为“快速增强免疫力”的药物。然而由于维生素 C 属于水溶性维生素，性质不稳定，高温、光照和氧气都易使之分解、失效，通常在人体保持 2—3 小时就会排出体外，所以，要想得到高品质的维生素 C，其产品配方和工艺极为重要。石药的维生素 C 原料是世界一流的，果维康的诞生更是倾注了集团科研专家的非凡智慧。该产品由百名博士、硕士合作开发，从植物提取、工艺合成、口味调试等多方面攻关，成功解决了同类产品吸收率不高、口味不佳、不易保存等问题，具有划时代的意义。果维康原料选用的是比左旋维生素 C 活性提高 20 倍的右旋维生素 C，营养价值高，更利于人体吸收。通常说新鲜水果蔬菜中所含维生素 C 指的就是右旋维生素 C，而化学合成的是左旋维生素 C，由于活性低、不易吸收，在国外是限制使用的，只用于皮肤美容和术后恢复。

维生素 C 研究权威、诺贝尔奖获得者莱纳斯·波林格博士的研究成果证明，分次服用比一次服用等量维生素 C 的效果提高一倍。但是由于维生素 C 口感酸涩，对肠胃有刺激性，甚至会引起恶心、呕吐等不良反应，并且服用不方便，限制了多数人食用。石药集团利用全球维生素 C 顶尖科研专家的雄厚实力，把果维康做成国际流行的含片剂型，方便携带，可以随时含服。采用的精选颗粒直径在 1—10μm 之间、纯度达 99. 99% 的优质右旋维生素 C，更利于在口腔直接吸收，效力释放迅速、持久，既避免了维生素 C 有效成分的流失，保证人体能够吸收更多的营养，又解决了对肠胃的刺激问题。

要把果维康当作快消品来卖，就要将其口味和造型糖果化、包装媒体化、娱乐化，让它彻底摆脱“药味”，让消费者随时吃、轻松吃、愉快吃。石药集团采用法国进口的纯天然香料，精心调配成无糖型的鲜橙、蓝莓、青苹果、牛奶、薄荷等多个口味系列，清爽可口，健康时尚，不含蔗糖，适合包括糖尿病人在内的4岁以上的消费者在各种场合、各种环境下及时快速补充维生素C，适应现代社会快节奏的生活方式，就像吃口香糖一样轻松方便。

同样的产品，消费者在超市和药店的消费习惯是完全不同的。药店消费有针对性，理性，注重产品的效用，而超市的消费者感性相对更强，随机购买较多。为此，福来建议对果维康产品形状进行了糖果化娱乐化设计，将原有的圆形、菱形的药品形态的含片，改为“C型”“V型”“O型”三种形态，既把产品的特点和功能紧密结合，又注重产品的快消属性，增加消费乐趣。同时，外包装采用两盒联包或三盒联包，顶端设计挂口，可以挂起来，增加终端展示面积和视觉效应，又可以实现联包销售。

包装不仅仅是包装，同时也是向消费者传播营销信息的媒体！原来的产品包装盒带着浓重的“药味”，纸盒式，单一的蓝色和橙色的条块。规矩中没有记忆，严谨中缺乏营销。在包装媒体化、信息符号化的指导思想下，果维康被赋予一个形象鲜明的符号——右旋小子，它是由代表维生素C的鲜橙拟人化而成，头部是一个变形“C”字，手持长矛，夸张、动感、活泼而可爱，传神地把果维康右旋维生素C符号化，只要看上一眼，就会留下鲜明印象。

在这个传播符号化的时代，“右旋小子”成了果维康颇具个性的形象代言人，统一出现在包装、终端海报、户外广告、电视广告等所有传播手段中，实现了低成本整合传播。

（二）渠道策略

重构商业模式：眼光成就机会。

医药企业能不能走快消渠道、敢不敢走快消渠道，考验着石药集团决策者的眼光和胆识。

今天的商业业态已经发生了巨大的变化，代表现代商业业态的大型卖场、连锁超市在社会商品零售总额中的比例越来越高，在大中城市中尤其突出，遍布全国的大中型超市有 440 万家，这是一个比药店规模庞大得多的终端，药店只有区区的 40 多万家左右，440 万:40 万，这是一个战略优势机会！既然果维康是可以随时含用的功能化食品，具有明显的快速消费品特征，那么，它完全可以进商超，按照卖食品的方式销售！于是，果维康首创的“药店 + 商超”双通道模式诞生了。

众所周知，石药集团的渠道优势在医院和药店，因此必须要率先占据药店终端，保持在医药领域的优势地位。药店推广，使企业在维生素 C 领域中的专业专注形象为商超提供强大的背书支撑，满足产品最基本的保量、保利润的要求。

果维康进入快消线的策略是：首先主攻中等连锁超市，渗透便利店，搞柜台小专柜，形成格局后，再覆盖大型超市。进入中等连锁超市的难度不是很大，可以比较快地实现大面积的终端铺货，而且比较容易实现终端大排面展示和促销。

果维康项目从传统的药店线进入陌生的商超线，为此，石药对销售管理模式、组织结构进行了调整。在内部管理架构上，先后成立了两个以市场为导向、以产品为驱动的终端型营销公司，其中的中诺药业 OTC 公司就是专业运作包括果维康项目在内的终端型营销专业公司。石药集团原来的快消营销人员匮乏，中诺药业在全国范围内招募外快速消费品行业营销精英 200 多人，做各级营销管理，并在各地建立了 60 多个办事处，招募了 600 多名销售人员，建立了上千人的导购队伍。果维康的市场羽翼渐渐丰满了起来。

在商超的渠道和经销商管理上，果维康采用了以经销商代理渠道、企业自建队伍直接运作市场的渠道经营模式。只在山东等个别地区采取了经销商市场代理制。为了确保终端工作质量，石药中诺药业自己承担产品进场、理货、促销、广告和市场推广等工作，经销商只负责把货物铺到终端及与零售商结款、给公司打款等工作。另外，中诺药业通过倡导无风险换货、小区域代理、合同保证金、产品暗码、市场巡查等手段，维护了整体市场的秩序，从而保证了经销商利益的最大化。

（三）价格策略

大众价格路线：消除快消品快销的障碍。

对新型快消品而言，前期消费往往是随机性的，价格是至关重要的因素。

果维康打出“高性价比”的优势大旗，定价贴近大众消费水平。每日只需5毛钱，就可满足人体补充维生素C的需求。这也和石药集团的维生素C原料成本优势相匹配。

在外包装上采取双轨制。果维康在医药和快消两个渠道的产品内在品质完全一致，但是产品形状、规格、包装和价格有所不同。一套针对药线，医保盒装，剂量和规格固定，都是每盒0.79g×30片，体现专业和稳重；一套针对快销，有0.79g/片×10片和0.395g/片×10片两种规格，以0.395g/片小剂量规格为主，符合快消线消费者随时随意含一片的消费特性。两盒连包或三盒连包，富有活力，并且非常时尚生动。

在药线，价格稳定，保持在0.79g×30片一盒15.7元；在快消线，0.79g/片、0.395g/片与二盒连包、三盒连包形成多种组合，价格从0.79g×10片一盒6.5元到0.395g×30片一盒11.5元不等。与药店相比，快消线要么每盒只有10片，要么每片是0.395g的小剂量，所以在价格上总体上给人以更加实惠的感觉。

（四）促销策略

消费者在药店和在商超的购买行为有着明显区别，商超线的顾客结构比较复杂，购买行为随意性高，受卖场氛围的影响比较大，属冲动型购买；而去药房的顾客相对单纯，带有明确的目的性，行为比较理性，比较重视店员的意见。因此，在商超，竞争不仅来自于竞争产品，还来自于产品摆放的位置、陈列的方式、海报宣传等现场促销气氛的营造。

在技术层面上，商超的操作更复杂、灵活，竞争更加激烈，费用也更加高昂。

针对两个终端的不同特点，石药集团采取了不同的针对性策略。在药店线，强调客情和店员教育。在商超线，则侧重于时尚化生动化，从产品包装、陈列效果、店内广告、人员促销等各个方面力求新颖别致，全方位来刺激顾客的听觉、视觉和味觉。

石药集团不仅把终端作为销售的场所，还把它作为树立形象、信息传播的舞台。一个是包柱子，再一个是货柜顶层包装盒大排面展示，店店看得见。把简单的事做得有规模有排场。现在进入北京等城市的超市，果维康的终端形象总会扑面而来，还会经常看到促销小姐手持品尝盘在促销。这就是活生生的广告！石药集团这样坚持做了两年，这种坚持精神再冷漠的心也会被打动！果维康越来越快地动销了。后来，果维康“得寸进尺”，开始出现在收银台附近的小堆头中，与蓝剑、益达等口香糖站在了一起。顺手拿包果维康已经成为越来越多消费者的习惯了。

1. 面—点—线—面矩阵

毫无疑问，石药集团谋定的是全国市场。但是一上来就全面铺开不现实，快消市场方面的人才队伍初建，需要有一个成长成熟的过程；消费者对首次出现在商超中的医药企业生产的功能食品，有哪些特殊的消费心理，没有前车之鉴，需要石药营销者去摸索把握。因此，石药集团的战略布署是：“面—点—线—面”矩阵。

第一步，面：一开始就高位起跳、谋定全国、占领行业制高点。2005年，在央视媒体高空启动，高调参加全国糖酒会和全国药交会，以“全球维生素C专家、迈出关键一步”为主题的全国招商招聘工作全面展开。春节期间，果维康的产品名称竞猜广告首先在中央电视台闪亮登场，一个活力四射、可爱调皮的“右旋小子”频频亮相央视荧屏，“发短信，中大奖”的竞猜广告吸引了无数年轻人积极热情参与。同时，启动在《销售与市场》《中国经营报》等平面媒体的招商。

第二步，点：圈定北京、成都、石家庄、天津、温州等地，打造战略市场，锁定平面、终端和户外；同时，在样板市场中总结经验，锻炼队伍。

第三步，线：借助经销商的力量，将市场进一步拓展延伸，扩大市场战果，局部市场连成线。市场由战略城市向周边的城市辐射、延伸，打通区域和省级市场，形成线。

第四步，面：2007年，大规模启动央视及卫视高空传播，以及在《销售与市场》《新食品》《糖烟酒周刊》《医经经济报》等平面媒体投放广告，在全国进行深度招商，对销售网络大整合大提升，用成功市场的模式感召和央视大传播的强力拉动，将产品铺向全国所有三级以上城市。同时丰富产品线，实现品牌和销量双提升。

2005 年 3 月，石药集团携果维康首次高调亮相成都春季糖酒会，立刻受到了医药保健品界、快速消费品行业、媒体和经销商的热烈关注。石药集团还特意在果维康展位上制作了一个巨型右旋小子透明塑像，并在体内装上鲜橙，与会代表可随时拿出来吃，成了会场一道独特的风景线。23 日，在成都锦江酒店联合举办"全球维生素 C 专家、迈出关键一步"的新品战略发布会。果维康的另类模式和市场启动力度，吸引了众多经销商的青睐，发布会尚未开幕，经销商登记簿上已经是密密麻麻的，仅 23 日一天，对果维康感兴趣的经销商登记在册就高达 700 多人，企业派了 30 余名市场人员，连夜接待排队洽谈的经销商。果维康在成都糖酒会上着实掀起了一股"果维康橙色旋风"！

2007 年 3 月 23 日的重庆糖酒会上，石药集团正式向到会的糖酒经销商们宣布，果维康已于当年 2 月 1 日启动全国大传播，在全国范围内的超市系统推广进入大跨越阶段。

石药集团在主会场重庆国际会展中心设立了果维康特装展示，在核心区域的扬子江假日酒店专门开辟了果维康洽谈中心，共发放各种宣传资料 2 万余份。

为了加强宣传推广力度，石药决定拍摄果维康的电视广告。广告语"补充维生素 C 少感冒，就含果维康！""含一粒，随时添活力"！

广告创意是：三口之家，父母劝小孩多吃水果蔬菜，但小孩对面前的水果丝毫没有兴趣。这时，果维康右旋小子来了，小孩兴奋地把一粒果维康吃进嘴里，广告语：补充维生素 C 少感冒，就含果维康。广告生动地传达出果维康富含天然维生素 C 的讯息以及诱人的口感。孩子像吃糖一样方便，又能保持身体健康，给全家带去幸福与快乐。

2. 促销四化：大体验创造大传播

众所周知，广告追求的是连续效应。同理，如果我们把促销活动（比如说免费品尝）当作广告、当作媒体，月月做，天天做，一定会收到与广告同样甚至更好的效果。果维康的促销活动坚持“四化”原则：体验化、主题化、规模化和传播化，促销不低俗，战术有高度。

体验化：这是促销活动的核心。作为一个全新的维生素 C 产品形态和品类，果维康必须创造低成本或零成本消费体验，让产品黏住消费者，让产品说话。

主题化：主题是促销的灵魂，促销的高层境界是把买赠或免费品尝的内部小促销转化成社会话题和公益行动，具备广泛参与性和传播力。

规模化：再好的促销活动，如果没有规模效应和持续效应整合，将大大贬值。相反，再简单微小的促销活动，如果具备了规模化和持续力，必将爆发强大的整合效应。

传播化：市场价值最大化是一切促销行为所追求的，价值的最大化首先是传播的最大化。这不仅仅是认识和技巧，更是策略和行动。

四化是主线，贯穿果维康每一次促销活动。

2006 年 4 月 12 日，果维康联合京华时报共同发起“2006 春季京城拒绝感冒——果维康抗感行动”，主办方开辟“果维康健康专栏”，对读者进行抗流感知识的普及教育；还邀请专家同读者进行栏目互动，开通专家热线和电子信箱，每周进行幸运读者大抽奖，公布结果，与更多关注健康的读者一起分享。同时，启动“抗感妙计大征集”与“抗感知识竞赛”两个互动活动，激发大众参与热情。

针对学生，在 2007 年 3—4 月春季感冒高发期，石药集团在北京、石家庄、沈阳、成都、无锡、西安、郑州、天津等 8 个城市开展了“春季小学、幼儿园抗感”免费派发行动，覆盖率占学校总人数的 80%。在派发过程中，各个城市根据自己市场的发展情况采取了不同的派发形式，可谓八仙过海，各显神通。石家庄对果维康的知晓率已经达到了 80% 以上，采取了包装形象小店，在校门口小店派发与销售结合的方法，在学生放学时间开展购买果维康参加趣味游戏活动。

在北京，石药集团开展果维康品牌入校的主题活动，有团市委活动入校和电影入校两种形式。团市委入校活动包括一堂维生素 C 健康课、一次维生素 C 抗感红领巾广播、一张健康手抄报和维生素 C 小子健康操比赛；电影入校活动邀请各新闻媒体单位参与现场采访报道，报道有特色的学校，延伸活动效应，以“电视、广播、平面、网络”的立体宣传效果，全面提升活动影响力。

在天津，由于对果维康知晓率相对较低，所以派发的形式多为利用学校放学期间在学校门口派发果维康的糖果装和宣传单页，从而提高学生对果维康的认识。

在成都，石药集团联合成都晚报对金牛区的 20 所小学及幼儿园进行了果维康维生素 C 含片的派发活动，共送出 1 万包果维康维生素 C 含片。通过派发，小朋友记住了吃果维康可以改善记忆，还能预防感冒！《成都晚报》对此做了系列跟踪报道。

针对中老年人，2006 年，石药集团在 70 多家中央机关、国务院各部委离退休干部（司）局单位开展“果维康杯”中央部委老干部健康知识竞赛”，参加活动的老干部人数达 10 万人。

针对时尚青年，2007 年 3 月，果维康独家赞助了北京电视台强档娱乐资讯节目《每日文娱播报》媒体观众见面会，在北京首都时代广场隆重开幕，活动历时一个月，著名娱乐节目主持人李湘和刘婧全程主持，明星与现场观众朋友进行了形式多样，内容新颖的互动游戏和才艺表演。全部奖品由石药果维康提供，进一步拉近与消费者的距离，彰显果维康的时尚属性。

2007 年春节期间，配合央视广告，石药集团在石家庄开展“新年送健康，十万大派送”主题宣传活动，一周内共赠送果维康面巾纸一万盒、果维康试用装十万份。一方面普及科学服用维生素的知识，同时促销产品，将快速消费品手段运作非常娴熟，令业内外瞩目。石药集团把别人搞可能是极其乏味的简单战术变成了社会关注、百姓喜爱的爱心活动。《燕赵晚报》等当地主流媒体称之为“有爱心、负责任”的善举，消费者则以实际行动表达了他们的认可。在新品上市的前十天，果维康的日销量平均以每天 200% 的速度在攀升，在北国天河、东购超市等店内甚至一度脱销。

针对有宝宝的家庭，果维康联手河北电视台超级宝宝秀海选活动，开展果维康杯首届“和谐家庭”评选。

2007年“五一”黄金周前后，石药集团针对有车族和旅游族，在全国50多个城市的药店和商超同时开展了“健康旅游，片片VC相伴”果维康大型假日主题促销活动。这是果维康在经过两年的“药店+商超”双通道推广试点、2007年3月在重庆糖酒会上正式宣布在全国全面进入商场超市后，首次在全国范围的商超终端开展的大型促销推广活动。

果维康的“五一”促销活动北起沈阳，南到广州，东至杭州，西到乌鲁木齐，在全国50多个城市同时开展。各地均选择在当地影响大、客流多、果维康销量好的商超终端进行，约有50多家店作为形象店，建立了形象堆场，布置了宣传端架，营造促销气氛；在卖场入口处、产品摆放点配置导购人员开展宣传工作，在店内海报、围当发布活动信息，展示促销赠品。为扩大影响，公司还在全国开展了30多场路演，通过游戏、展示、问答等手段宣传果维康健康、活力的产品形象。

果维康坚持促销四化，多层次多手段与消费者亲密接触，消费者逐渐熟悉了它，接纳了它，融入他们的生活，成了他们生活的健康伙伴。

3. 媒体传播：高中低三位一体，深度渗透

在地面的（指报纸、活动等）传播中，更多理性地与消费者的具体利益相结合，从增添魅力、增加活力、拥有精力、拥有好身体等各方面，具体阐述果维康给消费者带来的好处，解决了保健品走快消线在传播上的两难问题。

在市场导入期，果维康的广告先后登陆了央视、中央人民广播电台、河北卫视等全国媒体以及北京、成都、石家庄、温州等试点城市的主要媒体和户外广告牌，高中低三位一体。高空是央视、卫视和中央人民广播电台音乐之声、各地交通台组合，中间是车体、候车厅等户外广告树形象。下面是主流平面媒体，利用报纸健康专版，开辟果维康专栏，以“感冒季节·果维康”为主题，针对不同目标人群进行系列化传播，以理性为主，动之以情晓之以理。有针对白骨精（白领、骨干、精英）——如何缓解压力的；有针对开车一族——如何告别紧张，恢复体力的；有针对旅游发烧友——提高抵抗力，增加兴致的；有针对烟灰缸子——减少患病率，远离

疾病的；还有针对学生娃娃——改善记忆力，提高学习成绩的。这种针对体贴式传播活动，一轮轮一遍遍地进行，果维康从陌生到熟悉到生活伴侣的形象，就这样形成了。

2007 年，石药集团把果维康列为三大重点项目之一，在大传播上开始发力，迎接果维康销售高潮的到来。

从 2007 年 2 月 1 日起，果维康的电视广告在中央电视台以及多家地方卫视台黄金时段同时播出：黄金时段广告迅速拉升知名度，同时，辅以文艺节目时段、早晚间新闻时段广告做日常维护。形成全国大整合大传播之势，打造行业制高点。

果维康所有的广告、促销、终端陈列，都保持着高度的一致性。这种锲而不舍的坚持精神和始终如一的执行力，是果维康成功的必要保证！

2007 年开端，果维康的销售曲线陡然上升。1—3 个月，实现销售收入 6000 多万元，上半年完成 8000 万，2007 年过亿元的销售触手可及。与此同时，经销商队伍不断整合和壮大，质量不断提升，目前全国已经有 150 多个经销商加盟。目前，一个全国性的果维康品牌和销售平台正在顺利建设中。

果维康，一个全新的功能食品品类已经诞生！

果维康的成功，标志着石药集团一个新的利润增长点初现端倪，这不仅是新产品营销战略的成功，更是石药集团成功摆脱传统医药产业操作的束缚，实现产业拓展和战略转型的成功！石药品牌的市场影响力全面提升，已成为为股市增值、为市场注入信心的强大力量！

三、案例分析

世上本没有路，走的人多了，也就成了路。营销本没有墙，因循守旧的人多了，便成了墙。

全世界都在为同质化的营销环境头痛着：产品彼此越来越像，差别越来越小；营销手段越来越普及，墙越来越厚。石药果维康勇敢地突破了这道无形的墙，迎来另一重天！这就是营销的境界。

石药果维康之所以获得如此成功，主要体现在以下几个方面：

（一）重新定位，开辟第二通道：从食品功能化到功能食品化

让我们再回过头来看石药集团。80%出口欧洲、美洲、澳洲、东南亚和日本等五十多个国家和地区，成为全球领先维生素C出口商；可口可乐、百事等众多国际大牌企业的长期合作伙伴关系，使得石药集团成为最知名的合作商；40年的历史，成就了石药集团成为最早的维生素C生产商；强大的科研队伍，成就了石药集团成为中国维生素C市场科研市场的一面旗帜！石药集团在维生素C领域，不言而喻有着无可撼动的领航地位。

同样，石药在维生素C市场上的沉寂和落寞与市场形成了强烈的反差。纵观市场上近年来成功的产品，雅克V9的功能性糖果，他她、脉动、激活、尖叫等功能饮料，乐天、好丽友等木糖醇无糖防龋齿的功能口香糖，功能产品近年来在中国市场迅速走红，并呈几何式快速增长。这些产品的共同特点是在食品里增加了功能成分，普遍以添加维生素C为主要成分，而果维康却本身就是维生素C，且具有多样化保健的先天优势！既然雅克、他她、乐天可以走食品功能化，为什么果维康不能走功能食品化?!

果维康虽然是保健食品，但其无论是从消费者还是从市场来讲，其完全具备快速消费品的特性。如果发挥石药集团在医药保健品行业的优势，将果维康单纯置入医药保健品市场，果维康不仅面临产品宣传瓶颈，同时面临与诸多国内外竞争对手的直面冲突，市场开拓将极其艰难。而进军功能食品市场，果维康的产品具有先天优势；企业优势更是一般快速消费品企业遥不可及的；功能食品化市场优势更是其他现有产品所无法比拟的！

功能食品化营销路线的确定，不仅为果维康和石药集团打通了敲开公众性价值的敲门砖，也为产品市场战略的规划奠定了基础。

（二）整合营销策略，将功能食品化进行到底

果维康功能食品化路线的确定，打开了果维康对于石药集团市场化的第一个出口，但同时，果维康作为企业的战略性产品，还需沿着功能食品化这条主线，将果维康的市场工程塑造得更加立体化。

结合消费者对产品的市场感知，产品由原有的圆形、菱形的药品形态的含片，变为“C型”“V型”“O型”三种形态。一方面，与产品的特点

和功能紧密结合，产品消费关联性，另一方面，充分调动消费者在接触产品时的购买神经，变日常消费行为为一种乐趣；同时，从产品外包装形态上，结合快速消费品行业特点，在板装、盒装的形态上，推出瓶装和桶装产品，使得产品更富人性化、生活化。

在策略方向上，突破传统产品以功效或人群分类作为市场爆破的特点，以果维康最为突出的优势——口味作为产品市场竞争的切入点，准确提出“好吃的 VC”这一产品定位，并在产品时尚化、健康化、方便化的同时，着重表现与消费者的切身利益，体现产品的功能特点，以提高免疫力、预防感冒等一系列目标针对功效充分诠释产品。

渠道整合上，结合石药集团在医药保健品领域的行业优势和果维康特有的市场特性，坚持走药店和商超两条线并行的渠道策略。并针对企业快速消费品行业薄弱的特点，从全国招募国内外快速消费品行业营销精英，组成了一支 200 人的营销团队，丰满果维康的市场营销羽翼！

维生素类产品终端竞争和推广策略的短缺，让我们看到了果维康作为功能性食品在终端的优势。将终端作为竞争中心，充分包装，并辅以精细化、多样化、生活化终端工具强力推动。果维康的市场主题促销活动，在体现产品特点的同时，重点突出产品与消费者的生活关联性，通过与消费者的互动，快速推动产品市场销售。在媒体传播上，主抓两条线，一方面通过车体、候车厅等户外广告树形象；另一方面在主流平面媒体开辟品牌功效化、功效品牌化的专栏，理性和感性并举，潜移默化中影响消费认知。

经过系列的分析和整合，果维康维生素 C 含片坚持走功能食品的路线开始明朗起来，而后期的市场实践也再次证明：作为石药集团的战略性产品，果维康的确为石药集团开辟了一条全新的突围之路！

阅读材料 3　处方药营销之诺华奥曲肽市场营销策划

诺华制药是一家研究、开发、生产和销售治疗多种疾病的创新处方药的企业。2012 年，诺华制药全球销售额为 320 亿美元，占诺华集团全球销售额的 57%。诺华制药业务遍布全球 140 个国家和地区，员工数超过 60000 人。诺华制药目前拥有全球制药行业最强大的后续产品线。2012 年诺华制药将全年销售额的 21% 用于新药研发。从 1996 年至今，诺华制药获得美国和欧盟新分子实体批准数量居行业首位。在 2013 年至 2017 年的未来五年中，诺华制药的后续产品线包括 30 多个新分子实体申请和 20 多个新适应症申请。2012 年诺华制药拥有 8 个全球销售额超过 10 亿美元的超级品牌，预计至 2016 年，诺华制药将拥有 14 个全球销售额超过 10 亿美元的超级品牌。

在中国，诺华制药拥有丰富的产品组合，其产品覆盖心血管、代谢、骨质疏松、呼吸、抗感染、眼科、移植、中枢神经以及肿瘤等多个疾病领域。2009 年以来，诺华制药在中国上市 14 个新产品，是在中国上市新产品最多的跨国制药企业之一。在未来 5 年，诺华制药计划在中国递交 40 余项新药或新适应症上市申请，涵盖多个疾病领域。

急性胰腺炎是指胰腺及其周围组织被胰腺分泌的消化酶自身消化而引起的急性化学性炎症，在青壮年人群中比较常见。在国内，胆道疾病是引起本病的主要原因，在西方国家，除了胆石症之外，大量饮酒也被怀疑是其发病的主要原因之一。随着现代物质生活的丰富化，不良生活习惯使急性胰腺炎发病率呈逐年上升趋势，已成为全球较为严重的公共卫生问题之一。英国每年的发病率在 5.4 人/10 万人，美国大约为 80 人/10 万人，中国大约在 30—40 人/10 万人。

目前，治疗急性胰腺炎的主要药物是生产抑素类药。1987 年，山德士公司首先人工合成了生长抑素八肽-奥曲肽（商品名：善宁），荣获 1991 年 PrixGalien 奖，此奖项被誉为制药界的诺贝尔奖。1996 年，山德士与瑞士的汽巴-嘉基合并成为诺华公司。奥曲肽于 1992 年在中国上市，一直到 2001 年间占据了生长抑素类市场的全部份额。尽管在 2001 年之后竞争产品思他宁（生长抑素十四肽）及其他国内仿制药相继上市，诺华奥曲肽依然保持着较高的市场份额，继续领跑生长抑素类药品市场。

奥曲肽之所以取得这么好的战绩，与诺华制药成功的市场营销策略是分不开的，本案例将从市场环境、目标市场选择、营销策略制定等方面来探讨其中的奥秘。

一、奥曲肽市场环境分析

（一）奥曲肽宏观环境分析

1. 人口环境。中国是世界人口最多的国家，现有人口已将近14亿，预计到2030年，人口将超过16亿。众多的人口使我国成为世界上最大的消费市场。近年来，随着人们收入水平的提高，消费需求和意识不断增强，市场潜力巨大。

2. 经济环境。中国经济一直保持着稳定增长的势头，即使在2008年金融危机的冲击下，也实现了GDP 6%的增长速度。消费者收入水平明显提高，无论在生活、教育、医疗、旅游等方面的支出比例明显加大，说明消费者的购买力在迅速增长。

3. 科学技术环境。科学技术是第一生产力。如今，变革性的技术正对企业的经营活动产生着巨大的影响。诺华制药将每年销售额的10%—15%投入到新产品的研发中，借此来提升企业的知名度和市场占有率。

4. 社会文化环境。任何企业都处于一定的社会文化环境中，并受到制约和影响。因此，要针对不同的文化环境制定不同的营销策略。中国五千年的传统文化积淀对国人有着根深蒂固的影响，对于外资企业来说，要想让消费者接受西方的医学理念，必须事先做好市场调查，才能取得成功。

5. 政治法律环境。2009年开始，中国启动了新一轮的医改，中国的医药市场格局随之发生了重大的调整，预计未来我国医药市场将分为高端和基层两部分。在高端市场中，三甲医院对具有创新技术的新药的使用比例会逐渐提高，而基层医疗则会偏重于基础用药和常用药。而且，随着医保的全覆盖，基层医疗市场的份额会越来越大。对于以创新研究为生命的外资企业来说，专业化的学术推广更适合运用于三甲为代表的高端市场。

（二）诺华奥曲肽竞争者分析

目前应用于临床的生长抑素类主要有八肽和十四肽两种。1992—2001

年间，由于专利保护，诺华奥曲肽占据该市场的全部份额。2001 年之后，随着瑞士雪兰诺生产的思他宁进入中国市场，以及 2004 年以后国产仿制品的上市，诺华奥曲肽的市场份额有所下降，尤其是在二、三线城市，价格更为低廉的国产仿制品几乎替代了原研的诺华奥曲肽，同时，治疗急性胰腺炎的新产品乌司他丁、双歧三联活菌、抑肽酶三个产品的市场份额也呈稳步上升的趋势，逐渐在瓜分奥曲肽的市场份额。

（三）奥曲肽微观环境分析

1. 产品质量与品牌。1987 年，山德士公司首先人工合成生长抑素八肽，荣获 1991 年 Prix Galien 奖，此奖是专门奖励在制药领域具有创新价值的研究成果，被誉为制药界的诺贝尔奖。在所有的生长抑素类药物中，唯有诺华奥曲肽获此殊荣。

2. 企业信誉与形象。瑞士诺华制药至今已有一百多年的历史，公司在心血管、内分泌、抗感染、肿瘤、免疫移植、风湿疼痛、骨代谢、眼科、中枢神经系统等 9 大领域拥有专利产品，在全球制药企业中排名前五位，具有良好的企业信誉和形象。

3. 营销网络。诺华制药在市场营销方面已经建立起完善的、庞大的销售网络。无论在自身销售队伍建设，还是在经销商的管理上，公司都投入了很大的精力。不仅在全国各省市建立了流畅的营销渠道，还配备了大量的专业素质较高的销售代表，分布于各地区的医院市场。

4. 技术条件。诺华奥曲肽属于原研专利药，采用了独特的创新技术，使得半衰期短的天然生长抑素得以应用到临床。市场上的仿制药由于工艺的局限，疗效还是不如原研的好，医生不会轻易拿患者的生命开玩笑。

（四）营销环境分析总结

诺华奥曲肽的 SWOT 分析如表 1 所示。

表 1 诺华奥曲肽 SWOT 分析

优势（S）	劣势（W）
1. 原研药，进口原料 2. 公司重视 3. 源于天然	1. 适应症的注册剂量。8 肽的皮下注射效果不如 14 肽的静脉滴注效果明显 2. 价格较高
机会（O）	**威胁（T）**
1. 人口总数逐年增加 2. 发病率越来越高 3. 消费者收入水平明显提高 4. 医疗制度改革，使医疗市场越来越规范 5. 医保覆盖率越来越高 6. 可治疗领域增加	1. 竞争对手生长抑素 14 肽——思他宁势头强劲 2. 国内仿制药纷纷上市

根据以上分析，不难看出，奥曲肽在生长抑素类的市场中占有一定的优势，作为市场的导入者，其知名的品牌、高质量的产品，都为其在中国市场站稳脚跟奠定了坚实的基础；但由于其注册适应症的使用方法问题，治疗效果不如思他宁明显，且比仿制药价格高，都会对奥曲肽的进一步发展形成阻碍。

二、诺华奥曲肽的营销策略

（一）市场细分

奥曲肽产品的市场细分是企业实行目标市场营销的基础。通过市场细分，明确产品的目标市场，由价格竞争转变为产品的差异化和服务的多样化竞争。

药品的营销有其特殊性，往往一个产品的临床适应症就决定了该产品的细分市场。根据临床适应症，把奥曲肽的目标市场确定为急性胰腺炎市场。而根据患者病情的轻重程度，奥曲肽产品的目标市场人群可以分为两种：一种是急性水肿型胰腺炎患者，病情较轻，可以采用奥曲肽皮下或肌注 8 小时一支，另一种是急性坏死性胰腺炎患者，属于重症期，严重时危及生命，可以采用思他宁 24 小时连续静脉滴注。

在细分完市场之后，企业需要决定目标市场选择的问题。从患者病情的轻重程度来看，急性胰腺炎患者一般会去大医院就诊，从就诊科室来看，一般会去急诊科、外科、内科、消化科就诊，而消化科和外科的医生对该病的治疗经验比较丰富。因此，奥曲肽就采用了集中性目标市场选择策略，将目标定为大医院的消化科和普外科的医生。

（二）市场定位

诺华奥曲肽的核心定位为：源于天然、超越天然。主要考虑到以下几个方面：

1. 竞品的市场定位。思他宁是奥曲肽最大的竞争对手，它的市场定位是天然的生长抑素，在向客户宣传的过程中有意忽略了合成的药品，只是强调产品与人体内的生长抑素结构一致，容易被吸收。

2. 奥曲肽在治疗急性胰腺炎、上消化道出血等方面具有很好的疗效，这也是区别于其他仿制药的一大特性，价格方面，介于思他宁和仿制药之间。

3. 诺华奥曲肽是第一个人工合成的生长抑素类药物，它保留了天然生成抑素十四肽的功能序列，将其中的色氨酸改为右旋色氨酸，活性大大提高。

（三）4P 营销策略

1. 产品策略。如何保持原有的主导地位，是奥曲肽面临的重大问题。品牌是产品的重要表现形式，知名品牌代表着巨大的、持久的竞争力。诺华奥曲肽是由其前身之一山德士公司研发生产的，在生长抑素类药市场已经树立了良好的品牌形象。在专利期之后，诺华公司又重新沿用了山德士这一老品牌，成立了专门销售非专利药的公司，其目的就是让这一具有百年历史的老品牌发挥其无形的价值而获益。

另外，在市场开拓过程中，要加强对品牌的宣传力度，提高知名度，可以从产品的优势、优质的服务等方面入手。无论是公司市场部推出的一些全国性的专家高层论坛，邀请专家进行当地区域的小型医学会议，还是参加国内外相关专业方面的一些学术活动，都要借机宣传奥曲肽的品牌；确定奥曲肽在中国急性胰腺炎指南中的重要地位，进行二、三线城市的指南推广会活动，通过多种方式巩固品牌形象。

2. 价格策略。在营销组合中，价格是能产生收入的因素，也是最容易调整的因素。中国药品的定价与其他产品有一定的区别，很多属于政府指导定价。由于近年来，看病贵、看病难的呼声越来越响，国家为了减轻老百姓的负担，连续几年的强制降价和药品招标，使得奥曲肽及竞品的价格一直在持续下降，但是幅度不是太大。奥曲肽属于高质量的尖端技术产品，其价格相对于仿制品要高。奥曲肽每盒的零售价为750元/5支。用于治疗一个重症胰腺炎的病人，每日需要6支，共计1080元。因此，公司采取的是质量领先的定价原则。

3. 渠道策略。诺华奥曲肽是处方药，属于急救药品，因此在医院的销售占到90%以上，且集中在大城市的大医院中，因此，选择合适的经销商非常重要。诺华奥曲肽设计的营销渠道为：瑞士诺华→进口经销商→一级代理→医院。

营销渠道的管理。诺华公司配备有专门的进口商务部，主要负责经销商的管理和服务。商务经理的主要职责有：筛选合格的经销商，每年签订经销合同，包括每年的年发货指标，回款时间等。

选择渠道成员。奥曲肽经销商的选择标准包括经销商的经营规模、偿付能力、赢利记录及是否有回款记录、是否经销同类竞品、企业信誉等。经过考察奥曲肽选择了两家进口经销商，分别负责中国北区、南区的配送。一级代理商可以从进口经销商处进货，其代理范围基本覆盖各大城市的大医院及二线城市的大医院，二级代理商则代理其他医院。

激励渠道成员。对回款时间短的代理商，公司会有一定比例的返点。对当年合作表现优异的代理商给予奖励。

培训渠道成员。商务部每年都要对经销商进行奖励性质的培训，会选在国内较好的城市。培训内容包括奥曲肽的相关知识、大客户管理技巧、物流管理等，提高经销商的业务管理水平，增进客情。

4. 促销策略。由于处方药不能通过媒体广告方式进行宣传推广，所以在促销形式上必须要谨慎。诺华奥曲肽的目标市场是大医院的消化科和普外科的医生，考虑其职业性质，奥曲肽的促销策略主要有：专业期刊的广告、人员推广、销售促进、直接营销和公共关系等方式。

专业期刊的广告。由于处方药不准许进行大众广告宣传等促销方式进行销售，因此，诺华采用的是在专业的期刊上做广告。通过调查了解，最终确定了在《中华普外科杂志》《中华消化病》知名的一级医学期刊上投放广告。

人员推广。Face To Face 销售方式是药品营销也是诺华奥曲肽营销的非常重要的方式，其代表性的推销过程包括：寻找诺华奥曲肽的目标医生，制定拜访计划，接近拜访医生，介绍奥曲肽的产品优势、处理医生异议、达成目标意向以及访后跟进。连接产品与患者的有两个重要的环节，一是销售代表，一是医生。销售代表的职责就是将产品的具体情况介绍给医生，使医生了解药品的作用机理、使用方法及用药剂量等具体内容，医生则根据患者的病情进行处方，同时还要处理销售过程中医生的各种异议。因此销售代表对于医生的教育是开具处方的重要因素，治疗急性胰腺炎的药品有许多种，能够使医生牢记诺华奥曲肽产品的具体内容，销售代表需要持续地对医生进行教育，不断强化医生对产品的概念，从而达到促进销售的结果。诺华奥曲肽的销售代表，基本每个月就会为医生召开一次科室小会进行产品的介绍，每个季度会有一次不同形式的区域小型医学会议或大的城市会议来巩固诺华奥曲肽的产品概念。这种持续灌输的方法相对来说比较被动，也容易使医生出现厌倦情绪。诺华制药公司着力从三个方面入手增强企业的销售能力：

第一方面是销售技巧个性化。针对重要客户进行定位分析，对医生的认知度、个性进行详细的了解，制定出相应的转变方案，比如可以协助医生针对新来实习的医生或者护士开一些关于产品的讲座，定期进行一些类似于沙龙形式的交流活动，这样不仅使医生能够加强对产品的记忆，还使医生在讲座的过程中实现自我价值，给产品留下更深刻的印象，从而达到增加处方量的效果；

第二方面是产品知识专业化。销售代表只有熟练掌握产品知识及相关医学知识，才能和医生站在一个平台上交流；

第三方面是市场分析技术化。充分利用信息技术，科学分析市场数据，随时掌握市场动态，及时调整应对策略。

策略一是销售促进。鼓励医生对临床治疗经验进行总结，通过在专业期刊上发表文章的方式促进用药。通过组织全国的消化或者普外专业年会，让医生了解奥曲肽，从而在临床上处方该产品。

策略二是直接营销。诺华公司定期向目标医生直接邮寄与奥曲肽相关的专业期刊、杂志以及最新发布的学术论文，提高产品的覆盖面。尤其是还没有销售代表的区域，这种方式可以达到意想不到的效果。

策略三是公共关系。诺华公司积极投身社会公益事业，从1998年抗洪到2008年汶川地震，诺华每次都积极捐款捐物，树立了诺华积极回馈社会的良好企业形象。在2008年经济危机时，诺华全球总裁魏思乐博士还接受了央视《谈话》节目的专访，专门就经济危机下诺华公司的良好经营状况回答了记者的访问，从而提高了诺华公司的品牌形象。

三、案例分析

此案例属于新产品上市后的第二次营销过程。与大多数原研药的经历相同，在上市初期，由于受到专利的保护，奥曲肽在市场推广过程中几乎没有遇到什么阻碍，在专利期内，一直独占鳌头。但是随着专利期的结束，竞品和仿制品开始纷纷出现，抢占市场份额。面对这种情况，诺华采取了适当的营销行为，包括以下几个方面：

（一）重新进行市场细分、定位，精准

在面对思他宁和国内仿制药的竞争威胁，诺华奥曲肽并没有选择退出，而是在“精准营销”方面动起了心思。为了摆脱自己在价格方面的劣势，诺华奥曲肽根据产品对应的适应症对市场进行细分，明确地将自己和竞品以及仿制品区分开，并通过准确的描述将自己的定位向大众进行传播，让客户和消费者清楚明了。

（二）及时调整营销策略，策略得当

处方药市场是一个特殊的消费市场，人命关天，因此，也决定了其推

广模式的专业化，特别是国家法律逐渐对医药行业推广行为进行规范，学术推广在处方药推广中越来越起着非常重要的作用。诺华奥曲肽正是利用了这一点，作为全球制药百强企业，诺华在科研方面的实力不容置疑，并做了大量的临床研究，其数据为学术推广奠定了基础。由于在价格方面不占优势，在面对竞品和仿制品竞争时，诺华奥曲肽采取的就是学术推广的方式，通过加强对医生的产品知识推广，为其提供大量的临床数据和新的治疗方案，提高医生的临床治疗水平，从而获得医生的信赖，最终增进了双方的客情关系，达成自然销售的结果。同时，诺华还采取了公共关系营销等方式，在社会上树立了品牌影响力，在公司和消费者之间筑起了一道信任的桥梁。

（三）执行到位，保障有力

任何好的活动都是三分靠策划、七分靠执行。诺华奥曲肽的成功也依赖于公司强大的销售队伍。为了保证学术推广的效果、销售代表的专业化水平和基本的职业素养，公司在招聘时标准就定得很高，基本都是从国内知名院校的医药学专业招聘优秀毕业生，最低学历都是本科，然后通过严格的筛选、考核，最终通过试用期的人员才能成为正式员工，得到比在普通企业高3—4 倍的工资，另外还有高额的奖金。也正是依靠这种激励方式，诺华制药的销售队伍给公司带来了不菲的销售收入。

阅读材料4 非处方药营销之江中牌健胃消食片市场营销策划

江中集团出身于江西中医学院的校办企业，有着40 多年的中药研究和生产的历史，在国内享有很高的知名度和美誉度，江中草珊瑚含片、江中健胃消食片、初元等品牌家喻户晓。其中，江中健胃消食片的业绩更为突出，该产品在上市的过程中有过两次“激增”，一次是在上市初期，当时还鲜有企业大量投入广告，江中药业以阿凡提形象制作了一条至今让很多消费者有印象的电视广告，销售迅速提升，到 1997 年销量达 1 亿多元后就一直无法突破。第二次激增是在 2002 年的 7 月份，江中健胃消食片一改往日的沉默，突然发力，在各大电视频道重磅出击，在当年销售达到 3 亿多元，随后保持攀升势头，2010 年销售额高达 15 亿元，实现连续 6 年位居国内 OTC 药品单品销量第一。

2002 年，江中健胃消食片是如何突破多年的销售瓶颈，实现这一飞跃的呢？我们将从它的整个营销过程来进行分析。

一、营销环境

2001 年，对于国内制药企业而言，是极不平静的一年。国内药企纷纷重组，随着越来越多的中小企业被兼并，一些大型企业也在逐渐成形，如哈药集团、广药集团等。

在这个大趋势下，江中药业要避免被更大的鱼吞噬，就必须自己成长为一条大鱼。成长的压力，迫使江中药业开始寻找新的增长点。2002 年中，由于一些客观原因，江中药业寄予厚望的新产品被延期上市。同时，健胃消食片的“国家中药品种保护”即将被终止，使江中健胃消食片的市场受到威胁。为了巩固江中的市场，加之江中药业的总裁依然看好其市场潜力，力主将江中健胃消食片作为新增长点，承载起江中药业上台阶的艰巨任务。

对于总裁的主张，江中药业内部有两种截然不同的意见，一派深表赞同，另一派强烈反对。持反对意见的人认为江中健胃消食片的市场增长空间有限，投入巨资推广将会得不偿失：

（一）消化不良用药市场已经成熟，整体增长空间有限。自 1989 年吗丁啉第一个开拓“消化不良”用药市场以来，已经十多年了。到 20 世纪 90 年代末，吗丁啉的销售就一直稳定在 5 亿到 6 亿元，江中健胃消食片也一直维持在 1 亿多元，可以说消化不良用药市场多年来非常平稳。

（二）竞争对手吗丁啉太过强大。吗丁啉第一个通过大众传媒广告宣传“消化不良找吗丁啉帮忙”，给消费者留下了非常深刻的印记，几乎就是消化不良药中的可口可乐。同时，西安杨森一贯注重医院渠道的开拓，加强医生的处方，因为消费者相信医生推荐的就是最佳产品。而据市场调查数据显示，消费者第一次接触吗丁啉绝大多数是通过医生处方。

（三）产品推广乏术。在江中健胃消食片的发展过程中，为了提升销量，企业几乎尝试了当时所有能想到的方法。广告不断变换诉求，从早期的症状诉求，到“中药成分”“中药品种保护”，再到“儿童老人适合”等不一而足。也找过国际知名广告公司如奥美等，希望在广告创意方面有所突破，但所有努力都收效甚微，江中健胃消食片的销量始终在 1 个多亿左右徘徊。企业内部感到除了大广告投入，江中健胃消食片缺乏销售增长的突破点。

屋漏偏逢连夜雨。就在双方争论不下的时候，江中药业收到来自销售一线的报告，竞争对手武汉健民健胃消食片在全国范围采取零售价每盒比江中便宜 1 元，向经销商送太空被等促销活动，对江中健胃消食片市场，特别是二、三线市场形成了不小的冲击。江中健胃消食片是江中药业重要的产品和利润来源，为了加强对现有市场的防御，持不同意见的人暂时走到了一起，同意立即对江中健胃消食片加大推广力度。江中药业市场部委托其战略合作伙伴成美营销顾问有限公司（以下简称“成美”），对健胃消食片的市场潜力进行系统评估，并协助完成江中健胃消食片的品牌定位和推广工作。

二、市场环境分析

任何品牌都不是在真空中获得市场份额，周围的竞争者们都有着各自的地盘，要评估江中健胃消食片的增长空间，并建立江中健胃消食片的品牌定位，从而区别于其他品牌，第一步工作就是需要分析行业环境。

（一）较低的行业集中度显示出消化不良用药市场并未成熟

在研究中，成美发现消化不良用药市场的行业集中度并不高，明显不符合市场成熟的一般规律（行业集中度指行业前四位品牌的市场份额占总市场的比例，比例高则市场集中度高，市场竞争趋于垄断竞争）。在权威机构公布的各地统计数据中，一些没有品牌的“淘汰产品”，如酵母片、乳酶生、多酶片等销售数量惊人，如零售价格仅为 1 元钱每包的干酵母片，其销售金额在全国消化系统用药零售市场位居前十，去除用于治疗“胃炎”“消化性溃疡”的斯达舒等，其排名仅次于吗丁啉。同时，各地市场普遍存在区域产品，其中用于治疗儿童消化不良的产品更是数不胜数，这两类产品的广泛存在和销售良好，预示着尚有大量未被开采的“空白市场”。

（二）消化不良用药市场中吗丁啉一枝独秀的竞争格局，表明至少还有第二品牌的空间

在消化不良用药领域中，研究发现消费者的认知中仅有一个强势品牌吗丁啉，没有明显的第二品牌、第三品牌，市场格局并不明晰。而从长远看，任何市场最终都将形成两大主要品牌进行竞争的局面，如胶卷中的柯达与富士，可乐中的可口可乐与百事可乐。两大主要品牌的市场份额最终将形成二比一的格局，领导品牌占有40%左右，第二品牌约20%。而消化不良用药市场吗丁啉一枝独秀，再无其他强势品牌，也进一步证实了消化不良用药市场远未成熟。江中健胃消食片至少可以争取成为第二品牌，夺取“杂牌军”市场。

（三）消化不良患者用药率低，需求未被满足

研究同时还发现，消化不良用药市场的用药率较低，部分的消费者出现消化不良症状（肚子胀、不消化）时用药需求未被唤起，多采取揉揉肚子或散散步等方法来缓解。其中，儿童市场用药率低的情况尤为突出。儿童由于脾胃尚未发育完全，消化不良的发病率高于其他人群，主要症状是挑食、厌食。一方面，儿童正处在长身体阶段，家长担心消化不良会影响其生长发育，解决消化不良的需求更为迫切。而另一方面，家长又担心药品的毒副作用会伤害到儿童的身体健康，在用药选择上非常谨慎，宁缺毋滥。因此，很多家长因为找不到合适的药，多采用一些民间土方、食疗等方法解决。最终造成儿童市场发病率高，需求最迫切，但用药率低的怪圈。

从上述三个方面得出结论，消费者需求未能得到很好地满足，消化不良用药市场远未成熟，存在较大的空白市场，初步打消了江中健胃消食片反对派提出的市场增长空间有限的疑虑。

三、竞品分析

吗丁啉：强势表象下的市场空白。为什么出现这种现象？一方面市场未成熟，消费者的需求得不到很好地满足，另一方面吗丁啉花大力气推广教育了多年，知名度极高却销量停滞不前？

要解释这个奇怪的现象，就需要了解吗丁啉在消费者心中的认知是什么样的。因此研究人员从吗丁啉宣传的信息内容与投放情况等开始，弄清了他们可能存在于消费者心中的大概位置，以及他们的优势和弱点：

（一）产品形态等强烈暗示，吗丁啉是一个治疗较严重病症的药品

吗丁啉的品牌名、产品名（多潘立酮）、包装盒、白色药片等产品形态，都有非常明显的西药、甚至处方药的特征，加之消费者第一次服用吗丁啉主要由医生处方开出，这些信息综合起来，给消费者一种强烈暗示——这是一个治疗较严重病症的药品，药效较强。按照消费者对于药品的一贯认知：药效越强，副作用也越大，在不得不吃时才可以服用，更不能经常吃。而调查数据显示：消费者认为消化不良是“常见的小毛病”的超过50%。显然，对于消化不良这个小毛病，特别是饮食不当引发的消化不良，用点酵母片之类“小药”就可以了，药效较强的吗丁啉并非首选。也正因为这些认知，西安杨森推出的儿童装吗丁啉悬浮液，始终没有占到儿童消化不良用药市场多少份额。

（二）吗丁啉主动“舍弃”了大量的区域市场

由于国内药品销量80%都在医院。加之过去中国药品零售渠道及大众传媒的无序，使大多数外资、合资药企更重视医院渠道的开拓，首先实现医生开处方销售，然后用医生处方及大众广告共同拉动零售市场的销售。与此相对应，吗丁啉在确定重点市场时，当地是否有完善密集的医院渠道就成了一个重要的衡量指标。同时，医药消费与健康意识、经济收入等密切相关，区域差异非常大。以2000年为例，医药消费总额排名前六位的广东、江苏、浙江、山东、上海、北京，其药品消费额超过其他24个省份与

地区的总和。这使得绝大多数外资、合资药企以当地是否为医药消费大省，作为确立重点市场的另一个重要指标。

结合上述两大指标不难发现，在医药行业，外资品牌（企业）往往聚焦在江苏、浙江、广东、上海等几个省市，其他区域则暂时无法顾及。吗丁啉也不例外，根据企业专家访谈得知，其销量主要集中在上述几个省市。如2002年、2003年两年，吗丁啉用于江苏、浙江、上海、广东、北京地区的广告投放费用，占到其投放总量50%以上（按刊例价计算）。而其他区域，如江西等省市，吗丁啉的广告投入几乎为零。这种极度“聚焦”的做法，使得吗丁啉在中国的发展极不均衡。

（三）吗丁啉的“胃药”新身份，阻止消化不良消费者的选购

从整理分析吗丁啉的广告历史资料来看，可清晰地再现吗丁啉的推广进程：

1989年吗丁啉以“止吐药”面市。

1990年改以“消化不良药物”出售，广告诉求四大症状“上腹饱胀、餐后不适、腹胀、食欲不振”，广告语为“消化不良找吗丁啉帮忙”。经过一年的推广，销售直线攀升。

1991年吗丁啉的销售是1990年的4倍，在1997年更达到了0.5亿盒，之后的4年销量开始平稳。

2001年，为了扩大销量，吗丁啉在广告中诉求的症状改为“胃痛”“胃胀”“胃堵”“恶心”“消化不良”，广告语改为“恢复胃动力，找吗丁啉帮忙”。

至此，西安杨森开始在大众传媒上明确将吗丁啉定义成“胃药”。随着消费者对吗丁啉“胃药”身份的认知逐步建立，以往“消化不良药物”的身份开始淡化。2003年年底的市场调查中发现，消费者将吗丁啉、斯达舒及三九胃泰视为同一类产品，是用来治“胃病”的。在西安杨森企业、医生等医学专业人士看来，胃动力障碍用胃动力药，如吗丁啉、西沙比利；消化不良用消化不良药，如酵母片、江中健胃消食片；胃炎和胃、十二指肠溃疡用抗酸剂及胃黏膜保护剂，如洛赛克及丽珠得乐。而这些病都是胃

病，这些药都是胃药的不同类别。吗丁啉从来都是个“胃药”，改变的仅仅是不断扩大使用用途。而有趣的是，研究发现消费者不这么认为。消费者认为，胃炎或胃溃疡才叫“胃病”，“消化不良”则是另一种“病”。“胃药”是用来治胃病的，即胃炎、胃溃疡，其表现症状主要是“胃酸、胃痛”，当然也能解决部分“胃胀”。而消化不良则是平时饮食不当引发的，是一种常见小毛病，甚至不能算病，这个时候就要吃助消化药物来帮助消化，解决其“胃口不好”“肚子胀”的问题。

由于“消化不良找吗丁啉帮忙”已经深入人心多年，很难改变，因此该认知在消费者中仍将长期存在，特别是在其强势市场。这样，吗丁啉就有了两种身份，从而导致消费者认识混乱：新进入的消费者认为吗丁啉是胃药，“消化不良”小问题吃吗丁啉简直就是大炮打苍蝇；而原有的消费者心中顿起疑心：原来吗丁啉是治胃病的，仿佛觉得自己好多年都“吃错了药”。这也是大量消化酶市场得以存在的核心原因。

对吗丁啉进行全面深入的研究后，成美的研究人员进一步坚定了消化不良用药市场存在大量空白——既有地域性空白市场，也有吗丁啉无法覆盖的“日常助消化”功能性需求市场空白。

四、目标市场选择

在发现助消化药市场存在巨大的空白后，研究人员立即与江中药业的专家们（销售人员、主力经销商）进行了详细的访谈，主要是从产品、渠道等各方面论证江中健胃消食片能否占据这个空白市场。在一一得到肯定的答复后，成美向江中药业提出江中健胃消食片的品牌定位——“日常助消化用药”。

定位为“日常助消化用药”，既避开了与吗丁啉的直接竞争，又有利于向无人防御、且市场容量巨大的消化酶、地方品牌夺取市场，同时也可以在地域上填补“吗丁啉”的空白市场，从而满足江中药业的现实需要。同时，根据企业提供的资料，江中健胃消食片的现有消费群集中在儿童与中老年人群体，他们购买江中健胃消食片主要是用来解决日常生活中多发的“胃胀”“食欲不振”症状。显然，定位为“日常助消化用药”完全吻合这些现有顾客的认识和需求，并能有效巩固江中健胃消食片原有的市场份额。

由于“日常助消化用药”的定位，占据的是一个“空白市场”，而且市场上并未出现以年龄划分的“专业品牌”，所以成美建议放弃过去对助消化市场进行年龄细分的做法，全力开拓整个日常助消化药的品类市场，用一个产品覆盖所有的目标人群。与此同时，建议江中药业积极储备新品，如儿童专用型助消化产品，待竞争成熟后，强力推出，再行细分市场。

报告同时指出，鉴于“日常助消化用药”定位的第一步是向酵母片、乳酶生等产品要市场份额，这些没有品牌，仅靠低价渗透的产品，除了在省会城市有较小的市场外，二、三线城市才是他们的主要销售来源。加之武汉健民也在二、三线城市对江中药业形成了冲击，因此，江中药业实施“渠道扫荡战”的结果，不仅仅对江中健胃消食片即时销售产生影响，还将直接影响这一战略的实施，必须确保成功。

五、营销策略

广告是最好的营销推广方式。在确立了“日常助消化用药”的品牌定位之后，就明确了营销推广的方向，也确立了广告的标准，所有的传播活动就都有了评估的标准，所有的营销努力都将遵循这一标准，从而确保每一次的推广在促进销售的同时，都在对品牌价值（定位）进行积累。

由于建立了标准，方便了企业的决策，不再是谁官大谁说了算，或者谁的辩论技巧高谁说了算。就像百事可乐的广告，为什么代言人选郭富城、瑞奇·马丁而不选周润发，因为百事可乐的定位为“年轻人（的可乐)”，所以百事公司选用代言人的标准就是年轻人最为热衷的音乐巨星，尽管百事的老板可能很欣赏胖胖的帕瓦罗蒂。

由于本身避开了和吗丁啉等竞品的竞争，面对的是需求未被满足的空白市场，广告只需反复告知消费者，江中健胃消食片是什么，它能起什么作用，就能不断吸引消费者尝试和购买，从而开拓这个品类市场。成美为江中健胃消食片制定了广告语“胃胀腹胀，不消化，用江中牌健胃消食片”。传播上尽量凸现江中健胃消食片作为“日常用药、小药”，广告风格则相对轻松、生活化，而不采用药品广告中常用的恐怖或权威认证式的诉求。但由于儿童是一个特殊的群体，其主要症状是“食欲不振”，而不是成人的“胀”。另外，儿童及家长的媒体收视习惯、儿童适用药品在广告的表现上均有较大不同。这样一条广告片很难同时影响到两个需求迥异的人群，企业决定针对儿童再单独拍摄一条广告片，在儿童及家长收视较高的时段投放，推广主题为“孩子不吃饭，快用江中牌健胃消食片”。

在广告片创作中，成美建议为江中健胃消食片选用一个和品牌定位的风格、形象趋于一致的艺员，并推荐了小品、影视演员郭冬临，主要是看中他以往的作品中塑造的大多是健康、亲切、关爱他人，轻松幽默又不落于纯粹滑稽的形象。而且当时郭冬临拍摄的广告片数量较少，消费者不易混淆。同时，郭冬临一人演绎了江中健胃消食片的“成人”“儿童”两条广告片，避免消费者误认为是两个产品，从而加强两条广告片之间的关联。

在针对成人消费者的电视广告中，穿浅绿衬衣的郭冬临关怀地对着镜头询问，“您肚子胀啦？”接着镜头拉远，他坐在椅子上，作出胃胀腹胀的表情，“胃胀?！腹胀?！”随后引出解决之道，“胃胀、腹胀、不消化，用江中牌健胃消食片”。广告片的画面干净简单，直击消费者心理，从而快速引起消费者共鸣。这使得众多的消费者消化不良，出现胃胀腹胀的症状时，立即会想到江中健胃消食片来解决问题。针对儿童的电视广告，同样简单明确，直接提出家长的烦恼：孩子不喜欢吃饭。“哄也不吃，喂也不吃”是最真实的写照，引起家长的关注。最后告知解决之道：“孩子不吃饭，快用江中牌健胃消食片”。

江中健胃消食片的重新定位与传播，不仅获得了销量的飞升，从1个多亿元到9亿元，仅用5年时间就成为国内OTC药品单品销量第一。更重要的是，在助消化用药市场，江中健胃消食片已抢先进入了消费者心中，得以有力量主导这个新兴市场。2004年初，国际调查权威机构CMMS在调查全国7万个15—64岁消费者后，发布的《2003年度最具竞争力品牌调查》中显示，江中健胃消食片品牌竞争力在“整个肠胃药市场”排名第二，“成长指数”名列第二。而此次品牌调查，还未涵盖江中健胃消食片具有绝对优势的儿童市场。

江中健胃消食片历年销量	
2001 年约 1.7 亿元	2006 年约 9.0 亿元
2002 年约 4.0 亿元	2007 年约 9.5 亿元
2003 年约 7.0 亿元	2008 年约 10.7 亿元
2004 年约 8.0 亿元	2009 年约 14.3 亿元
2005 年约 8.0 亿元	2010 年约 15.0 亿元

六、案例分析

今日的江中药业，正逐步成为中国日常助消化用药市场的主宰。江中健胃消食片的成功，根本原因在于企业在专业公司的帮助下，以定位理论为指导，对助消化药市场进行了全面客观评估，从而彻底理清了“助消化药”“胃药”——特别是吗丁啉在消费者心目中的认知，最终确立了与强大竞争对手吗丁啉完全差异化的品牌定位——日常助消化用药，并通过诉求准确的定位广告迅速、大力度地传播出去。

通过这场侧翼战，江中健胃消食片在市场上完全确立了“日常助消化用药”市场的领导地位。现在，对消费者而言，江中健胃消食片几乎成为了解决“胃胀腹胀不消化”的代名词。

由此可见，一个品牌要在市场上取得根本性胜利，其关键所在就是其品牌定位战略的制定与实施。关于这一点，菲利普·科特勒早有预见：“解决定位问题能帮助公司解决营销组合的问题。营销组合（产品、价格、渠道、促销），从本质上来讲是定位战略战术运用的结果。”

在市场竞争不充分的情况下，企业在营销的某个环节（譬如渠道）取得成功，就可能取得胜利。而在现代营销战争中，制定和实施成功的品牌战略才是赢得战争的关键，而目前仍让不少企业津津乐道的铺货率，强力促销等等“制胜法宝”，在残酷的市场竞争中，将会很快变得稀松平常，乏善可陈——只不过是每个企业生存下来的必备条件而已，而制定正确的品牌定位战略才是企业制胜的“根本大法”。

阅读材料5 老百姓大药房进军北京市场之思考

一、案例描述

老百姓大药房创立于2001年10月，是一家由单体民营药店发展起来的中外合资大型药品零售连锁企业，公司从“让更多人看得起病、吃得起药”的朴素道德冲动出发，首创性地以超市化经营模式开出了长沙湘雅店，并革命性地举起了“比国家核定零售价平均低45%”的降价大旗，受到了消费者的极大欢迎，出现了提着篮子排长队买药的现象，震动了整个医药行业，也引起了政府部门的高度关注与大力推广。业内企业纷纷效仿，在全国雨后春笋般地形成了“老百姓现象”，而开架自选与药品大卖场的开创被公认为是经营方式最深层次的变革。

在经营过程中，公司逐渐形成了以“一切为了老百姓”为内涵的先进企业文化，并以此为经营宗旨，切切实实为老百姓服务，获得了巨大的发展。2002年4月，公司开始走向连锁之路，成功地实现了西征东进，跨省经营。2003年7月，实现了同一城市开多家门店的战略举措，确立区域品牌地位。2003—2009年，公司年销售额连续七年居全国药品零售连锁企业前三强，其中2004—2006年连续三年销售额居全国连锁药店第一。2008年，公司成功引入外资8200多万美元，成为中外合资企业。自此，国际化的管理团队和系统化的资本运营翻开了上市倒计时的新篇章。2009年3月，老百姓大药房加入联合国“全球契约”，成功步入国际化的发展平台。2011年5月，老百姓大药房注册商标“老百姓”获认中国驰名商标。

自2001年创立以来，老百姓大药房实现了稳健快速发展，现已成功开发了湖南、陕西、浙江、江西、广西、山东、河北、广东、天津、上海、湖北、河南、北京、江苏、安徽等15个省级市场，拥有大中型门店600多家，经营面积10万多平方米，拥有总资产近10亿元，净资产近5亿元，年销售额近37亿元，员工1.8万多人。

北京作为七朝古都，自古就是兵家必争之地。对于商家而言，更是一个难以忽略的中心，无论是树立品牌还是营销都是制高点。在烽火硝烟的医药零售市场中，北京更是各大医药零售商争夺的中心。而湖南老百姓大药房作为药品零售界的领头羊，虽然其战略目标是成为全国性医药连锁企业，但是其在进军北京市场的过程中却有些曲折。

在2004—2006发展迅速的三年间，老百姓曾经想从已经稳定的南方市场向北方市场进军，首选目标就是北京。在正式做出决策之前，公司进行了深入的市场调查，结果发现：现实很残酷！北京医药零售市场的营销环境不容乐观，公司北上的速度不得不放缓。受到多方面因素的影响，截至2009年末，老百姓才在北京开了两家门店，而且经营惨淡，一直打不开局面，这让北京市场的公司管理层觉得是在“硬着头皮开店”，完全没了在南方市场的风光。

二、案例分析

在制定营销策略时必须要考虑到当地的市场环境因素，由案例可以看出，老百姓大药房进军北京市场受到以下几个方面营销环境的影响：

（一）北京医药零售市场的医保准入制度非常严格，例如强制性规定两家药店的距离必须要大于350米。因此，医保定点药店资格成为各连锁药店争夺的关键。

（二）北京高昂的商业成本令外来户头疼不已。例如，老百姓在湖南湘潭收购32家药店只需2000多万元，而在北京若要收购如此规模至少得六七千万，而且北京市场竞争不明显，很难收购。

（三）老百姓的核心优势是其平价模式，药品低价和物流成本高昂压缩了利润空间，增加了经营压力。

（四）老百姓是湖南品牌，对于北京人来说是外地品牌，不信任感油然而生。北京人历来都有地域优越感，对于外地人、外来品有不自觉的抵触情绪。此外，北京已经有了像金象大药房这样规模成型、本地的医药零售连锁，而且已经得到当地人的信任。

（五）老百姓开店主要以大店为主，但是人流量低和资金使用率高形成了明显的反差。

从以上案例分析中我们可以看出，企业要想在市场中站稳脚跟，除了靠产品、信誉和服务之外，还要充分考虑企业所处的市场环境。市场环境的变化，既可以给企业带来机会，也可能会造成威胁。因此，有效的市场调查是企业开展经营活动的前提。

项目 二

零售药店市场营销

项 目 导 图

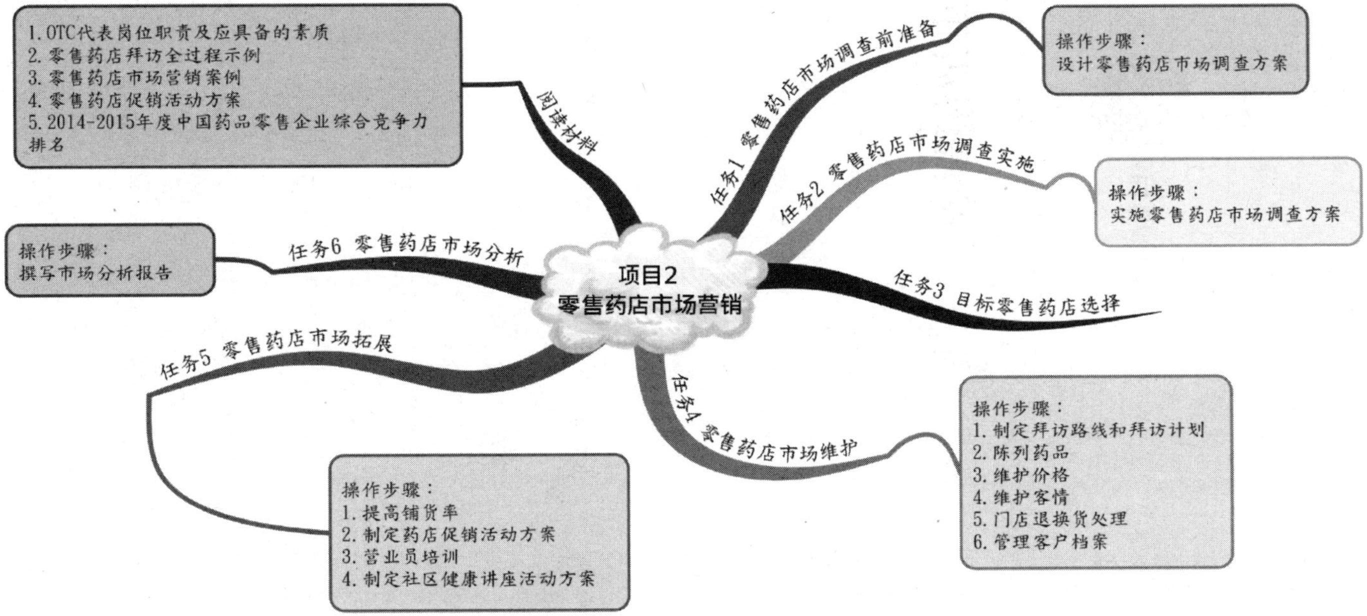
项目2
零售药店市场营销
阅读材料
1. OTC代表岗位职责及应具备的素质
2. 零售药店拜访全过程示例
3. 零售药店市场营销案例
4. 零售药店促销活动方案
5. 2014-2015年度中国药品零售企业综合竞争力排名
任务1 零售药店市场调查前准备
操作步骤：
设计零售药店市场调查方案
任务2 零售药店市场调查实施
操作步骤：
实施零售药店市场调查方案
任务3 目标零售药店选择
任务4 零售药店市场维护
操作步骤：
1. 制定拜访路线和拜访计划
2. 陈列药品
3. 维护价格
4. 维护客情
5. 门店退换货处理
6. 管理客户档案
任务5 零售药店市场拓展
操作步骤：
1. 提高铺货率
2. 制定药店促销活动方案
3. 营业员培训
4. 制定社区健康讲座活动方案
任务6 零售药店市场分析
操作步骤：
撰写市场分析报告

任务1 零售药店市场调查前的准备

- **任务目标**

通过本任务的学习，学生达到以下目标：

☐ 能分析零售药店市场

☐ 能设计零售药店调查方案

- **任务描述**

你刚应聘到某制药企业做零售药店市场销售工作。公司安排你去接管一个你以前从未接触过的新市场。前任销售代表已经开发了该市场中最大的连锁药店，公司的主打产品也已经进入该连锁，接下来你需要做好市场维护，进一步扩大产品的知名度和市场占有率。

- **任务素材**

1. 某制药公司的系列产品
2. 计算机
3. 某连锁药店信息
4. 阅读材料

- **任务实施**

步骤 设计零售药店市场调查方案

相关知识

目前，随着我国综合国力的不断增强，生活水平的日益提高和消费观念的不断改变，人民群众的自我健康意识逐渐增强。有些常见疾病，比如感冒、腹泻等，都能通过自身掌握的医药常识做出正确判断，自主去药店对症选购或在药师指导下购买适当的非处方药品服用，且治愈效果良好。因此，人民群众对零售药店药品质量的关注度也随之增强。

一、零售药店市场的概况

（一）国外零售药店市场—以美国为例

美国是全球最大的单一药品零售市场，其药品销售的60%来自于零售药店。美国零售药店行业经过数十年的发展，在竞争格局、商品体系等方面都较为成熟，其行业特点如下：

1. 高度集中的竞争格局　20世纪90年代初，美国零售药店行业在竞争加剧和上游药品批发经销商整合的带动下，开始了规模较大的行业整合过程。单体药店由于在采购谈判中处于劣势地位、门店管理能力较低等原因被连锁零售药店收购或挤出市场。同时，伴随着行业集中度的不断提高，美国零售药店行业的连锁化率也逐步提高，并最终形成以CVS、Walgreens和Rite Aid三家企业为主的竞争格局，2013年三家企业销售额合计占有美国零售药店市场份额的89%。

2. 产品结构多元化　美国零售药店对于销售商品的品类进行了很大程度的丰富和拓展，为顾客提供“一站式”便利消费体验，以吸引更多的顾客流量。除处方药及非处方药以外，美国零售药店还向消费者提供食品及饮料、化妆品及个人健康用品等非药品商品，根据CVS、Walgreens和Rite Aid三家公司2013年年报披露：非药品商品销售额占比平均达到30%。

3. 管理现代化　美国零售药店都建有一套完整的计算机网络管理系统，并相应地建立了质量标准、服务标准，此外还制订了各种培训和规章制度以及一整套商品仓储、运输和配送体系。

（二）国内零售药店市场

目前，国内零售药店市场存在的问题有：

1. 集中度较低，呈现较为分散的竞争态势　据国家统计办的数据表明，截至2014年底，全国共有43万多家零售药店。其中，连锁药店控制的门店总数为17万多家，单体药店为26万多家，连锁率为39.4%。

2. 零售药店的运营受到一定程度的监管限制 现阶段，我国部分一、二线城市的药监部门根据网点规划及监管考虑，对于新设零售药店存在距离、面积等方面的限制性规定。这些规定对新零售药店的拓展构成一定限制，但也对现有零售药店形成了一定的保护，特别是大型连锁零售药店能够充分利用其既有网点优势、品牌优势及资本优势巩固市场地位，进一步拓展业务规模。

3. 零售药店经营成本在提高 为了药品质量安全，国家也加大了对药品的监管力度，出台了一系列管理规范和措施，比如药品实行分类管理，药店要通过GSP（《药品经营质量管理规范》）认证，抗生素要凭处方销售、配备执业药师等，这些政策的实施从另一方面来说提高了药店的经营成本，同时也加速了零售药店的优胜劣汰。

4. 零售药店整体服务意识淡薄，从业人员缺乏专业素质 药店虽有其特殊性，但终究属于服务行业的一种，做好服务是其发展的根本。但目前，很多药品从业人员的服务意识还很淡薄，服务的主动性不强。同时药店销售的商品决定了它的专业性，服务质量的好坏直接取决于服务人员的专业素质，只有掌握了过硬的本领，才能为患者提供最佳的用药指导等服务。

（三）未来零售药店的发展趋势

1. “药学服务进社区”将成大势 国外对于不严重不需要看医生的头疼脑热等小病，病人常常会直接来到药房，请药师为他们提供非处方药的选择建议和用药指导，形成了“小病找药师，小病去药店”的独特现象。

药品安全关乎每个人的生命安全。增强百姓安全用药、合理用药的意识，形成良好的药品使用习惯和消费观念，正是“药学服务进社区”的初衷。专业的药学服务不仅提供治疗药品，还包括对病人个体的药物使用决策和制定提供服务，它贯穿于整个用药过程中，是保障公众健康、改善患者生活和生存质量的重要举措。

2. 提供初级医疗服务的载体——快捷诊所市场需求将被激活 目前，很多患者对于低花费、易获取的治疗方案的需求在扩大。而在美国，CVS

肩负起了帮助改善基础医疗的使命。这一使命的核心承担者就是 CVS 的快捷诊所。这一快捷医疗模式可在 15 分钟内搞定寻常病，并具有便捷、易获取、可负担等特征，该快捷诊所目前共有约 1000 家店遍布31 个州，已接诊总人数达 2500 万人。快速诊所的优势是方便，提供了小病治疗的另一个途径，对小病不治演变成大病有一定的控制作用，快速诊所在中国的市场需求非常大，其核心是医生的水平和服务的质量。从技术角度切入服务，包括基本的化验，最基础的外伤处理，从非介入性的治疗入手成为其可能性。

3. 结合健康大数据的 CRM 才会大有作为　“用 CRM 系统（Customer Relationship Management 客户关系管理系统），结合大数据技术，掌握顾客的详细信息，根据这些信息进行分析，可以为顾客提供更合理化的消费建议，从而更好地服务于户。”这句话是大数据时代下 CRM 应用指南，同样也适用于药品零售行业的发展并成为大趋势。药店依托于健康大数据进行 CRM 会员管理与以往传统会员管理最大区别就是“健康监测与疾病预防”，形成会员卡管理、网购 O2O 货品追踪、建立个人健康档案、实时健康监测、用药提醒及回访等多位一体的“全能健康档案”，在未来，药店将成为集疾病预防和合理用药于一身的“健康管家”。

4. 药品零售业 O2O 的未来在全渠道　简单的“药店 + 网购”绝对不是药品零售行业 O2O 的全部，全渠道零售模式才是药品零售企业需要的创新、药店的出路和未来。老百姓大药房在 O2O 全渠道的道路上有一个引以为豪的条件，那就是它的全国性品牌优势。2003 年至今，已经在全国形成了一定的品牌认知度，这对公司 O2O 全渠道的发展以及可操作性提供了先天的条件。

全渠道零售模式的精髓是通过“下单—支付—配送”环节的不同搭配形成多种订购模式：下单渠道可以选择自己或合作方的 PC 网络、门店、电话、手机，支付渠道可以选择在线自助或就近门店付款，配送方式可以选择门店自提或配送上门。可以大大降低线下用户转化成线上用户的成本，同时又可无缝掌握用户线上和线下消费行为，为未来掌握大数据创造更大价值打下基础。

5. 商业医疗保险 + PBM 控费双管齐下　未来，随着商业医疗保险和专业化的控费解决方案—PBM（Pharmaceutical Benefit Management，药品福利管理）在药店份额的扩大，通过医药费用审核、保险理赔和费用的支付管理，以及药品报销种类管理等计划将从根本上降低老百姓的用药费用、减少药物滥用的情况，并大大提高医保资金的利用效率。药店将凭借低于医院的药价与专业化的药学服务实现从单纯的零售商转变为健康管理专家角色。

二、零售药店信息

（一）基本信息

1. 药店性质

✧单体药店：是指经营者只拥有一家门店，药品的购销权属于经营者一人所有。

✧连锁药店：是指在一个连锁总部统一管辖下，将有着共同的经营理念、经济利益、服务管理规范的众多药店，以统一进货或授权特许等方式连接起来，实现统一标准化经营，共享规模效益的一种组织形式。

2. 药店经营状况

✧药店的日销售额、月销售额。

✧药店的品种数量、品类结构。

✧药店的客流量。

✧药店的利润率。

✧药店的口碑。

3. 药店人员情况

✧药店人员岗位的分布情况，即店长、营业员、药师、收银等。

✧药店人员的药学服务水平。

✧药店人员的排班信息。

✧药店人员的性格特点。

（二）零售药店的需求信息

1. 需求信息

主要参考产品的销售份额，两个方面：一是指某产品在药店所有经营品种中所占的销售比例；二是指某产品在药店经营的同类品种中所占的销售比例。

2. 消费者购买行为分析

根据5W1H内容对消费者购买行为进行分析。

3. 竞争对手分析

✧ 竞争产品的基本信息，包括品名、规格、用法、生产企业、价格等。

✧ 竞争产品的供货渠道。

✧ 竞争产品的销售策略。

✧ 竞争产品的市场占有率。

（三）零售药店的购买行为特点

1. 购买类型

✧ 重购业务：即重复采购，已经与供应商建立合作关系。

✧ 新购业务：即第一次与供应商确定合作关系。

2. 组织结构

✧ 单体药店

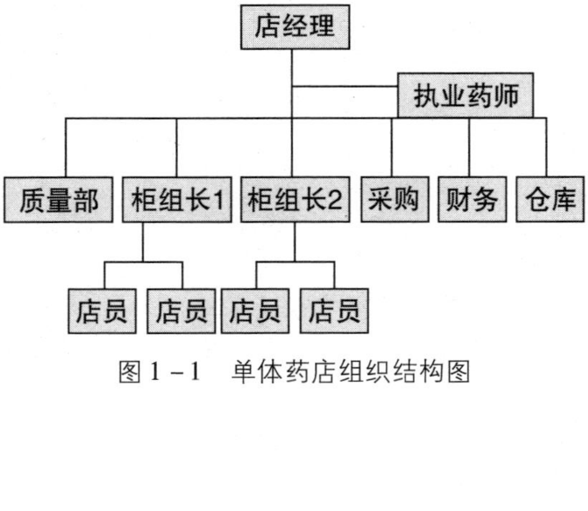

图1－1　单体药店组织结构图

✧ 连锁药店

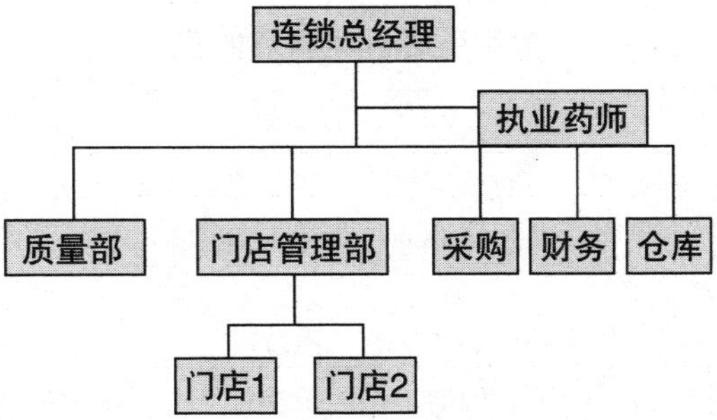

图 1－2 连锁药店组织结构图

3. 采购流程

✧ 单体药店：药店营业员→柜台组长→药店经理

✧ 零售连锁药店：药店营业员→门店店长→门店分管部经理→采购部→药店经理

4. 采购参与者

零售药店的采购决策不是由某一个人做出的，而是涉及多个部门。因此，采购过程会受到各个相关部门乃至各个岗位人员的影响，而且每个岗位人员的影响力又因工作内容的不同存在差异。如图 1－3 所示。

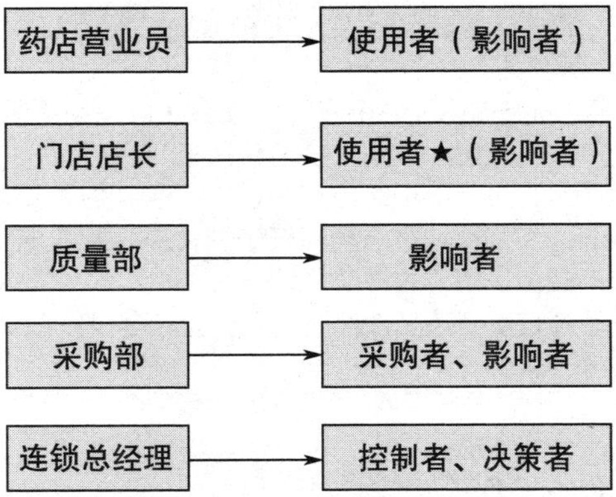

图 1－3 采购参与者图

（四）零售药店市场调查内容

表1－1　　零售药店市场调查内容

调查项目	调查内容
药店信息	了解药店的名称、性质（单体、连锁、连锁加盟）、所处的地理位置、外部形象、店内面积、基本摆设、产品的分类陈放、顾客的流量、药店的制度（红、蓝、黄标）等
店内人员	了解店内的人员结构，包括姓名、职务等，以及店员的素质情况
产品	了解产品、陈列位置、价格、包装、销售情况、顾客反映等
竞争产品	了解竞争产品，包括基本信息（通用名、商品名、价格、规格、生产企业等）、进货渠道、销售情况、促销策略、顾客选择等
消费者	消费者人群及其购买行为特点

（五）影响零售药店营销因素

表1－2　　影响药店营销的因素

影响因素	具体内容
环境因素	1. 需求水平；2. 经济状况；3. 技术发展；4. 政治法律；5. 市场竞争
组织因素	1. 目标；2. 政策；3. 组织结构；4. 程序；5. 制度
人际关系	1. 职权；2. 地位
个人因素	1. 年龄；2. 收入；3. 教育；4. 性格；5. 志趣
利益点	1. 药店利润最大化 利润＝每盒药品利润差价×销售量，主要采取以下策略： ◎ 提高药品利润差价 ◎ 增加销售量：①产品促销方式：投入广告，但费用高；人员促销，宣传力度小；②加强营业员医药知识培训，提高营业员销售技能；③增加售后服务，吸引消费者再次购买 2. 同类竞品比较重视药品性价比，吸引老顾客重复购买 3. 药店服务

三、调查前的准备工作

（一）核心产品一分钟介绍

准备产品的一分钟介绍有助于你在面对客户的时候克服紧张情绪，可以在很短的时间内介绍清楚产品特点，引起客户的关注，并最终说服客户采购你的产品。

（二）策划一句话顺口溜

策划一句广告语或编一句顺口溜，用最简单的话总结产品的特点，不断地跟店员重复，让她们留下深刻的印象。在推荐药品的时候，第一时间想到你的产品，成为店员眼中的“明星产品”。

拓展知识

经典广告语

吗丁啉：增强胃动力，请吗丁啉帮忙。

康必得：康必得治感冒，中西药结合疗效好。

白加黑：白天吃白片不瞌睡，晚上吃黑片睡得香。

（三）做好区域规划

为了避免迷茫地工作，销售人员必须对自己的区域做出规划，制定区域内的合理拜访线路。了解自己区域内药店的分布情况，这样既能快速了解市场，又可以使每天的工作井然有序。

做一做

组内讨论，结合自己对零售药店的认知和网上查阅的资料，对新接手的市场进行初步调查。在实施调查之前，请做好相关的调查准备，设计好本次的调查方案。

要求：调查内容部分必须要详细。

知识巩固

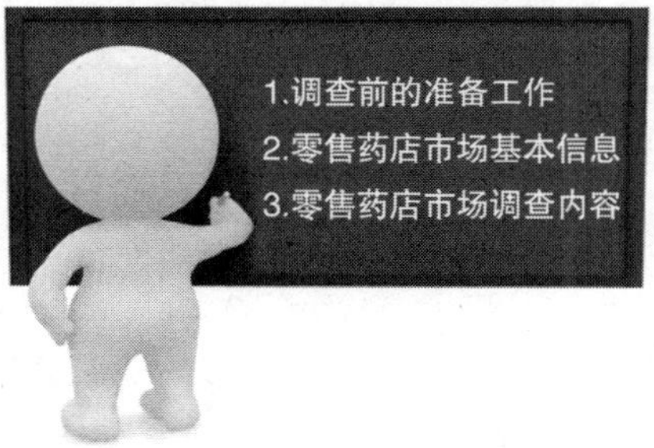

图1－4　任务知识点

对照图1－4，梳理自己所掌握的知识体系，并与同学相互交流、研讨个人对某些知识点或技能技巧的理解。

拓展任务

课后练习：按照设计好的调查方案，做好调查前的准备工作。

任务2　零售药店市场调查实施

- **任务目标**

通过本任务的学习，学生达到以下目标：

□ 能合理运用药店拜访礼仪

□ 能按照拜访八步骤完成调查任务

□ 能对零售药店市场进行分析

- **任务描述**

按照已经设计好的调查方案，你开始对指定区域内的零售药店市场进行实地调查，了解具体情况。

- **任务素材**

1. 某制药公司的系列产品
2. 计算机
3. 某连锁药店信息
4. 阅读材料

- **任务实施**

步骤　实施零售药店市场调查方案

相关知识

一、零售药店拜访八步骤

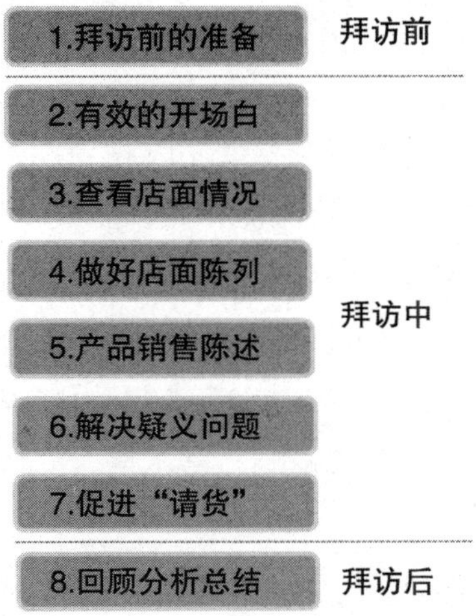

图 2－1　零售药店拜访八步骤

（一）拜访前的准备

拜访前的准备主要包括七个方面：

✧ 设定目标：根据 SMART 原则，设定拜访目标 5W1H。明确此次的拜访目的，如：送货、理货、收款、终端 POP 维护、讲解销售政策、增进客情。

✧ 确定拜访路线：根据“扫街”时对目标区域内药店的分布情况，设计拜访路线。一般，企业要求销售代表一天拜访 15—20 家门店。按照这个要求，对区域内所有药店进行划分，以门店请货日和距离的远近作为线路划分标准，以药店的销售贡献率作为药店拜访频率设计的主要标准。

✧ 拜访前的自我准备：仪表整洁、着装精神，不宜与客户相差太远。

✧ 拜访包：药店的拜访记录表/计划、必备的文具用品、产品资料、辅助宣传资料。

✧ 合理安排时间，必要情况下提前预约。

✧ 了解客户的背景资料，明确客户的需求或公司的考核指标。

✧ 拜访前的心理准备：拜访目标、拜访全过程、可能碰到的问题做到心中有数。

✧ 准备解决问题的备选方案。

（二）有效的开场

有效的开场白是与客户联络的重要手段。

✧ 如果是第一次拜访，应该礼貌而简洁地向客户介绍自己，说明来意。

例如：您好，我是××医药公司的销售员（递上名片），今天第一次来贵店，请多关照！我们公司有几个畅销产品想和您合作。

✧ 如果不是第一次拜访，略带亲切而随意的打招呼方式更受客户欢迎。

例如：呦，王店长，气色不错啊，是不是有喜事啊！

（三）查看店面情况

✧ 在查看店情时，要注意多观察产品的陈列、竞品的陈列情况；适当发问，了解更多有效信息，发现新的销售机会。

✧ 了解竞品销售状况及目前是否有促销活动等情况。

（四）做好店面陈列

✧ 在查看店情时，要多注意观察产品的陈列、竞品的陈列情况；适当发问，了解更多有效信息，发现新的销售机会。

✧ 了解竞品销售状况及目前是否有促销活动等情况。

（五）产品销售陈述

销售代表见到客户，递上产品手册后，不是静静地看着客户来回翻册子，就是滔滔不绝地介绍产品，无法吸引客户。那么什么样的销售陈述才具有吸引力？

✧按照一定主题介绍产品：在向客户推荐产品时，要有一个主题或线路引导客户挑选产品。

✧根据季节：现在是感冒高发季节……

✧根据公司重点产品：这是我们公司的广告产品……

✧根据优势产品：这个产品市立医院有……

✧找到产品特点：配方独特、成分独特、剂型独特、临床产品、品牌厂家、广告产品、医保品种、基药品种、制造工艺先进。

✧利益提醒：药店要生存，肯定是要考虑利润，我们一定要提醒药店采购经理，我们的产品能给他带来多少利润。

✧案例+数据：很多销售代表在谈产品利润的时候，爱说“这个产品很赚钱”“这个产品效果好”等苍白无力的话。“好”，好到什么程度；“赚钱”，能赚多少钱，请你把这些都用具体的数据和案例告诉老板或采购经理，只有数据才能留下深刻的印象。

（六）解决疑义问题

销售代表要能及时发现并解决零售店的问题，为零售店做好服务。问题主要包括：

✧产品供货价太高，利润空间不大。

✧产品太普通，消费者不认可。

✧产品价格偏高，没有活动支持，卖不动。

✧店员不太会卖。

（七）促进“请货”

销售代表要随时了解药店的销售及库存情况，抓住机会补充货源，维持安全库存。

提　示

1.5倍安全库存计算公式为：

✧安全库存=上次拜访后的实际销量×1.5

✧建议订货量=安全库存量—现有库存

（八）回顾分析总结

✧ 拜访中：不一定所有的客户都能拿到订单。对于成交的客户，我们要总结经验；对于没有成交的客户，我们要分析、解决在谈判中遇到的问题。

✧ 拜访结束后：一定要及时记录这次拜访药店的重要信息，填写客户档案表，并针对拜访情况做评估总结，系统地进行问题归纳、数据整理，这样做可以帮助销售人员掌握市场动向、增长销售经验，为下一步销售策略奠定基础。

二、扫街

“扫街”是快速开发新客户最笨的办法，也是销售人员初期必须要经历的。这样做的好处在于，你能够快速了解自己区域内药店的情况，最后各个击破，发展成为自己的客户。

药店信息统计表

记录人： 日期：

序号	区域	药店名称	药店详细地址	联系人	联系电话	药店性质（连锁/连锁加盟/单体店）	门店面积	是否有货（有/无）	价格	库存	产品陈列位置	终端包装 喷绘 常规包装品类	竞品情况

图 2－2　零售药店信息记录表

一定要注意做好“扫街”记录。对于单体药店来说，经营者可以决定一切，因此尽量与药店经理进行沟通，最大限度地提高首推率；对于连锁药店的门店，要问清楚总部的位置、采购负责人、店内竞品情况等，尽可能多地掌握相关信息，为以后的谈判和产品上量做好铺垫。

做一做

根据已设计好的调查方案，对区域内的药店进行“扫街式”走访，按要求填写表格资料，并最终汇总所有调查信息。

知识巩固

图2－3　任务知识点

对照图2－3，梳理自己所掌握的知识体系，并与同学相互交流、研讨个人对某些知识点或技能技巧的理解。

拓展任务

在调查的基础上，思考：如何对药店客户进行分类管理？

任务3　目标零售药店选择

- **任务目标**

通过本任务的学习，学生达到以下目标：

□ 能对零售药店进行分类

□ 能合理选择目标药店

• 任务描述

经过对前期调查情况的分析，你发现区域内药店的销售情况并不是太好，于是决定对门店进行分类，选择部分目标门店进行重点培养。

• 任务素材

1. 某制药公司的系列产品
2. 计算机
3. 某连锁药店信息
4. 阅读材料

• 任务实施

步骤　目标零售药店选择

相关知识

医药销售中存在“二八定律”：20% 的客户产生 80% 的销售量，抓住重点客户能为销售提供保障。那么，20% 的客户是怎么来的？我们需要借助于一定的分类方法将其从众多的客户中挑选出来。

一、传统药店分类方法

零售终端依据销量、规模、客流量、位置和性质等因素可划分为 A、B、C 三类终端。

（一）A 类终端

1. 医保药店，面积大（大于 100 平方米），在班店员多于 6 人，经营品种多且齐全。
2. 位于商业集中区、主干道两旁，客流量大。
3. 销量在当地平均销量以上。
4. 一般为大型个体药店、连锁药店的 A 类门店。

5. 老字号、大型百货商场、大卖场、大中型超市（连锁超市）的店中店。

（二）B 类终端

1. 医保药店，面积大于 80 平方米，在班店员多于 3 人，经营品种较齐全。

2. 位于较大的居民区内，客流量大。

3. 销量高于当地平均水平。

4. 一般为大中型药店超市，连锁药店重点门店。

5. 日流水额 6000 元以上。

（三）C 类终端

1. 非医保药店，营业面积一般不足 50 平方米，多数只有 1—2 个店员，经营品种少。

2. 主要位于生活小区、市郊、工厂区、辅干道两旁，客流量少。

3. 销量在当地平均水平以下。

4. 一般为小型私人药店、个体诊所。

原则上，A 类终端应少于当地终端总量的 20%，B 类终端不少于终端总量的 50%。

二、现代药店分类方法

随着医药零售行业的发展，按传统的药店分类划分药店的级别有时已不贴近现实，我们可以根据客户与医药企业的合作程度划分药店级别。主要从两个方面考察：一是销售额，二是合作意愿。销售额的多少主要是根据目前客户拿货额的平均值确定；合作意愿主要是指你和药店的客情关系，老板和店员愿不愿意销售你的产品。如图 3－1 所示。

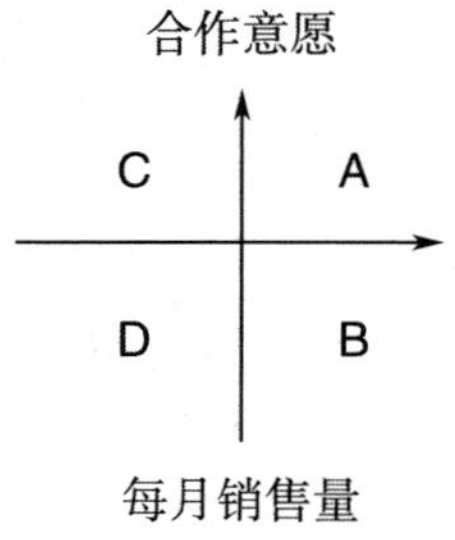

图3－1　药店分类图

(一) A 类客户

产品会成为药店的首推品种。

(二) B 类客户

产品会成为药店的首推品种，销量稍次于 A 类客户。

(三) C 类客户

产品为药店的“二推”品种。

(四) C 类客户

产品为药店的自然流品种。

三、相关法律法规

商务部 2012 年第 58 号公告发布了《药品批发企业物流服务能力评估指标》《零售药店经营服务规范》《药品流通企业诚信经营准则》《药品流通行业职业经理人标准》《药品流通企业通用岗位设置规范》等五项药品流通行业标准，于 2012 年 12 月 1 日起实施。其中，《零售药店经营服务规范》中明确规定了零售药店的分级标准。

表3－1 **零售药店分级标准**

内容	A级药店	AA级药店	AAA级药店
1. 基础要求	1.1 开办经营一年以上	1.1 开办经营一年以上	1.1 开办经营一年以上
		1.2 营业面积不少于80平方米	1.2 营业面积不少于100平方米
	1.2 营业场所外醒目位置应悬挂“绿十字”灯箱。（见附录A.1：“绿十字”标志图案）	1.3 营业场所外醒目位置应悬挂“绿十字”灯箱。（见附录A.1：“绿十字”标志图案）	1.3 营业场所外醒目位置应悬挂“绿十字”灯箱。（见附录A.1：“绿十字”标志图案）
	1.3 指示性标志和警示语规范醒目	1.4 指示性标志和警示语规范醒目	1.4 指示性标志和警示语规范醒目
	1.4 提供员工洗手和消毒的设施用具	1.5 提供员工洗手和消毒的设施用具	1.5 提供员工洗手和消毒的设施用具
	1.5 设置执业药师（药师）岗位监督公示牌	1.6 设置执业药师（药师）岗位监督公示牌	1.6 设置执业药师（药师）岗位监督公示牌
	1.6 设置应急照明设备并定期检查维护	1.7 设置应急照明设备并定期检查维护	1.7 设置应急照明设备并定期检查维护
	1.7 进销存实现电子化信息管理，做到过程可追溯	1.8 进销存实现电子化信息管理，做到过程可追溯	1.8 进销存实现电子化信息管理，做到过程可追溯，并建有电子化客户关系管理系统（CRM）
2. 药品供应能力	2.1 经营药品品规数量不少于800个。配备国家基本药物品种（政策法规规定零售药店不能经营的药品除外），及常见病、慢性病药品	2.1 经营药品品规数量不少于1500个。配备国家基本药物品种（政策法规规定零售药店不能经营的药品除外），具备保障基本医疗保险药物的供应能力	2.1 经营药品品规数量不少于3000个。配备国家基本药物品种（政策法规规定零售药店不能经营的药品除外），具备保障基本医疗保险药物的供应能力
	2.2 可根据消费者的需求设置夜间服务窗口	2.2 设置夜间服务窗口，以满足广大消费者的需求	2.2 设置夜间服务窗口，保证24小时药品供应，以满足广大消费者的需求。为周边社区居民提供药品订购、送货上门服务

续表

内容		A 级药店	AA 级药店	AAA 级药店
2. 药品供应能力		2.3　药品品种覆盖至少 40 种常见疾病。（见附录 A.2）	2.3　药品品种覆盖至少 60 种常见疾病。（见附录 A.2）	2.3　药品品种覆盖至少 80 种常见疾病。（见附录 A.2）
3. 人员配备与培训	3.1　零售药店质量负责人的条件	质量负责人应为执业药师（含执业中药师）	质量负责人应为执业药师（含执业中药师），且具有 3 年以上药品经营工作经历	质量负责人应为执业药师（含执业中药师），且具有 5 年以上药品经营工作经历
	3.2　药学技术人员的数量	门店营业员必须经过药学相关培训并取得上岗资格证书。药店药学技术人员数量应不少于药店从业人数的 20%	门店营业员必须经过药学相关培训并取得上岗资格证书。药店药学技术人员数量应不少于药店从业人数的 40%。经营中药饮片的，其中 1 人应为中药专业相应资格或者职称的人员	门店营业员必须经过药学相关培训并取得上岗资格证书。药店药学技术人员数量应不少于药店从业人数的 60%。经营中药饮片的，1 人应为中药师，开展处方调剂和药学服务
	3.3　持续的专业发展与培训要求	药学技术人员参加各种教育培训每年应不少于 30 课时	执业药师应每年参加继续教育并获得规定学分，其他药学技术人员参加各种教育培训每年应不少于 60 课时	执业药师应每年参加继续教育并获得规定学分，其他药学技术人员参加各种教育培训每年应不少于 90 课时
4. 药学服务能力	4.1　药学服务设施要求	4.1.1　设置药学服务标识	4.1.1　设置药学服务区域	4.1.1　设置相对独立的药学服务区域。设置消费者临时休息的区域和设施
			4.1.2　根据需要配备相关医药学参考书和工具书等图书资讯，为药学技术人员和消费者提供参考	4.1.2　配备相关医药学参考书和工具书等图书资讯，为药学技术人员和消费者提供参考
			4.1.3　根据需要可设药学服务宣传栏，开展疾病预防和用药安全的宣传工作。宣传栏可采用固定或移动方式（如悬吊 KT 板、展板、易拉宝、海报形式等）	4.1.3　应设药学服务宣传栏，开展疾病预防和用药安全的宣传工作。宣传栏可采用固定或移动方式（如悬吊 KT 板、展板、易拉宝、海报形式等）

续表

内容		A 级药店	AA 级药店	AAA 级药店
4. 药学服务能力	4.1 药学服务设施要求	4.1.2　配备完好的、清洁卫生的药品调剂工具、拆零包装用品等	4.1.4　配备完好的、清洁卫生的药品调剂工具、拆零包装用品等	4.1.4　配备完好的、清洁卫生的药品调剂工具、拆零包装用品等
		4.1.3　根据需要配制中药处方调配和饮片炮制的工具和设备。配备电动煎药设备，提供代煎服务	4.1.5　根据需要配制中药处方调配和饮片炮制的工具和设备。配备电动煎药设备，提供代煎服务	4.1.5　配制中药处方调配和饮片炮制的工具和设备。配备电动煎药设备，提供代煎服务
		4.1.4　配备体温计、血压计、体重计、放大镜，皮尺、临时服药饮水服务等设施，方便消费者使用	4.1.6　配备体温计、血压计、体重计、放大镜，皮尺、临时服药饮水等服务设施，方便消费者使用	4.1.6　配备体温计、血压计、血糖仪、体重计、放大镜、老花镜、皮尺和临时服药饮水等服务设施，还应备有酒精、碘伏、纱布、镊子、创可贴、天平等物品，方便消费者使用
	4.2 药学技术人员的胜任能力	4.2.1　所有的药学技术人员至少应掌握零售药店 40 种常见病症（见附录 A.2）的用药指导和健康信息传播的执业能力	4.2.1　所有的药学技术人员至少应掌握零售药店 60 种常见病症（见附录 A.2）的用药指导和健康信息传播的执业能力	4.2.1　所有的药学技术人员至少应掌握零售药店 80 种常见病症（见附录 A.2）的用药指导和健康信息传播的执业能力
		4.2.2　药学技术人员应具备中西药咨询、特殊人群用药咨询、慢性病用药咨询、健康生活方式咨询的技能，具备与消费者沟通和解决问题的能力	4.2.2　药学技术人员应具备中西药咨询、特殊人群用药咨询、慢性病用药咨询、健康生活方式咨询、药品说明书和检验报告咨询的技能，具备与消费沟通和解决问题的能力	4.2.2　药学技术人员应具备中西药咨询、特殊人群用药咨询、慢性病用药咨询、健康生活方式咨询、药品说明书和检验报告咨询的技能，具备与消费者沟通和解决问题的能力
		4.2.3　执业药师（或药师）调剂处方时，应认真审核处方，并给予消费者正确的用药指导	4.2.3　执业药师（或药师）调剂处方时，应认真审核处方，并给予消费者正确的用药指导	4.2.3　执业药师（或药师）调剂处方时，应认真审核处方，并给予消费者正确的用药指导

续表

内容		A 级药店	AA 级药店	AAA 级药店
4. 药学服务能力	4.2 药学技术人员的胜任能力	4.2.4 应建立员工培训档案，内容包括本年度培训计划、培训记录、培训教材、参加人员、试卷	4.2.4 应建立员工培训档案，内容包括本年度培训计划、培训记录、培训教材、参加人员、试卷	4.2.4 应建立员工培训档案，内容包括本年度培训计划、培训记录、培训教材、参加人员、试卷
	4.3 药学服务的工作范围	4.3.1 药学技术人员应主动向消费者传播自我药物治疗及保健知识，积极参与疾病预防管理，促进消费者身心健康	4.3.1 药学技术人员应主动向消费者传播自我药物治疗及保健知识，积极参与疾病预防管理，促进消费者身心健康	4.3.1 药学技术人员应主动向消费者传播自我药物治疗及保健知识，积极参与疾病预防管理，促进消费者身心健康
			4.3.2 根据需要为消费者提供疾病科普知识、健康常识、用药常识、疾病预防等方面的宣传教育活动，开展疾病日的宣传活动	4.3.2 应为消费者提供疾病科普知识、健康常识、用药常识、疾病预防等方面的宣传教育活动，开展疾病日的宣传教育活动
		4.3.2 为消费者提供用药咨询和测量血压等服务，做好相关记录	4.3.3 为消费者提供用药咨询和测量血压等服务，做好相关记录	4.3.3 为消费者提供用药咨询和测量血压等服务，做好相关记录
		4.3.3 指导消费者正确使用血压、血糖等测量仪器	4.3.4 指导消费者正确使用血压、血糖等测量仪器	4.3.4 指导消费者正确使用血压、血糖等测量仪器。对测量结果给予相应的指导建议
			4.3.5 开展社区疾病预防和健康教育活动。向消费者发放由政府、合法的学术或行业团体编写的自我药物治疗和自我保健等健康科普资讯，资讯内容要符合国家有关规定	4.3.5 开展社区公益性讲座、疾病预防和健康教育活动。向消费者发放由政府、合法的学术或行业团体编写的自我药物治疗和自我保健等健康科普资讯，资讯内容要符合国家有关规定
		4.3.4 药学技术人员根据药品说明书，结合消费者的实际情况提出药物的使用建议	4.3.6 药学技术人员根据药品说明书，结合消费者的实际情况提出药物的使用建议	4.3.6 药学技术人员根据药品说明书，结合消费者的实际情况提出药物的使用建议

续表

内容		A 级药店	AA 级药店	AAA 级药店
4. 药学服务能力	4.3 药学服务的工作范围	4.3.5 提供所经营的国家基本药物目录和基本医疗保险药物目录品种的专业用药指导	4.3.7 提供所经营的国家基本药物目录和基本医疗保险药物目录品种的专业用药指导	4.3.7 提供所经营的国家基本药物目录和基本医疗保险药物目录品种的专业用药指导
			4.3.8 向消费者传播健康生活方式理念和方法	4.3.8 向消费者传播健康生活方式理念和方法
		4.3.6 建立有效的消费者用药药历	4.3.9 建立有效的消费者用药药历，做好慢性病消费者的用药指导	4.3.9 建立有效的消费者用药药历，做好慢性病消费者的用药指导、跟踪服务和电话回访
		4.3.7 建立药品不良反应登记和报告制度，积极收集消费者用药情况信息，对于消费者使用药品过程中出现的不良反应应及时规范记录和上报相关部门	4.3.10 建立药品不良反应登记和报告制度，积极收集消费者用药情况信息，对于消费者使用药品过程中出现的不良反应应及时规范记录和上报相关部门	4.3.10 建立药品不良反应登记和报告制度，积极收集消费者用药情况信息，对于消费者使用药品过程中出现的不良反应应及时规范记录和上报相关部门
		4.3.8 设有和公布咨询和投诉电话，对消费者意见或问题及时处理，并做好记录	4.3.11 设有和公布咨询和投诉电话，对消费者意见或问题及时处理，并做好记录	4.3.11 设有和公布咨询和投诉电话，对消费者意见或问题及时处理，并做好记录

做一做

经过前期的总结、分析，你发现区域内药店的销售情况并不是太好，于是决定选择重点目标门店进行培养。请将你选择的重点门店列举出来，并说明理由。

知识巩固

图 3－2　任务知识点

对照图 3－2，梳理自己所掌握的知识体系，并与同学相互交流、研讨个人对某些知识点或技能技巧的理解。

拓展任务

思考：确定好重点门店后，接下来该进行哪些工作？

任务 4　零售药店市场维护

- **任务目标**

通过本任务的学习，学生达到以下目标：

□ 能制定拜访路线和拜访计划

□ 能有效陈列药品

□ 能灵活运用客情维护技巧

□ 能管理客户档案

- **任务描述**

根据门店分类原则，确定了重点门店后，你开始对这些门店进行市场维护，具体包括：

1. 制定拜访路线和计划
2. 陈列药品
3. 维护价格
4. 维护客情
5. 门店退换货处理
6. 管理客户档案

- **任务素材**

1. 某制药公司的系列产品
2. 计算机
3. 某连锁药店信息
4. 阅读材料

- **任务实施**

步骤一 制定拜访路线和拜访计划

相关知识

拜访量是医药零售代表的生命线。销量与拜访量在一定程度上是成正比的。

一、制定拜访路线时考虑的因素

✧ 客户分级。

✧ 各级客户需要的拜访频率。

✧ 每天的总拜访店数。

✧ 拜访行程的次序安排。

二、制定拜访路线的方法

把自己负责的区域在地图上圈出来，标记好所有门店的位置，以该区域内的主要道路为分界线，按照工作日数量划分成相应的小区域，每天拜访一个小区域，一周内把所有药店走一遍。每周末提前做好下周的拜访计划，合理管理时间。

提　示

制定拜访计划时应注意：

◇ 回顾上次拜访客户的过程及结果

◇ 确定此次拜访的重点人物

◇ 确定此次拜访的目的

◇ 准备需要携带的工具，如资料、礼品等

三、制定客户拜访频率的方法

（一）合作1年以上的客户

对A类客户每个月保持两次有效的拜访，遇到药店有突发情况，要在24小时内解决。对B类、C类、D类客户参考以下拜访频率。

（二）合作不足1年的客户

A类客户每周拜访1—2次，B类客户每两周2—3次，C类客户每两周4—6次，D类客户每月4次。越是新开发的客户，前期拜访要越频繁，主要是为了加强客情关系和及时发现销售中的问题，并帮助解决问题。

做一做

区域内一共确定了15家目标门店，按照公司要求，一天至少拜访5家门店，请设计3天的拜访路线及拜访计划，必须注明拜访目的。

步骤二 陈列药品

相关知识

销售从陈列开始。产品本身是最好的广告，因此，要争取最好的陈列位置，与同类产品集中摆放，尤其要和第一品牌产品放在一起，充分扩大产品的陈列面，且始终让产品处于最佳陈列视觉位置。

陈列工作总的原则是：让消费者看得见，让店员拿得到，让消费者买得到，即“易拿、好取、能卖”。

一、陈列的原则

✧ 按国家GSP要求（功效、GSP分区分类、易串味、拆零、危险专柜）陈列。

✧ 易找、易见、易取、易放（容易判别商品所在地）(正面面向顾客)。

✧ 满陈列，及时补充。

✧ 先进先出。

✧ 关联性。

✧ 同类商品垂直陈列。

✧ 黄金位置重点陈列。

✧ 色彩协调。

二、如何优化陈列

(一) 确保产品数量充足

消费者通常会从数量多的产品里进行挑选，零零散散、数量少的产品很难让消费者产生购买欲望。

(二) 获取良好的陈列位置

一般来讲，争取占据柜台最上层，产品双层纵向排放，做到占位好、易寻找、陈列醒目。一般把产品摆放在货架的黄金档位，并于同层档位摆放礼盒包或于货架顶端摆放产品模型。所谓黄金档位是指产品陈列于货架的 1.3—1.5 米位置处。

(三) 争取最大的陈列面

陈列面越大越好，争取在客流较多的位置陈列。将产品尽量摆放在消费者经常走动的地段，比如，端架、靠近路口的转角处等。

表 4－1　　　　陈列面倍数与销量提高之间的关系

陈列面倍数	销量提高
2	15%
3	30%
4	60%
5	100%

(四) 通过 POP 材料强化产品陈列

POP 是店内将广告信息传达给消费者最直接、最有效的方式，产品陈列配合 POP 同样能增强消费者视觉效果、增加销售机会。

三、药店陈列的六种类型

(一) 橱窗陈列

陈列要点：

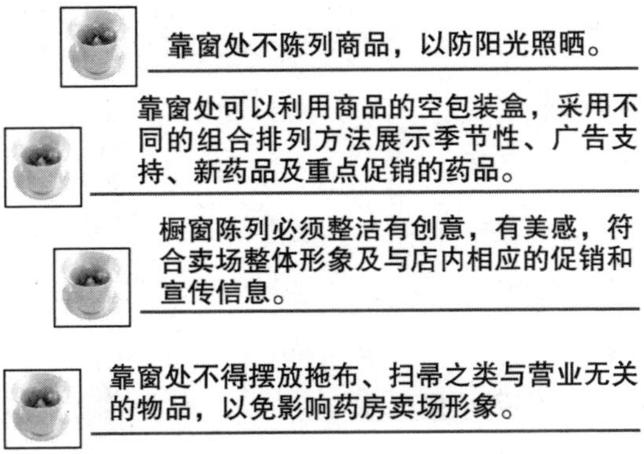

图 4－1　橱窗陈列的要点

（二）收银台陈列

陈列要点：

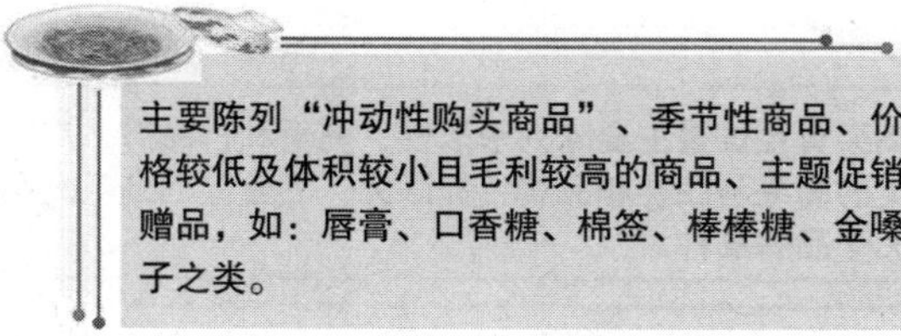

图 4－2 收银台陈列的要点

（三）货架陈列

货架分段陈列：根据消费者心理，把货架分为上、中、下三段来陈列商品，以达到最大的经济效益。根据一项调查显示，商品在陈列中的位置进行上、中、下 3 个位置的调换，商品的销售额会发生如下变化：从下往上挪的销售一律上涨，从上往下挪的一律下跌。这份调查不是以同一种商品来进行试验的，所以不能将该结论作为普遍真理来运用，但“上段”陈列位置的优越性已经显而易见。

1. 陈列原则

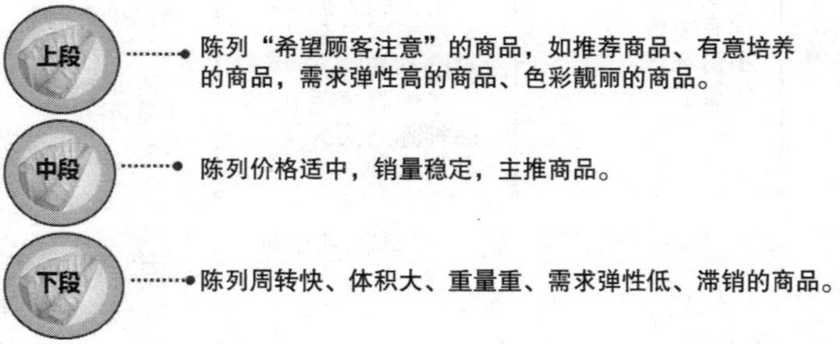

图 4－3 货架陈列的原则

2. 陈列要求

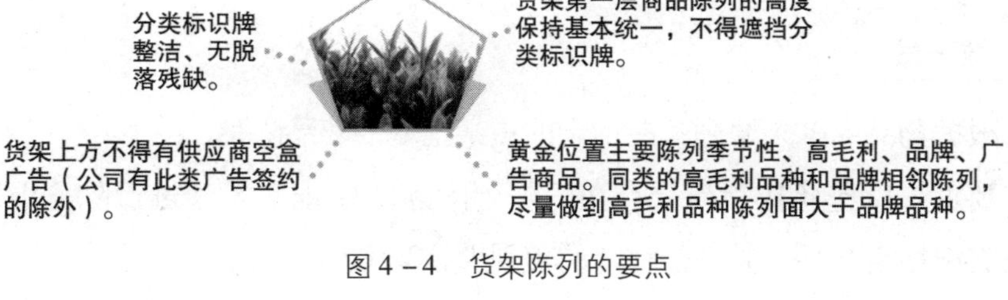

图 4－4 货架陈列的要点

（四）端架陈列

陈列要点：

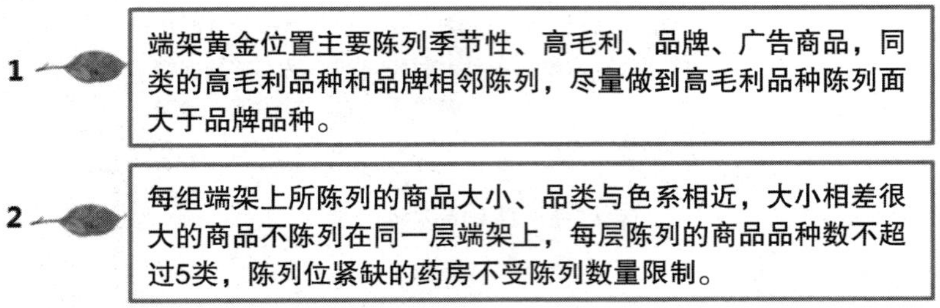

图 4－5　端架陈列的要点

（五）柜台陈列

陈列要点：

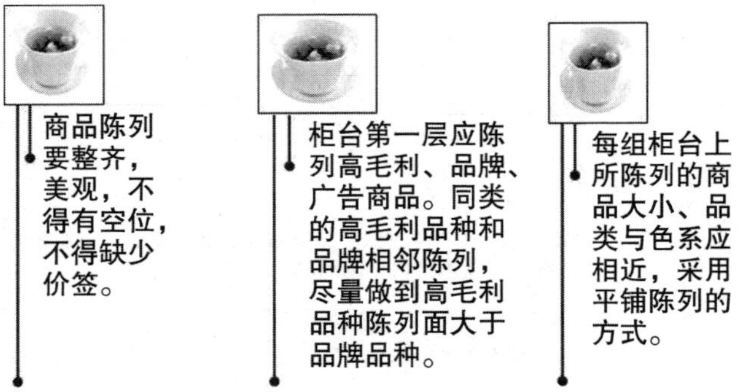

图 4－6　柜台陈列的要点

（六）专柜陈列

按品牌设立：一般为同一品牌的多种商品陈列。

按功能设立：将相同或关联功能的药品陈列于同一专柜。如男性专柜、减肥专柜、糖尿病专柜。

做一做

根据药品的陈列原则，在指定的货架上完成药品陈列。

要求：1. 能指出货架上存在的陈列问题；2. 能对货架进行陈列调整，重点突出指定产品，并符合整体的美观性；3. 设计产品的 POP 海报。

步骤三　维护价格

相关知识

同一种药品，同一个厂家生产，在不同的药店会出现不同的零售价格，这在我们的生活中似乎很寻常。

那么，OTC 产品，尤其是品牌产品，在零售终端市场为什么会出现价格混乱？

一、OTC 产品价格混乱的原因

（一）药店以品牌产品降价促销来增加门店客流量。

（二）产品的市场供货价格与市场最高零售价之间价差较大（这是 OTC 品种普遍存在的现象），给零售药店提供了很大的降价空间，导致许多 OTC 品牌产品在药店的实际零售价格远远低于其标准零售价格。

（三）渠道价格不稳定，导致药店进货价格差异性大，从而导致零售价格的不一致，进而引发药店之间被动的价格竞争。

（四）品牌产品营销团队与零售药店，尤其是与单体药店之间缺乏必要的交流和沟通，导致部分单体药店随意定价，扰乱市场秩序。

二、预防 OTC 产品在药店终端乱价的措施

（一）稳定渠道价格

要想让 OTC 产品在终端药店的价格稳定，前提是其渠道价格的稳定。只有渠道价格相对稳定后，终端价格秩序才不会乱，才有可能真正实现价格的统一。

（二）提高终端的信心

在药店终端的维价问题上，首先需要企业营销团队自上而下的高度重视和理解，这是终端维价工作能够顺利开展的基础。在零售终端的价格维护中，市场营销人员要清楚地意识到，确保药店合理的利润是前提。企业

营销人员要与零售药店保持经常性的沟通、交流并增进彼此营销理念的渗透、融合，以利于彼此间合作的顺畅，提高零售终端的维价信心和合作意愿。

（三）加强对市场的监管

作为销售人员，不仅要完成公司的日常考核，也要关注辖区内市场的整体情况，即不能只对目标药店进行维护，还要对其他非目标门店进行关注，以免出现乱价的情况，扰乱市场，减弱现有经营者的信心。

三、出现乱价时的处理方法

一旦发现有药店乱价的情况出现，销售人员应该立即采取行动。

（一）首先稳定客户的情绪，表明态度，一定会解决这个问题，不给药店带来负面影响，如果有小礼品的话，可送一些给客户，以缓解紧张的气氛。

（二）找到乱价的药店了解情况，与负责人商谈，使其调整至指定价格，并讲明产品政策，以便于提高经营者的信心。以后要加强拜访该药店，防止随意改价的情况发生。

（三）如果该药店坚决不履行统一价，可通过商业公司进行调解。

做一做

仔细阅读下文，根据情景描述，现场模拟处理客户疑义。

> 你去门店拜访时，店长很不高兴地对你说："你们家的产品在我们连锁门店执行的是统一价 12 元/盒，怎么有顾客来说，我们家的药卖得贵，旁边那个小药店才卖 10 元/盒，这多有损于我们店的名誉啊，你看怎么办吧！"

步骤四 维护客情

相关知识

如何维护和店员之间的客情关系，直接关系到你的产品在这家药店的销量。维护客情的常用方法如下：

一、小恩小惠法

在日常拜访中带一些小礼物，比如：笔、镜子、饮料、水果等。

二、投其所好法

和店员一起聊一些他比较感兴趣的话题，比如，他最近看过的电影、书，碰巧你也看过，谈谈感受，也是一个好方法，如果你和他都是某项运动的爱好者，话题就更多了。

三、微笑赞美法

如果你实在不愿意投入，连一瓶水也不愿意买，你也没有什么丰富的知识，那么，请你记住微笑。真诚地对待每个店员，用自然的赞美获得店员的认可，比如：她的发型、气色等。

四、示弱叫苦法

人们都会同情弱者，你可以说说自己的辛苦之处以获得同情。

五、感动法

销售的最高境界是感动客户。做一件感动药店采购负责人的事，产品进店就不难了；做一件感动店员的事情，产品销量就不用担心了。替店员理理货，替店员办一些棘手的事情，在特殊的日子送一份神秘的礼物等。

做一做

在拜访中，你会遇到以下多种客情，应该如何处理。

1. 店长及营业员表现出不认识你的神情。

2. 认识你，但是叫不出名字、说不出厂家。

3. 对你爱答不理，总是以“很忙”“没空”“不行”为由推托你的请求，如查库存，销售量等。

4. 在遇到有需求的顾客时，不推荐你的产品。

5. 门店出现断货，不及时补货。

步骤五　门店退换货处理

相关知识

很多药店会存在近效期药品，大部分药店的做法是以主推的方式销售给顾客。根据《药品管理法》，药品没有超过有效期，也没有其他异常，药店可以继续销售。由于消费者的自我保护意识不断增强，近效期药品通常很难销售出去。对于近效期药品，药店一般都会与厂家协商，争取将近效期药品退回或更换，从而减少损失。

原则上来说，药品近效期 3 个月以内，基本上已不能跟厂家作退换货处理；如果提前 6 个月发现滞销问题，则可与供应商联系做退换货处理或者转换成赠品。避免出现近效期药品办法如下：

1. 销售人员在拜访门店时，要检查药品批号情况，以免出现近效期。如果发现滞销，可根据客情调至销售情况较好的门店。

2. 门店定期盘点，及时处理库存产品。

3. 建立合理的奖罚制度。

做一做

仔细阅读下文，根据情景描述，现场模拟处理客户疑义。

你去门店拜访时，店长对你说："你们的产品卖不动啊，我们店库存有10盒，还有3个来月就过期了，以后再也不请这个货了。"

步骤六　管理客户档案

相关知识

一、零售药店客户档案

建立客户档案、对客户的重要信息进行记录是客户管理的一项基础工作。建立零售药店档案有利于我们全面了解客户信息，掌握终端药店的数量和质量，为高效率地开展销售工作提供信息。

（一）单体药店档案内容

1. 药店级别、名称、是否医保定点、负责人、电话。
2. 所处商圈。
3. 店员的组成情况及排班情况。
4. 店员的销售能力及销售水平。
5. 以往采购的品种、数量及月销量。
6. 结款方式和回款情况。
7. 对公司的认可度（产品在药店的销售级别）。
8. 店内竞品的销售情况。

（二）连锁药店档案内容

1. 连锁名称、连锁级别、总部地址、采购经理及运营负责人。
2. 重要门店的地址、店长、关键人及电话。
3. 门店店员的排班情况。
4. 对公司产品的认可度及竞品的销售情况。
5. 主要的促销手段。

二、 评估客户

经过一段时间的合作，销售代表需要对客户进行梳理和评估，以便及时调整销售政策。一方面，客户评估需要掌握客户平时的交易情况；另一方面，要综合评估客户的信用信息、合作态度、产品销售能力、客户方采购经理的稳定程度等指标。

做一做

设计客户档案表格，并详细记录已有客户的信息。

知识巩固

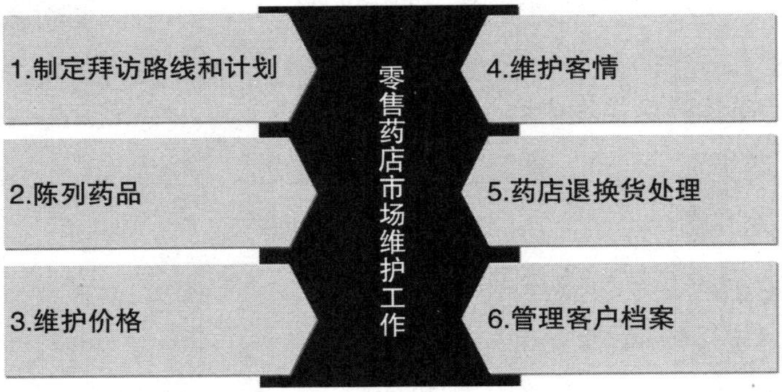

图 4－7　任务知识点

对照图 4－7，梳理自己所掌握的知识体系，并与同学相互交流、研讨个人对某些知识点或技能技巧的理解。

拓展任务

思考：在激烈的市场竞争中，如何才能保证产品在药店中所占的份额，并实现销量增长？

任务5　零售药店市场拓展

• 任务目标

通过本任务的学习，学生达到以下目标：

☐ 能有效提高铺货率

☐ 能制定促销活动方案

☐ 能对营业员进行产品知识培训

☐ 能制定社区健康讲座活动方案

• 任务描述

在正常市场的维护过程中，你发现：药品进店不是很难的事，难的是动销和上量。虽然很多门店都有你的产品，但是卖得不好。你需要及时调整工作重点，想办法让销量“动”起来。

• 任务素材

1. 某制药公司的系列产品
2. 计算机
3. 某连锁药店信息
4. 阅读材料等

• 任务实施

步骤一　提高铺货率

相关知识

在医药零售行业竞争日益激烈的今天，通过提高铺货率来提高销量的方法越来越不奏效了。虽然铺货已经不是万能的了，但离开铺货又是万万不能的。产品如果不能铺到终端去，连销售的机会都没有，更不要谈销量了。所以，必须将铺货进行到底，但不是盲目的铺货。

我们应当遵循以下几个铺货原则：

1. 查看药店的历史销售数据，选择客情关系比较好、信誉比较好的药店铺货，这样就不用担心产品的销售和回款。

2. 根据药店的陈列和营业员的建议，补充药店竞品较少的品种。

3. 第一次补充的新产品数量不要过多，根据动销情况及时补充。

4. 做好新进品种的陈列、营业员教育和客情维护，维护好终端价格。

5. 对于销量不好的产品及时做调整、促销或退换货，避免过了有效期。

除了保证药店已经铺货外，还要达到安全库存，这样才可以保证销售。

做一做

根据下文描述，进行情景模拟。

> 康福大药房是你客户中的一家 B 类药店。每次去拜访的时候，你发现该店的库存就 2 盒。据统计，该店的销售量为 1 个月将近 10 盒。你想找经理谈谈安全库存的事。

步骤二　制定药店促销活动方案

相关知识

一、医药企业的促销方法

（一）医药企业对零售药店的促销

医药企业对零售药店的促销主要体现在进货奖励上，包括以下方面：

1. 赠送药品

零售药店购进指定产品的金额达到一定的额度，赠送一定量的其他产品。这个活动的策划在事前一定要制定好价格和数量，核算后再进行推广。赠送的药品按照《药品管理法》规定，必须开具票据。

2. 赠送礼品

零售药店购进指定产品的金额达到一定的额度，赠送洗衣液、电风扇、纸巾等生活日用品。

3. 赠送旅游

零售药店购进指定产品的金额达到一定的额度，赠送旅游一次。

4. 赠送服务

医药企业请专业的咨询公司对零售药店的管理给予指导，比如，金牌店长的打造、如何做好会员管理、如何做好陈列、如何合理推荐药品等咨询和指导，帮助药店盈利。

（二）医药企业对消费者的促销

1. 促销员促销

促销员就是厂家安排在药店专门促销某厂家产品的销售人员。在药店安排厂家促销员时要注意，进入药店的产品要丰富，促销员和药店营业员之间的关系要处理恰当，因为两者都拿销售提成，会出现争抢消费者的不和谐现象，这个要处理好。

2. 仪器促销

有的企业会借助仪器对患者的身体情况进行测试，然后推荐用药。推销钙制品或者营养品时这种方式比较常见。一般是测出患者缺乏某种矿物质，然后推荐他使用某方面的保健品预防这方面的疾病。

3. 专题促销

专题促销是指药店利用节假日、会员日或者特殊的营销事件开展的促销活动。一般是药店自己策划组织，现在也有医药企业和药店合作，共同策划营销活动。这需要提前做好促销策划方案。

二、促销策划方案撰写要求

一份完整的促销活动方案分十二部分。

（一）活动目的

对市场现状及活动目的的阐述。市场现状如何？开展这次活动的目的是什么？是处理库存？是提升销量？是打击竞争对手？是新品上市？还是提升品牌认知度及美誉度？只有目的明确，才能使活动有的放矢。

（二）活动对象

活动针对的是目标市场的每一个人还是某一特定群体？活动控制在多大范围内？哪些人是促销的主要目标？哪些人是促销的次要目标？这些选择的正确与否会直接影响到促销的最终效果。

（三）活动主题

主要是解决两个问题：第一，确定活动主题；第二，包装活动主题。降价？价格折扣？抽奖？礼券？服务促销？演示促销？消费信用？还是其他促销工具？选择什么样的促销工具和什么样的促销主题，要考虑到活动的目标、竞争条件和环境及促销的费用预算和分配。这一部分是促销活动方案的核心部分，应该力求创新，使活动具有震撼力与排他性。

（四）活动方式

这一部分主要阐述活动开展的具体方式。有两个问题要重点考虑：

1. 确定伙伴：是单独行动，还是和经销商联手？或是与厂家联合促销？和经销商或其他厂家联合可整合资源，降低费用及风险。

2. 确定刺激程度：要使促销取得成功，必须使活动具有刺激力，能刺激目标对象参与。刺激程度越高，促进销售的反应越大。但刺激也存在边际效应。因此必须根据促销实践进行分析与总结，并结合客观市场环境确定适当的刺激程度和总的费用投入。

（五）活动时间和地点

促销活动的时间和地点选择得当会事半功倍，选择不当则会费力不讨好。在时间上尽量让消费者有空闲参与，在地点上也要让消费者方便，而且要事前与城管、工商等部门沟通好。持续多长时间效果会最好要深入分析。持续时间过短会导致在这一时间内无法实现重复购买，很多应获得的利益不能实现；持续时间过长，又会引起费用过高而且市场形成不了热度，并且降低在顾客心中的身价。

（六）广告配合方式

一个成功的促销活动，需要全方位的广告配合。选择什么样的广告创意及表现手法？选择什么样的媒介炒作？这些都意味着不同的受众抵达率和费用投入。

（七）前期准备

前期准备包括：人员安排、物资准备。

在人员安排方面要“人人有事做，事事有人管”，无空白点，也无交叉点。谁负责与政府、媒体的沟通？谁负责文案写作？谁负责现场管理？谁负责礼品发放？谁负责顾客投诉？各个环节都要考虑清楚，否则就会临阵出麻烦，顾此失彼。

在物资准备方面，要事无巨细，大到车辆，小到螺丝钉，都要罗列出来，然后按单清点，确保万无一失，否则必然导致现场的忙乱。

（八）中期操作

中期操作主要是活动纪律和现场控制。纪律是战斗力的保证，是方案得到完美执行的先决条件，在方案中应对参与活动人员各方面做出细致的规定。

现场控制主要是把各个环节安排清楚，要做到忙而不乱，有条有理。同时，在实施方案过程中，应及时对促销范围、强度、额度和重点进行调整，保证对促销方案的控制。

（九）后期延续

后期延续主要是媒体宣传的问题，将采取何种方式、在哪些媒体对这次活动进行后续宣传。

（十）费用预算

对促销活动的费用投入和产出应做出预算。

（十一）意外防范

每次活动都有可能出现一些意外。比如政府部门的干预、消费者的投诉、甚至天气突变导致户外的促销活动无法继续进行等等。必须对各个可能出现的意外事件做出必要的人力、物力、财力方面的准备。

（十二）效果预估

预测这次活动会达到什么样的效果，以利于活动结束后与实际情况进行比较，从刺激程度、促销时机、促销媒介等各方面总结成功点和失败点。

做一做

以指定产品为例，制定该产品在十一黄金周期间的促销活动方案。

步骤三　营业员培训

相关知识

据 IMS 调查，医生推荐、药品口碑和药店营业员推荐是影响购买者选择的主要原因。大多数消费者倾向于接受药店营业员的推荐，特别是 30—45 岁的消费者；约有 74% 的消费者主动要求药店营业员推荐；29 岁及以下的人群要求推荐的比例是最高的；而“有时”具有目标品牌的消费者，也有 64% 会要求药店营业员推荐。因此，药店营业员培训是零售代表终端工作的核心之一。

一、影响营业员推荐率的主要因素

✧ 营业员对产品的了解程度。

✧ 该产品正在进行的促销活动。

✧ 该产品的知名度。

✧ 产品的质量和疗效。

✧ 该产品的利润。

✧ 产品的陈列位置及拿取难易度。

二、开展营业员培训的形式

（一）一对一培训

不是所有的培训都要兴师动众，产品知识的培训无时无刻不在终端的拜访中。一对一培训就是零售代表在日常拜访中，时常谈到产品的卖点，做一个简单的介绍。

（二）营业员培训会

营业员培训会一般是把营业员集中起来培训，门店会选择在消费者比较少的下午2：30左右举行。连锁药店一般是在连锁总部会议室或者其他外租会议室进行。

（三）营业员培训后的跟踪

零售代表花大量的时间、精力做营业员培训，无非就是为了与营业员建立起良好的客情关系，让营业员掌握相关的产品知识，特别是产品的核心卖点，让营业员主动向消费者推荐产品，最好成为"第一推荐"。

为了实现上述培训的目的，零售代表要重视培训后的回访，加大产品的推荐力度，为首推做铺垫。

三、营业员培训内容

首先，培训基本的产品知识是必要的。这样，营业员在向消费者推荐产品时，可以做到专业、准确，容易得到消费者的认可。

其次，联合用药也是现在快速提高销量的办法，很受药店欢迎。对于培训联合用药的厂家来说，可以提高自己的产品销量；对于药店来说，可以提高药店销量；对于患者来说，可以加速疾病的治愈速度。

此方法的核心是把自己的产品与某品牌产品联合起来，下面介绍一些联合用药的小技巧。

（一）内服药+外用药

这是营业员最容易理解、最容易记忆、最容易与消费者沟通的搭配形式，同时也是消费者最容易接受的——以“外用药直达病灶治标，内服药治本”的概念推荐用药。

例：儿童腹泻推荐用内服妈咪爱+外用宝宝一贴灵。

（二）治标药品+治本药品

很多患者只会描述病症：疼、肿、痒等表面症状，不知道真正的病因在哪。

例：若风湿病患者进店购买双氯芬酸钠镇痛、抗炎，我们可以强调双氯芬酸钠仅是对症治疗，搭配中成药风湿定胶囊可以活血通络、除痹止痛，治疗风湿效果很好。

（三）主力药+治疗伴随症状产品

要做好这种搭配一定要注意与消费者多沟通，才能发现消费者生病的症状，进而搭配相关产品。

例：消费者感冒，主力药可选复方氨酚烷胺片、氨咖黄敏胶囊、四季感冒片、羚羊感冒片、维生素C银翘片等西药或中成药的感冒药。同时可以搭配治疗相关症状的产品，如感冒伴随咽喉不舒服可关联搭配咽炎片、金银花含片、胖大海含片等。

（四）主力药+提高免疫力产品

这是经常发作、反复不愈的疾病可以用到的搭配。

例：经常感冒，推荐复方氨酚烷胺片+维生素C或者蛋白质粉；胃溃疡患者，推荐三联疗法或者四联疗法+螺旋藻。

（五）西药+中（成）药

西药治标，中（成）药治本，我们也可以根据这个道理搭配用药。

例：胃溃疡患者用三（四）联疗法+安胃片或胃康灵、正胃片，现在很多医院的医生就是这样开药治疗胃溃疡的，我们也把这种搭配叫五联疗法。

提 示

综合考虑药物的相互作用

目前，药店的联合用药主要是针对某种病症，随着推荐药物及其组合逐渐增加，我们给药店营业员的联合用药方案需要注意，在建议用药时不仅要针对患者的病症，更要充分考虑药物间相互作用，权衡利弊后再推荐。

做一做

以指定的产品为例，制作出该产品的培训 PPT，包括相关的基本知识及联合用药建议。

步骤四 制定社区健康讲座活动方案

相关知识

开展健康教育是人民群众追求身体健康的一种需求，同时开展健康教育也是体现政府职能的重要工作。随着社会的发展，人们生活水平的提高，生活方式也发生着变化，慢病高发，人们对健康的需求越来越大，政府也非常重视。很多医药企业注意到了这块市场，开始联合医院、社区等开展健康普及活动，让消费者在家门口就能享受到专业的咨询和服务，提高健康意识，提早预防、治疗疾病，这些对提高企业的知名度也有很大帮助。

一、社区健康讲座的活动方案

✧ 确定合适的小区。

✧ 确定药店备货。

✧ 活动现场的组织与控制方案。

✧ 设计讲座内容。

✧ 预期与费用。

二、举办社区健康讲座活动注意事项

（一）根据产品的特点寻找小区。例如心脑血管药物的推广主要以老社区为主，因为患此病的老年人居多。

（二）备货量要与活动预计达到的效果相符，尽量不要出现备货过少或过多的情况。备货过少容易使消费者流失，备货过多很容易导致库存剩余，药店不愿意。

（三）活动现场的组织很重要，再完美的方案也离不开到位的执行力。现场活动的有序进行可以增强活动的效果，提高活动质量。

（四）活动内容的设计要合理，不能让人产生一种被迫消费的感觉。必须要提前做好调查工作，了解消费者感兴趣的健康问题，以此为参考进行内容的设计。

做一做

以指定产品为例，举办一次社区活动。请写出整个活动的组织方案。

要求：注明选择该地点的原因，细化活动组织过程。

知识巩固

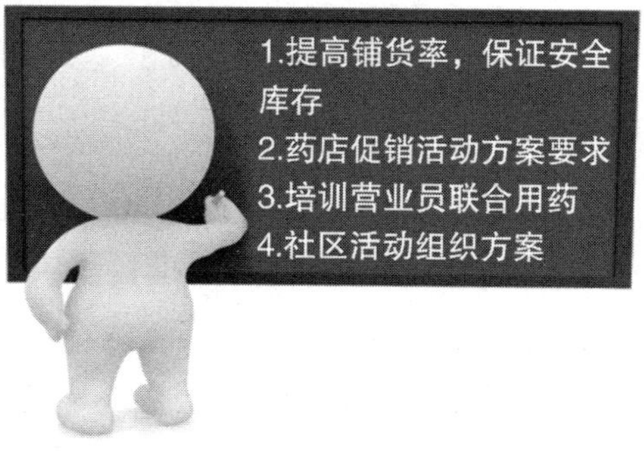

图 5－1　任务知识点

对照图5－1，梳理自己所掌握的知识体系，并与同学相互交流、研讨个人对某些知识点或技能技巧的理解。

拓展任务

思考：在对零售药店的市场拓展中，你还能想到哪些方法可以有效提升销量？

任务6　零售药店市场分析

- **任务目标**

通过本任务的学习，学生达到以下目标：

□ 能对零售药店市场进行分析、对工作进行总结

- **任务描述**

经过一段时间，你已经慢慢熟悉了零售药店市场的营销工作。请你对区域内的市场情况进行分析，对前期的工作进行总结。

- **任务素材**

1. 某制药公司的系列产品
2. 计算机
3. 某连锁药店信息
4. 阅读材料

- **任务实施**

步骤 撰写年度市场分析报告

相关知识

销售人员要做好年度市场工作总结，看似很容易，有的人一页纸就可以完成，但是要做得好、做到位，也不是一件容易的事。一个好的工作总结，既总结了过去的工作成绩，也找到了完不成工作目标的问题所在，以及如何改进的办法和措施，最后还要提出下一年的总体工作目标和方向。

一、年度市场分析报告要点

（一）目标完成情况

这里所说的目标，包括销售目标，但不仅仅局限于销售目标，还包括品牌目标、利润目标、渠道目标、管理目标等等。当然，首先销售人员达成销售目标是第一位的，分为销售量和销售额。为什么可以达成，为什么完不成，都要做全面的分析。

通过这些分析，销售人员就可以看出来一年来哪些产品是主力；地区、渠道和经销商数量、总体销售情况；终端覆盖，有效终端店数量，对整体市场状况有一个较为全面的掌握；同时也可以看出我们的弱势在哪里，哪些渠道、地区、产品是我们的软肋。

（二）费用分配及使用情况

完成销售目标，需要有各种市场费用的投入。销售人员要知道在哪一块花了多少钱，为什么要花这个钱，花了这个钱的效果如何？很多时候，我们只是习惯于这么花钱，并不会去专门分析这些费用的投入和产出比率有多高，这样就会使投入费用的效果大打折扣。

（三）一年中主要完成的几项工作

一年中主要做了哪些事情，销售人员一年可能做了千百件工作，但对区域市场最重要的、真正产生效果的可能就是几件事情。很多事情都是为了做成这几件事情或者一件事情所做的基础工作。如完成了新老产品的更替、大型的促销活动、开发了新的重要客户等。

（四）存在的主要问题

1. 企业自身的问题　企业自身问题分为销售人员能够解决的问题、还有就是要向上级反映的问题，最后是需要忽略的问题。能解决的问题，如铺货率、客情关系等。向上级反映才能解决的问题，如产品问题、质量问题、渠道供货问题等。最后是解决不了的问题，如品牌问题，地方制度、公司政策问题等等。

2. 主要竞争品牌（产品）分析　竞品的存在，虽然短期之内会带来竞争的压力，市场份额会被竞品抢走，但长期来看对市场是有好处的，可以让企业不断追求进步，提升服务水平。一般对成熟的品种来说，市场上会有1—3个主要竞争品牌，其中会有1个是市场主导品牌，主导品牌销量高，地位稳固，要想做大，长远来看，一定要分食其他份额，同时也做大了市场，就像加多宝、王老吉，虽然表面上打得死去活来，但都是“战争”的受益者。做一个详细的SWOT分析，找出与竞品的差别所在。

3. 消费者分析　你的目标消费者是谁，他们的年龄分布、购买心理，购买方式，他们何时、何地购买，决定了我们要采用什么样的推广方式。

（五）下一年度目标和主要策略

下一年度的销售目标根据公司当年完成任务数量或者销售额，结合市场竞争情况，做出一个预估，经过高层讨论，最后形成一个总体的目标，如销售额、销售量目标、品牌目标等等。然后按照区域进行分配。一般而言，这个目标没有商量的余地，但目标分配下来之后，是可以争取一些政策支持的。如：人员、物料等，需要多次沟通和争取。

主要策略是在公司总体策略和政策的指引下，制定有针对性的市场操作策略，力争做到跟公司总体的营销战略相吻合；同时最好具有一定的个性化。

二、年度市场分析报告格式

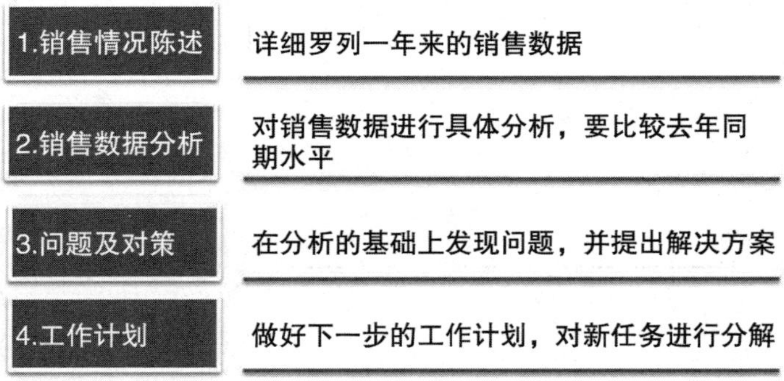

图 6－1　市场分析报告格式

三、影响零售药店市场营销的因素

表 6－1　　影响零售药店市场营销的因素

影响因素	具体内容
环境因素	1. 需求水平；2. 经济状况；3. 技术发展；4. 政治法律；5. 市场竞争
组织因素	1. 目标；2. 政策；3. 组织结构；4. 程序；5. 制度
人际关系	1. 职权；2. 地位
个人因素	1. 年龄；2. 收入；3. 教育；4. 性格；4. 志趣
利益点	1. 药店利润最大化 利润 = 每盒药品利润差价 × 销售量，主要采取以下策略： ◎ 提高药品利润差价 ◎ 增加销售量：①产品促销方式：投入广告，但费用高；人员促销，宣传力度小；②加强营业员医药知识培训，提高营业员销售技能；③增强售后服务，吸引消费者再次购买 2. 体现与同类竞品之间的药品性价比，吸引老顾客重复购买 3. 药店服务

做一做

试在前期的工作基础上，对自己的工作情况进行总结，对市场进行分析。

知识巩固

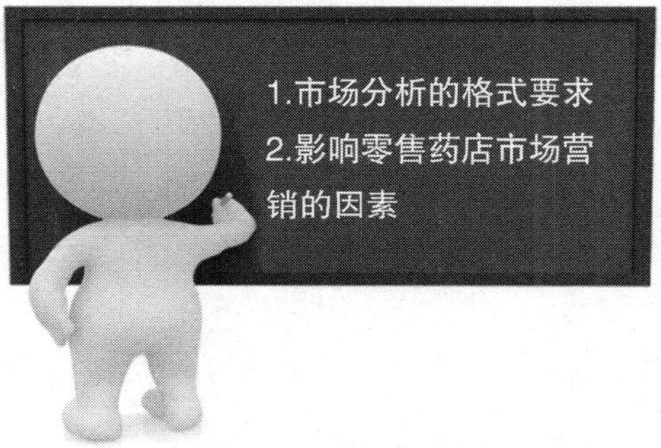

图 6－2 任务知识点

对照图 6－2，梳理自己所掌握的知识体系，并与同学相互交流、研讨个人对某些知识点或技能技巧的理解。

拓展任务

试总结医药零售代表的岗位职责。

阅读材料

阅读材料 1　OTC 代表的岗位职责

✧ 对年度销售指标分目标药店按季、月、周合理分解，并保证完成各期销售指标。

✧ 保证工作时间全部用于拜访店员、采购、店长（经理）及其他促销活动，并保持良好的关系。

✧ 执行企业、地区组织的统一的市场活动，并对结果负责。

✧ 制订针对目标药店、店员及消费者的促销活动计划，并负责执行。

✧ 负责向店员、消费者传达企业文化、产品知识，维护企业形象。

✧ 负责目标药店的产品陈列、店员首荐、POP 布置。

✧ 建立、更新目标药店、消费者的档案。

✧ 及时了解、收集竞品在目标药店的销量、活动信息，并制订应对策略汇报地区经理或零售经理。

✧ 真实、合理地使用针对目标药店、店员及消费者的促销费用。

✧ 每月按时上报目标药店的进销存报表，并对真实性负责。

✧ 保证目标药店不断货、库存合理。

✧ 与商业销售代表和医院销售代表保持良好的沟通和协作关系。

OTC 代表应具备的基本素质和能力

一、基本素质

（一）良心

我们要做一个有良心的医药销售者。零售代表是从事药品销售商业行为的工作，医药销售者也可以说是“生意人”，是生意人就避免不了“重利轻义”的陋习——为了个人的利益不择手段。药品是特殊的商品，直接关系到人的生命。因此，我们在日常推广中，不能为了扩大销量而夸大所推广药品的适应症及用药范围，隐瞒药品的副作用和不良反应，绝不为假冒伪劣药品做推广，应充分考虑患者使用药品的疗效和经济效益，不对药店店员做无原则使用或增加使用量的误导，这是医药销售者的基本道德。

只有充满爱心、做事讲良心、实事求是地推广，才能得到店员的充分信任并配合销售工作，有利于促进双方建立良好的客情关系。

（二）责任心

责任心就是对自己所做的事情负责。

首先，对家庭要有责任心。从事医药销售，家人给予了鼓励和支持，我们要努力工作，养活一家人，改善他们的生活条件，提高他们的生活品质。

其次，要对客户负责。能合作是双方信任的结果，不做有损于客户利益的事情，不能为了短期的利益而伤害客户。

最后，要对企业负责。企业付给你工资，给你提供良好的平台，不求你回报企业，至少要在自己的岗位上全心全意、全力以赴地做好自己的工作。

如何培养责任心？

1. 重视生活中的每件小事情

俗话说：“习惯成自然。”当你把责任变成一种习惯时，做事认真、负责也就渐渐地融入你的生活中，不需要他人监督。在日常工作中，经理交代的事情，不管是大事还是小事都要努力、完美地完成，遵守公司的规章管理制度也能培养我们的责任心。

2. 拒绝依赖他人

有些人习惯在工作中依赖他人，本来应该自己做好的事却处处抱怨他人。比如，销售业绩差怪产品不好，业务没谈成说是客户对产品不感兴趣等。

事实上，所有的抱怨有百害而无一利，应该认真查找自己的问题。

3. 将企业的兴亡看成自己的责任

对员工而言，只有企业发展了，员工个人才会有较大的发展空间。只有企业盈利了，个人收入才有可能相应地提高。企业的命运就是员工的命运。很多员工认为自己在为企业工作，企业给自己发薪水，这是理所当然、天经地义的事，至于企业如何发展与自己无关。

在实际工作中，我们能看到很多活生生的案例。有的企业因一直不能打开市场局面，最后公司倒闭，所有员工都得重新找工作。所以，员工与企业是“一荣俱荣，一损俱损”！

4. 不要推脱责任

为自己开脱是最原始、最基本的防御机制，我们总能听到形形色色的销售业绩不好的理由：客户不配合、促销活动没有吸引力、产品结构不好、季节问题等，从来不问自己是不是方法不对，是不是自己不够努力。勇于承担责任的人才能赢得别人的尊敬和信任。

5. 对自己的承诺负责

在日常工作中，我们总是很草率地给别人一个承诺，承诺过后，却发现自己许下的诺言很难实现，最后违背自己的诺言，使自己的可信度大大降低。

（三）自信心

销售是一份很艰苦的工作，药品销售更是艰苦。“能把药品销售做好的人，其他行业的销售工作都不会做得太差”。在药品销售中，拒绝、冷淡甚至是斥责都是家常便饭，只要对自己充满信心、时刻保持工作激情、树立一个目标、正确看待和客户之间的关系，鼓足勇气勇敢向前走，慢慢地，我们就会发现熟悉了这个行业，麻烦和困难也没有想象的那么难解决了。

另外，我们要相信自己推广的药品，相信它有良好的疗效，能缓解患者的病痛。只有相信自己、相信产品，我们才能在思想上做好准备，才敢勇往直前！

如何增强自信心？

1. 相信自己。相信自己只要足够努力、勤奋，只要自己坚持不懈，就能在医药销售行业内成为佼佼者！

2. 注重自己的着装。得体、整洁是最基本的要求，这样既可以增强自己的信心，也会给客户留下好印象。

3. 养成良好的作息习惯，让自己呈现出精神饱满、充满自信的精神状态。

4. 注重自己的语言表达能力，要热情大方、语言标准化、说话简洁明了。

5. 要摆正自己的位置和心态，我们要以合作共赢的心态和客户谈业务，要不卑不亢、平等互利地去看待所从事的医药销售工作。

6. 要相信并熟悉自己推广的药品，相信它能缓解患者的症状，能给客户带来利益。

7. 要“多跑店”，多和老业务员交流学习，多参加销售演练，锻炼自己的胆量。

二、 基本能力

（一）计划力

“凡事预则立，不预则废”。计划力是医药零售代表必须具备的能力，计划力主要表现在以下方面：

1. 有目标，能把全年目标计划分配到每个季度、每个月、每周，甚至每天的工作中，努力实现每天的目标。

2. 对于自己管辖的区域有计划性地拜访，能够制定出合理的拜访路线图。

3. 对于业务谈判的内容有计划性，事先想好谈判中可能遇到的问题，准备好答案、控制好整个销售进程。

（二）分析能力和总结能力

分析能力也可以说成是思考能力。医药零售代表分析自己的区域、区域药店的特点，分析区域消费者的消费能力，用 SWOT 分析法分析推广的产品、分析客户。要学会总结工作，今天谈判成功了是什么原因，是哪句话打动了客户，能不能在其他的业务谈判中使用；失败是什么原因，是自己的仪容、仪表不好，是自己没有把握好谈判时机，是没有很好地介绍产品，还是自己的引证没能说服客户，以后怎么改进。这些内容都要靠分析和总结，只有这样做，才能在医药零售行业越走越远、越走越顺。

（三）执行力

所谓的执行力，是指贯彻战略意图，完成预定目标的操作能力。具体到医药零售行业，就是医药零售代表要把上级领导的命令和想法变成行动，也就是把想法变成行动、把行动变成结果，最终保质保量地完成任务。

在医药销售中，尤其是新业务员，总是“想得太多、听得太多而做得太少”。在提出疑问后，经理和老业务员给出建议，没有去做就开始怀疑方法的有效性、不认可。作为新业务员，当你不知道怎么做的时候，经理和老业务员给你的方法，你先实践，做错了再及时修正，这样才会快速成长。

（四）沟通能力

沟通的对象有两个：一个是公司领导，一个是自己的客户。沟通是两方面的：一是倾听，二是诉说。作为医药零售代表，要掌握的沟通技巧不仅包括倾听和诉说，还有一些有效的谈判技巧。能够通过沟通读懂对方的意思、了解正确的信息、把握业务的切入点和时机。另外，也要通过沟通传播公司的产品信息、公司的发展前景、公司独特的运作模式来吸引客户。当然，零售代表也要在沟通中了解一些有用的市场信息和竞品情况。

（五）学习力

中国有句老话叫：“活到老，学到老。”零售代表面对的是瞬息万变的市场，以及善于学习的客户，尤其是医药零售代表，医药行业的信息、政策的变化与我们密切相关。因此，我们需要通过学习提高销售能力。医药零售代表究竟要学习哪些知识？通过什么渠道学习？

1. 要了解医学和药学的基本知识，尤其是自己所推广药品的相关疾病的发病原因、治疗方案，公司产品治疗这类疾病的独特之处等。一方面，可以通过公司的产品手册学习；另一方面，也可以通过网络了解。

以牙痛类产品为例，引起牙痛的病因大概有两种：一是胃火引起风火，二是细菌感染引起的神经性牙痛。第一种要祛火，第二种要抗菌。要研究清楚自己的产品是治疗风火牙痛还是神经性牙痛，便于对症下药。

2. 要了解整个医药行业的发展现状。可以通过行业内人士的微博、订阅《医药观察家》报、浏览 CFDA 官网等了解这方面的内容。

3. 要了解最近发生的重大新闻事件，有自己独特的观点更好。可以通过当地报纸、电视媒体了解。

4. 其他爱好，比如，时事、体育、娱乐、茶道等。

5. 学以致用。提高自己的学习能力，学习知识最终是为了在客情维护中能够作为突破口，为后续的合作提供便利。

阅读材料 2　零售药店拜访全过程示例

拜访情景一：领导不在，记主要信息

地点：杏林春大药房。

人物：店员、代表。

店员：你好，需要什么药?

代表：您好，我是××药业的×××，有几个畅销产品，看能不能和咱们药店合作。

店员：经理（老板）今天不在，你改天再来。

代表：好，请问一下经理（老板）贵姓，一般什么时候在药店。咱们是连锁药店还是单店?

店员：经理（老板）姓王，时间不一定。

代表：您方便留一下经理的手机号码吗?

店员：这个不行，给你留一个店里的电话吧。

代表：好的，谢谢您，下次来之前我先给店里打电话。您这边是怎么排班的?

店员：下午 2 点交接班。

代表：好的，谢谢您，打扰您了，您忙，再见!

拜访情景二：介绍畅销产品，达成初次小额合作

地点：杏林春大药房。

人物：店员、经理、代表。

代表：老师，您好！我是××药业的××，上次来过，王经理今天在吗？

店员：在，里面那位就是。

代表：王经理，您好！我是××药业的××，来了几次没碰到您，今天终于见到您了（递上名片）。

经理：有什么事？

代表：有几个畅销品种，看能不能和您合作（同时递上产品手册）？

经理：××药业？你们是什么公司？

代表：××药业是一家医药公司，有自己的药厂——武汉××药业，我们总代有一些品种全国招商，有自己的连锁药店××，还有自己做控销的第三终端。

经理：哦，好的。你把册子放这里，有需要我联系你。

代表：是这样的，经理，有几个在其他药店比较畅销的产品，我想给您介绍一下。像××胶囊是全国总代品种，在武汉也投放了广告，如411公交车广告、一些楼宇广告、药店终端的橱窗广告等。××胶囊实火、虚火都能祛，祛火的成分比较温和。另外，还有土党参，广东一带称为土人参，有很好的养元功效。这个药还可以治疗青春痘等，同济堂六合路药店一个月能卖50多盒。9.5元供货、零售19.8元，实行控销，1盒有10.3元的利润！以后，我们的每个产品都会做学术推广，教您的店员卖给谁、怎么卖等，有这方面的支持。

经理：好，你们是现款还是铺货？

代表：是这样的，公司规定单次拿货3000元以上的可以月结，您可以挑一些品种。我们做严格的控销，跟您做了，就不会再跟周边其他药店做。如果和周边其他药店做了，您可以终止和我的合作，我也不是今天做了明天不做了的人，不会做失信的事情。所以，金额比较少的都是现款。

经理：我还是不愿现款做，我考虑一下，要货再联系你。

代表：是这样的，经理，今天来了也不是说非要您拿多少钱的货。重要的是给彼此合作的机会。今天来这里谈了，周边的药店我暂时不会去了，您一开始对我也不熟悉，咱们从小的合作开始，您先进一两百元的货，咱们先合作，您看我日后的表现，相信诚实、努力的我能和您长期合作。

经理：你们能开税票吗？

代表：我给您的报价是不含税的，您要税票的话需要加 8 个点（全职医药零售代表是可以提供税票的，原则上，累计金额 1000 元以上开）。

经理：哦，是这样啊，今天和你们合作有什么活动吗？

代表：现在，板蓝根有“30 送 10”的活动，另外，初次合作，送货的时候给您带份神秘礼物。

经理：好，什么时候交换一下资质？

代表：您如果有备份，现在就给您带回去备案；如果没有，明天过来找您，主要是营业执照、药品经营许可证、税务登记证。

经理：好吧，明天这个时候过来，我在。

代表：好的，谢谢王经理，感谢您给了我们彼此合作的机会。您的手机号码是多少？您在其他地方还有药店吗？

经理：没有，明天准时过来啊。

代表：好的，王经理，不打扰您了，您请忙，各位老师请忙，以后请您多多帮忙，打扰了。

拜访情景三：帮助店员解决动销难的产品

地点：杏林春大药房。

人物：店员、代表。

代表：刘老师，您好！我是 × × 药业的 × × 。

店员：认识你。

代表：今天王经理不在店里？

店员：是的，你找他有事？

代表：没有，就过来看看。对了，老师，我们的小儿 × × 退热颗粒卖得怎么样？

店员：不好。

代表：奇怪了，同济堂平安店一个月能卖30多盒呢。

店员：是吗？我这边卖得不好。

代表：您都是卖给哪类人？

店员：就是卖给发热的人群嘛。

代表：怪不得您这里卖得不理想，那个店是这样卖的：只要过来买美林的人，她们都会搭1盒我们的小儿××退热颗粒，只需要说光吃美林，小孩发热易反弹，家长就会认可，吃美林反弹是家长都认可的事。原因在于美林直接作用于小儿的中枢神经，并没有从根本上解决小孩发热的病因：是外感风热引起还是体内郁热引起。而我们的中药小儿××退热颗粒就能从根本上解决小儿发热的毛病，退热不反弹，高烧吃完美林后半小时服用小儿××退热颗粒，低烧就直接吃小儿××退热颗粒，儿童医院的大夫就是这么用的。

店员：哦，明白了，这回知道怎么卖了。

代表：麻烦您多推推，下次给您带一份公司的小礼品。

店员：好的，谢谢，我尽力卖。

拜访情景四：要求店员重点陈列

地点：杏林春大药房。

人物：店员、代表。

代表：张老师，您好！今儿您当班了。

店员：是啊，你今天转过来啦。

代表：过来看看，好几次没碰到您，今儿总算碰到了。

店员：碰我干吗？见到经理就行啦。

代表：向您学习一下产品知识。

店员：得了吧，向你们学习才对。

代表：张老师能不能把××的陈列往上挪一挪啊？

店员：没事，放在哪里都是一样的。

代表：是这样的，最近公司领导要秘密检查陈列，不合格要罚款的。我赚点钱也不容易，你调到上面来吧，也方便您拿，这样双赢啊，你就做做好人好事吧。

店员：好吧，待会儿给你弄。

代表：看您也挺忙的，我自己调一下，不麻烦您啦，呵呵！

店员：好吧，你自己弄吧，摆整齐啊。

代表：没事，包您满意。

……

代表：张老师，您忙着，我还得去其他药店看看，改天再见。

拜访情景五：介绍新产品，达成销售

地点：杏林春大药房。

人物：经理、代表、店员。

代表：王经理，您好！好久不见，今天终于碰到您了。

经理：有什么事？

代表：有一件重要的事，帮您赚钱的事！

经理：别贫了，什么事？

代表：有一个产品叫杏苏止咳糖浆，上个月公司武汉单店出库3000多盒，卖得特别好，看咱们这里能不能合作，我觉得一个月卖二三十瓶没有问题。

经理：能卖那么多吗？

代表：卖得了，杏苏止咳糖浆来源于传世名方杏苏散，几百年的验方，治疗风寒感冒引起的咳嗽、痰多效果显著。这个药对小孩子吃了寒凉食物引起的咳嗽效果特别好，医院的大夫把它和午时茶配合在一起，对这种情况的患者特别有效。比如，午时茶100mL才卖3.5元，就是不要钱进回来的药也才赚3.5元，而且这种产品遍地都是，价格还透明；我们的这个产品240mL，能吃一周，卖18.5元，进价9元，您赚的也多，性价比也高。再说，咳嗽不是一两瓶就能治好的，还要巩固嘛。

经理：好吧，弄点试试。

代表：好，到时候我跟店员也说说怎么卖，其他货有要补的吗？明天一起送来？

经理：我查查……

……

代表：好的，王经理，您忙着，我明天送货过来，老师们再见！

拜访情景六：结款

月结客户，结款时间为每月的28号。

时间：本月26号。

方式：打电话或者上门。

人物：代表、经理（老板）。

代表：王经理，您好！我是××药业的××，现在方便接电话吗？

经理：哦，什么事？

代表：是这样，后天是公司约定的结款时间，这个月共进了两次货，一次200元、一次300元，一共500元，我28号上午过去还是下午过去？”

经理：才500元，下个月一起结吧。（客户还会罗列一些资金难处）

代表：当时我们约定了月结，还是按约定来吧。（公事公办）

经理：怎么这么小气，钱又不多。

代表：我理解您那边的难处，我也有难处啊。对您来说钱不多，可我这边也拖不起啊。收不回钱，公司会停止我所有的发货，还会扣发当月工资，直至收回货款。我们平时配合得也挺好的，所以，请王经理理解。（表示理解的同时诉说自己的难处）

经理：你们公司也真是的，还扣钱。后天过来吧，我一天都在。

代表：好的，那我们后天见。”（不用感谢，我们要账并不欠他什么）

批结客户情景类似，约好结款时间，带齐结款资料。

阅读材料3　零售药店市场营销案例

案例背景

某制药企业今年想开发江苏省医药零售市场，小刘是负责该区域的OTC代表。经过前期考察，当地最大的医药连锁是×××，门店数量将近

300 家，在当地享有很高的声誉。因此，小刘决定将该连锁作为重点客户进行开发。在接下来的市场开发与维护过程中，遇到了以下问题。

案例 1　零售药店市场开发

一、案例描述

小刘为了能够快速开发该连锁药店，通过别人介绍认识了 ××× 医药连锁采购部赵经理。

小刘上门拜访。初次见面，一番寒暄之后，小刘直接切入了主题。她将企业的简介、产品、政策一一向赵经理做了详细介绍，但是赵经理听后只是淡淡地说："你们的企业和产品还不错，不过另外一家企业的产品价格比你们还要低，再加上市场前景无法预测，以后有机会再合作吧。"面对赵经理的婉言拒绝，小刘尽管不死心，却没有其他办法去说服对方，只得快快地告辞离开。

面对小刘的无功而返，主管派出了另外一位经验丰富的业务员小李协助小刘开发市场，并且下了硬性指标——必须要成功。小李接到任务后，建议小刘不要像上次那样急于拜访客户。因为小刘已经拜访失败了一次，如果再草率前去，不但给客户开发带来难度，恐怕还会引起客户的反感，导致开发失败。他建议小刘先侧面对 ××× 医药连锁做一个全面了解，然后对区域内的药店市场情况进行了详细调查，写出了一份详尽的市场开发方案。拿着这份方案，小刘和小李信心十足地出发去拜访赵经理。

赵经理起初看到他俩并不十分热情，只是淡淡地应付了几句。小李见状，开门见山向赵经理介绍了随身带来的市场推广方案。从连锁药店所在市场的基本情况，如人口数量、市场规模、消费水平等，到竞品情况，如价格、存在的问题以及销量分析等，再到企业和产品的特点，以及与竞品相比的优劣势所在，不免让赵经理觉得这个业务员水平不一般。方案的最后，小李还为赵经理如何推广该产品提供了一些具体的建议，包括：详细的定价、促销方法、企业投入与扶持、公司需要投入的资源和投入产出比等。赵经理看着小李这份完整而详尽的市场推广方案，听着他头头是道的讲解，频频点头，最后郑重地表示要考虑合作的事宜。

二、案例分析

同样的企业，同样的产品与资源，同样的开发对象，小刘开发客户时为什么会失败？原因就在于她只是就产品而推产品，就企业而推企业。而小李之所以能够成功，就在于他前期做了充足的准备工作，通过市场调查，向客户提供了一套行之有效的、完整的市场推广方案。客户看到这么有吸引力和可操作性的方案，对产品的前景充满了信心，于是心动了！

如何让药店采购经理动心呢？那么销售代表必须要了解零售药店关注的利益点所在，主要包括以下三个方面：

（一）力争使药店利润最大化

利润 = 每盒药品利润差价 × 销售量，提高药店利润的策略主要有：

1. 降低供货价，提高药品利润差价；

2. 增加销售量：①产品促销方式：投入广告，但费用高；人员促销，宣传力度小；②加强营业员医药知识培训，提高营业员销售技能；③增强售后服务，吸引消费者再次购买。

（二）体现与同类竞品之间的性价比，引起客户的兴趣；

（三）为药店提供额外服务，例如免费为营业员培训产品知识。

案例 2　零售药店市场客情维护

一、案例描述

【情境一】

一天，小刘来到某门店例行拜访。为了拉近与客户之间的关系，小刘特意拿了些公司的小礼品——印有公司标志的碳素笔，准备给店里的营业员发一发。推门进去后，发现店内有 4 个营业员当班。在简单寒暄之后，小刘就从包里拿出笔，给每个营业员发了一支。

这时一个营业员说：“你们家的笔好用，多给点吧，况且还有别的人没来呢，给她们留几支。”

小刘马上回答说："这个笔的数量都是有数的，随便给的话，我就不够了，还有其他店呢。等您用完了，下次我再送来。"

听完小刘的话后，说话的营业员一脸不屑地说："你们这么大的企业还在乎这么几支笔，人家那个××公司每次都是送一把。"

小刘虽然心里不愿意，但是碍于客情关系，还是从包里又拿出了几支笔，递给了那个营业员，心里盘算着接下来的几家店怎么办？

【情境二】

一次，小刘去拜访某门店，顺便带了家乡的特产——烧鸡，想送给店长，顺便拉近一下关系。进门后，小刘看到店长后，双手把烧鸡送给了她："这是我们家的特点，专门送给您尝尝。"这时店内人不多，几个当班的营业员都将目光投了过来。店长马上推回到小刘手里："这个我不能要，你赶紧拿回去吧。"说完转身就忙活去了。小刘尴尬地站在那里，不知所措。

二、案例分析

从以上两个情景中，我们可以看出，小刘犯了一些很明显的错误，主要包括以下几个方面：

（一）没有合理发挥小礼品的作用

小礼品是企业专门为销售代表准备的、在拜访时可以拉近客情关系的工具，这样做的最终目的是为了让营业员记住你，从而在向消费者推荐时可以想到我们的产品，最终提升销量。可是小礼品该怎么用呢？送给哪些人呢？与我们产品销量挂钩的人太多了，是每个人都要送吗？试想一下，如果每个人都送，不仅成本大，也会降低了小礼品的作用，达不到培养客情的目的。所以销售代表在赠送礼品时，需记住"所有人员都送，就不会有人当真"。那么如何选择送礼的对象呢？一般来说，当发现产品销售量不知为何突然下降时，销售代表就需去解决这个问题，而某人正巧又是能解决这个问题的关键人物，那么这个人就是我们的送礼对象，也就是重点客户。再比如说，产品断货了或者想压点货，但是采购经理却不想采购或者不想压货，那销售代表就需要找采购经理；产品想进门店或者想成为首推品种，就需要找门店运营的经理；如果产品销量不佳，就去找一个愿意帮你卖的店员。综上所述，想要一个产品在药店里卖得好，必须要处理好两个关键人——采购和销售，只要这个渠道通畅了，产品销量自然会上去。

（二）送礼时机不对，说话也不恰当

找对了人，送礼还需找准时机和场所。所谓时机就是客户一个人的时候你拿出礼物送。当客户在和其他同事交流工作或者忙于其他事情时，销售代表是不能送礼物的。而所谓的场所，无非就是在办公室或者办公室以外。小礼品、方便收敛的礼品就可以直接带到办公室送，比较大的、比较容易被发现的，为了不给我们的客户带来麻烦，最好是要个地址，直接发快递。

如情境二所示，试想，哪个人敢在众目睽睽之下接受你的礼品呢？

说对话对于送礼而言，无疑能起到锦上添花的功效。送礼的关键就在于微妙的语言，像夏天送西瓜，有的销售代表直接拿个西瓜就进去了："请大家吃西瓜啊，这天气太热了。"很显然这些话过于平常。事实上，销售代表完全可以这样说："这天气太热了，大家上班这么辛苦，吃点西瓜大家降降暑，西瓜有清热生津的作用，号称'天生白虎汤'，大家看看有没有这么神奇！"此话一出，既达到了送礼的目的又可以消除彼此的戒心。这样一来，相关产品销售能不起来吗？因此，送礼是一门艺术，要有技巧地运用！

案例3　零售药店维价

一、案例描述

一天，小刘在例行日常拜访的过程中，发现一家非目标单体药店内的药品价格不符合公司统一定价的规定，低一元钱左右。小刘立即询问营业员情况，并提出要见经理。恰巧经理当时不在，小刘就让营业员给经理说一下，把价格调整过来。由于就发现这一家药店价格低，小刘也没太当回事，第二天，她就出差到外地了。一周后，当小刘出差回来后，接到了连

锁药店某门店的电话。

对方：你是荣昌制药厂家的销售吗？

小刘：您好，是的，请问有什么事吗？

对方：我是×××医药连锁×××的店长，向你反映个情况。今天，我们店来了个顾客，我们就推荐你家的药，人家一看价格就说高，说旁边一个小药店都比你这便宜，还连锁、平价呢？说完就走了。

小刘：是吗？那您问她那个药店叫什么名字了吗？

对方：就离我们店不远，叫×××大药房，你们厂家怎么回事，要求我们统一价格，结果人家一个小药店价格比我们还低，这样严重影响我们店的声誉，如果是老顾客来买药，发生这种情况，对我们影响很大，你们赶紧解决一下，要不我们店以后不进这个货了，反正卖什么都一样。

小刘：店长，实在不好意思，这是我工作的疏忽，我现在就去了解一下情况，然后争取今天就把问题解决掉。放心，我一定给您满意的答复。

对方：好吧，那你抓紧时间。

小刘：好的。给您带来麻烦真是不好意思。

小刘放下电话后，立即赶到×××大药房。一看，正是自己一周前发现的那家药店。正好药店经理在，小刘与其进行了深入的交谈。沟通之后，小刘大致了解了情况，由于这家药店属于非目标门店，并非在拜访计划中，所以小刘平时没怎么来过，仅去的那一次，碰巧经理还不在，营业员也没把小刘的话跟经理讲，经理不了解这个产品的定价该是多少，于是就参考连锁的价格，稍微定低了点，这样好卖些。了解了这些情况之后，小刘向经理讲解了一下产品的相关信息，讲明公司的销售政策、统一定价政策，并说明了乱价导致的后果。经理当场表示按照定价调整价签，并提出要些小赠品，小刘表示下次来的时候，给带一些公司的赠品来，最后又跟营业员交流了一会，重点对产品的卖点和价格做了一番强调。

解决了这个问题之后，小刘又赶到了连锁门店，找到店长说明了情况，再一次表示了歉意，并对店长提出感谢，希望以后有意外情况的时候也能与销售人员及时联系。

几天后，小刘再次来到那个小药店，查看价格情况，并带来了事先许诺的赠品，经理很高兴，承诺以后绝对不会再有此事发生，希望厂家有什么活动的时候也能照顾到小药店。

二、案例分析

分析整个案例过程，一开始小刘的做法有欠缺，当发现辖区内有药店乱价时，没有立即解决，把隐患消灭掉，结果导致连锁门店的声誉受到影响、客户提出异议，幸亏后来小刘的行动比较及时，在接到反馈电话之后，立即与乱价药店经理进行沟通，再讲明公司政策等情况，使对方自主改价而不是被逼改价，并能做到后期的跟进，这种解决问题的方式是正确的。事后，小刘又及时与连锁门店店长沟通，抚慰对方的情绪，这种态度是真诚的，很容易打动对方，得到对方的信任。

那么，OTC 产品，尤其是品牌产品，在零售终端市场为什么会乱价？主要原因如下：

药店以品牌产品降价促销来增加门店客流量；产品的市场供货价格与其市场最高零售价之间价差较大（这是 OTC 品种普遍存在的现象），给零售药店提供了很大的降价空间，导致许多 OTC 品牌产品在药店的实际零售价格远远低于其标准零售价格；渠道价格不稳定，导致药店进货价格差异性大，从而导致零售价格的不一致，进而引发药店之间被动的价格竞争；品牌产品营销团队缺乏与零售药店，尤其是单体药店之间必要的交流和沟通，导致部分单体药店随意定价，扰乱市场秩序。

如何才能做好 OTC 品牌产品在药店终端的维价工作呢？

（一）稳定渠道价格

要想 OTC 品牌产品在终端药店的价格稳定，前提是其渠道价格的稳定。只有渠道价格相对稳定后，终端价格秩序才不会乱，才有可能真正实现价格的统一。

（二）提高终端的信心

在药店终端的维价问题上，首先需要企业营销团队自上而下的高度重视和理解，这是终端维价工作能够顺利开展的基础。在零售终端的价格维护中，市场营销人员要清楚地意识到，确保药店合理的利润是前提。企业市场人员要保持与零售药店经常性的沟通、交流和彼此营销理念的渗透、融合，以利于彼此间合作的顺畅，提高零售终端的维价信心和合作意愿。

（三）加强对市场的监管

作为销售人员，不仅要完成公司的日常考核，也要关注辖区内市场的整体情况，即不能只对目标药店进行维护，还要对其他非目标门店进行关注，以免出现如同情境二中乱价的情况，扰乱市场，减弱现有经营者的信心。

案例4　零售药店营业员培训

一、案例描述

在多次的例行拜访中，小刘遇到了这样一些情况。店里来了买药的顾客，营业员向其介绍产品时，由于不熟悉每一种产品的特点，在向顾客介绍的过程缺乏有针对性的推荐，有时对顾客提出的疑义也无法解决，导致顾客放弃购买，或者没有购买到对症的产品。

一次，小刘在店里遇到这样一件事。有顾客来买药，说是胃疼，营业员简单问询了一些胃疼的症状，就向其推荐了荣昌的仕卫。

顾客看了一眼，问道：好用吗？

营业员：当然好用了，这是我们店现在卖得最好的。

顾客拿过来看了看，说：没听说过这个厂家啊！

营业员：这也是大牌子的。

顾客：算了，我还是买三九胃泰吧。

营业员：其实三九胃泰也就是个广告产品，跟这个都差不多的。

顾客：你这胃药太多了，都挑花眼了。我也就是胃不舒服，以前都喝三九胃泰，其实不吃药也行。

营业员：现在的胃病都可大可小的，疼起来还是很厉害的，尤其一开始的时候，必须要控制住，还是吃药省事，你就拿着我说的这个吧，效果很好。胃疼跟饮食、生活习惯有很大的关系，您是不是经常胃疼？

顾客：不经常，偶尔。

营业员：现在人的工作、生活压力都很大，什么毛病都有，您看看再买点保健品，保护一下胃。

顾客：现在不都流行食补吗？喝这些东西，又贵，效果也不见得那么好。

营业员：您试试就知道了，一个疗程肯定有改善，而且也不贵，平均一天也就几十块钱。

顾客犹豫了一下：算了，还是三九胃泰吧，放心。

营业员：那您随便吧。

顾客结账走了。小刘走过去与营业员进行了简单的交流，发现营业员对仕卫产品不是很熟悉，尤其是产品的卖点，更是说不上来，于是就出现了前面发生的一幕。小刘联想起自己产品的销售量一直提不上去，是不是也是这个原因？小刘立即找到店长，与其进行了沟通。店长也向其倒起了苦水。由于现在的营业员很多不是药学专业出身，有的甚至连 OTC 是什么都不知道，更别谈销售技巧了，企业也在为这个事烦恼，为此举办过多次培训班，但是效果微弱，因为一次培训太多，根本记不住。了解到这些情况之后，小刘向店长提出请求，以后的每次拜访中，在允许的情况下都要对营业员进行短时的产品知识和销售技巧培训，店长很高兴地答应了。如此，小刘经过两个月左右的努力，通过对所有药店营业员的培训，使大家记住了产品的卖点。功夫不负有心人，产品的销量终于实现了增长。

二、案例分析

在这个案例中，小刘能够通过细节观察，及时发现问题，并能积极想办法解决，这是作为一名 OTC 销售代表应该具备的基本素质。她在发现很多营业员的专业知识不充分，尤其是不能准确掌握店内上百种产品的卖点，销售技巧更是无从谈起后，能够马上与自己的产品销售联系起来，采用对营业员进行培训的方式解决问题，这种做法很好，也深受客户的欢迎，充分说明了 OTC 代表在拜访过程中对营业员进行培训的必要性。

曾有调查显示，药店店员对消费者购药的影响仅次于电视广告，而且优于其他宣传手段。由于绝大多数消费者对药品及其相关知识不懂或知之甚少，当店员向其推荐某种药品时，约有 74% 的消费者会接受店员的意见。因此，在药品零售市场上，药店店员就成为了连接企业与消费者的纽带。随着医药卫生体制改革的深入，药品生产企业与零售企业会利用优势互补，进行强强联合，店员培训活动的开展将会增加两者的深层合作。由此，许多企业认识到拓展零售药店、培训合格的药店店员已成为竞争中有效的营销策略。

那么，店员不能主动向消费者推荐药品的原因有哪些呢？体现在以下三个方面：

（一）不具备过硬的专业知识，不能充分了解所推荐的药品，所以没有信心正确指导顾客购买使用；

（二）不了解该产品的生产企业情况，不敢随意推荐；

（三）企业的医药代表与药店店员未建立良好的关系。

而消费者没有接受店员推荐药品的主要原因有：

（一）店员的专业知识不够，对所推荐的药品，患者不能明了；

（二）产品品牌不响，企业无知名度；

（三）产品的价格偏高，不能承受，只好选择其他品牌；

（四）店员的服务态度和服务质量较差，很难与消费者交流；

（五）明显夸大其辞的宣传，引起了消费者的反感。

OTC 代表对营业员进行培训，应该包括以下方面的内容：

（一）企业介绍，可以发放企业、产品的宣传资料；

（二）针对零售市场销售品种，进行公司产品及相关医学背景知识介绍；

（三）销售技巧的培训，尤其是在销售过程中的常见问题；

（四）与该类疾病对应的养生保健方面的常识。

阅读材料4　零售药店促销活动方案

案例1　药店“十一”黄金周促销方案

一、案例描述

【活动背景】

药品超市是××市医药连锁第一家、也是最大的药店，人员素质比较高，地理位置十分优越，处于××市最为繁华的闹市区，周边居民以本地居民为主，对价格比较敏感，市场成熟度比较高，对营销手段的刺激反应相对比较迟钝。

××店是××医药连锁新开的一家药店，刚刚进行了开业大型促销活动和简单的中秋促销活动。活动期间所购买的营养品和保健品应该没有被消化完毕，活动对消费者的刺激性应该不会很强。但鉴于上次活动期间，重复购买性比较强，来客总人数并不多的实际情况，也有一定的市场拓展空间和可能。

为拓展和进一步稳定药品超市和××店在当地商圈中的市场形象，传递药品超市在经营品类上的变化，同时，根据国庆节走亲访友、外出旅游较多的特点，特制定本活动策划方案。

【活动时间及主题】

时间：××年10月1日—10月7日，共计7天

主题：“国庆聚惠，七喜临门”

活动门店：药品超市、××店

【活动主要形式】

（一）来就送，百样奖品任你猜

活动期间，每天前100名进店购物者，购物金额超过8元者，凭小票

和号码牌，可参加“百样奖品任你猜”活动。活动规则是准备一百样奖品，主要从现有赠品库中准备，根据奖品情况制成有编号的看板，客人可以根据未揭下号码情况，在小票上写下自己选中的号码，由工作人员撕开该号码位置，背后写的什么奖品就获得什么奖品。总金额控制在 1400 元 (7 天、单店)，两店合计 2800 元，仓库不足部分用小包心相映纸巾补足。最高奖项为 1. 8L 金龙鱼调和油一壶。在使用时须收回小票和号码牌，不能同时参加其他活动。

（二）满意“溢”送

满 38 元送 90g 高露洁牙膏 1 支（从现库存中准备，不足部分从超市调配）；

满 78 元送 900mL 立白洗洁精或 10 元现金抵用券；

满 128 元送 1. 28 升海天金标酱油；

满 198 元送威猛先生厨房重油污去污剂或 20 元现金抵用券；

满 288 元送香满园珍珠大米一袋（5kg）或 30 元现金抵用券；

满 398 元送金龙鱼调和油一桶（2. 5 升）或 40 元现金抵用券。

仅限单张小票，特价、DM 商品和医保刷卡除外。所有特价商品均会用惊爆签的形式贴在货架商品上。现金抵用券面额为 10 元，须在活动期间使用，每次购买仅限使用一张现金抵用券；使用现金抵用券时不现金找零；使用现金抵用券不得购买特价、DM 商品、处方药。

参加本活动时须收回小票。

（三）超值换购

在享受其他优惠的基础上，

每购物满 18 元，加 1 元，换雪肤莱面膜（海洋冰泉醒肤型）1 贴；

每购物满 28 元，加 5 元，换 500mL 美露华植物润肤洗手液 1 瓶；

每购物满 58 元，加 8 元，换 400mL 沐浴露 1 瓶；

上述金额可多张小票累计。换购时，不收回小票，仅在小票上进行标识，不影响参加其他活动。

（四）限时超低卖

主要是牛黄解毒片、伤风感冒胶囊等 1 元之内的药品，准备 10 种左右，原则上按照 1 元 10 盒左右的价格随机限时销售，并配合现场广播宣传。每次限时30分钟，每次间隔30分钟，每次限时超低卖为10个品种。事先录制好，打印好目录，随时播放，并发放目录，以买单小票时间为准，发放新目录时同时收回上次目录。

心脑血管病等知名常用药品准备20个左右，按照5折左右随机限时购买，并配合现场广播宣传。每次限时30分钟。

感冒、消炎、妇科类药品各准备5种左右，按照5折左右的价格随机限时销售，并配合现场广播宣传。每次限时30分钟。

限时超低卖以买单时间为准，首轮限时抢购在“来就送”活动进行完毕后开始，每次间隔10分钟，每次限时抢购5种商品。

（五）多购多实惠

全场参茸（同仁堂产品不参与）、滋补用品、日化用品多购多实惠，购买第二件一折起惊喜价酬宾。全场家用医疗器械八折起。

（六）随机礼品大派送

根据现场情况，不间断推出附带条件的随机送活动。一般要求购买金额达到188元以上，在享受已有礼品的基础上，在事前10分钟开始公布，确定一个时间段（2分钟内）达到一定金额后，随机送出对应的礼品。

（七）免费测血糖、血压，免费用药咨询。

【DM商品】

（一）医疗器械

具体产品略

现场还有更多惊喜礼品奉送！

（二）限时抢购商品（红字为DM单品种，涂绿的为多频次限时抢购的品种）

具体产品略

（三）参茸滋补用品

具体产品略

（四）美容日化用品

具体产品略

（五）营养品

具体产品略

（六）非限时抢购的特价商品

具体产品略

（七）保健品区

注意事项：增强消费者疗程意识，提高单品销售量

（八）化妆品区

注意事项：增强消费者疗程意识，提高单品销售量

（九）家用器械区

注意事项：仔细向其介绍各项设备的使用方法，寻找销售商机

（十）免费测量区

主要负责：免费测量血压、血糖，根据测量情况向客户提出健康建议

重点：推荐参茸、医疗器械和保健营养品

各区责任人和主要工作人员自行确定。

【广告宣传】

（一）门前横幅和电子显示屏宣传。自即日起，文字为："国庆聚惠，七喜临门，××医药10月1日—7日特大优惠风暴席卷××！"

（二）DM宣传单：在9月28、29、30日在周边人流量较集中的市场散发传单。

（三）现场广播。广播内容另附。

（四）现场便携式广播促销。内容由各片区负责人自主确定。

（五）9月29日开始，在门前展牌促销。主要内容同DM单，站立于门口两侧。

（六）POP和特价牌宣传。

（七）全场气球烘托气氛。

（八）市电视台和电台宣传。文字另附。

（九）29日起在收银台附近树立换购商品展示墙，在药超店商场内门外建立礼品展示墙，在××店副收银台橱窗内建立礼品展示墙，并写明换

购条件和礼品兑换条件。

【活动时间关键点安排】

9 月 21 日中午 12 点前，采购人员将所有 DM 商品及价格给××。

9 月 21 日下午 1 点前，×××将确定后的所有 DM 商品及价格给×××，用于设计 DM 单。

9 月 21 日下班前，××××或者广告公司必须将 DM 单设计初稿发给××××校对。

9 月 23 日 8 点，××××将校对后的 DM 单初稿反馈给各采购核对商品及价格信息。同时，根据需要进行产品图片的拍摄。

9 月 23 日下班前，各采购将商品及价格信息核对情况以及补充的产品照片反馈给×××。

9 月 24 日 9 点前，××××将 DM 单初步意见反馈给××××或者广告公司。

9 月 24 日下班前，确定 DM 单正式文稿，开始印刷。

9 月 25 日下午 2 点前，××××将电视台和电台广告稿给××××，确保 9 月 29 日可以开始播放。××××将 10 元面额的现金抵用券设计样稿给××××，现金抵用券须注明使用时间、使用规则、有效条件。有效条件为公司公章、公司负责人签名、门店店长签名。

9 月 26 日下午 2 点前，××××将 10 元面额的现金抵用券正式确定稿给××××，并正式进行印刷。总金额按照 4000 张（药超、××××及其他药店共同使用，以店长签名为识别标志）进行准备。

9 月 27 日，准备好来就送全部礼品清单。按照 7 天，700 个最小单位为准备标准。责任人：××××、××××。并负责制作展示看板。共准备七套资料、一个看板。资料包括礼品名称和号码牌。

9 月 28 日上午 12 点前，拿到 DM 单和现金抵用券。责任人：××××。

9 月 28 日上午 12 点前，××××将内部广播稿准备完毕，交××××进行录音。

9 月 28 日，进入最后调整期，主要是确定促销品的摆放位置，关联商品的摆放位置，做好促销商品的数量预计和补充。责任人：××××。

9 月 28 日，做好活动礼品的到位准备。责任人：××××。

9 月 28 日晚起，DM 单开始分区、责任人发放。责任人：门店店长。DM 共计 3000 份，21 日发放 2000 份，活动期间发放 1000 份。

9 月 29 日，开始设立奖品墙和换购墙。

9 月 29 日中午下班前，××××将内部广播电子版制作完毕交给××××。

9 月 30 日 12 点前，完成对所有电脑系统价格、打折权限的调整，并进行测试。责任人：×××、××××。

9 月 25、26、27、28、29、30 日，分批对店员进行促销前的最后培训。并在下午交班时在门店召开动员会，全体参加人员与会。责任人：××××。

9 月 30 日，写好惊爆牌和促销 POP，并写好参茸的主要功能 POP、药品关联销售 POP。文字稿由××××在 9 月 29 日下班前准备好给××××。

【活动期间现场安排】

（一）礼品换购区

主要负责：对来往行人发放 DM 单；发放活动促销物资。

注意事项：事先财务章会计须清点奖品，发放奖品时由其收取小票，活动结束后与章会计进行二次清点；奖品发放条件和游戏规则用 POP 纸另行写上。

（二）收银区

主要负责：收银；监督购药者买单，并根据换购条件提醒客户进行换购，并实施换购活动。

注意事项：防止已经买单者二次进场，建议准备订书机，对已经买单人员，连同小票一起钉起来，并用红色油性笔进行明显标记。

（三）处方药促销区

主要负责：处方药的促销。

注意事项：在强调对症用药的基础上，增强长期用药者的家庭备药意识，或者疗程意识，提高单品数量，并做好与保健品和医疗器械区域关联销售的推荐工作，对有意向的顾客及时与保健品区域责任人××××或××××联系，请其接待。

标准用语：“您这是中老年常见病，只用药，会逐步产生赖药性，建议您平时用点保健品，今天我们保健品优惠酬宾，您可以过去了解一下!”“××××（××××）药师，这边有一位顾客需要购买……，请接待一下”。

（四）OTC 药品区

主要负责：药品性质的 OTC 的促销。

注意事项：要以季节变化，疾病频发为由，建议在数量上有所增加；以治病不如防病为由，推荐顾客购买保健品或者参茸贵细。

标准用语：“我们很多品种都是负毛利促销，现在季节变化，建议您多买点备在家里!”“您是不是经常感冒（过敏）？建议您服用点保健品（医疗器械），今天也在优惠酬宾”“××××（××××）药师，这边有一位顾客需要购买……，请接待一下”。

（五）保健功能 OTC 区

注意事项：主要是强化疗程观念，提高单品的销售量。

（六）参茸品区

主要负责：参茸中药材的销售。

注意事项：增强消费者疗程意识，提高单品销售量。

（七）保健品区

主要负责：保健品的销售。

注意事项：增强消费者疗程意识，提高单品销售量。

（八）化妆品区

主要负责：日用品、化妆品的销售。

注意事项：增强消费者疗程意识，提高单品销售量。

（九）家用器械区

主要负责：家用医疗器械的销售。

注意事项：仔细向其介绍各项设备的使用方法，寻找销售商机。

（十）免费测量区

主要负责：免费测量血压、血糖，根据测量情况向客户提出健康建议。

重点是推荐参茸、医疗器械和保健营养品。

各区责任人和主要工作人员另行确定。

【所需物资和支持】

（一）车辆一辆

用于接送往来支持人员，紧急补货。责任人：××××

（二）就餐

建议事先预定盒饭。责任人：××××

（三）红色油性笔两支

收银组用。责任人：××××

（四）订书机两个

订书针两盒。收银组用。责任人：××××

（五）收银备用金、备用收款机

收银组用。责任人：××××

（六）长条桌三张

用于放置促销品和换购品。责任人：××××、××××

（七）POP纸和爆炸牌

按照各100个准备。用于促销品的装饰。责任人：××××、××××

（八）便携式麦克风两个

责任人：××××

（九）其他

气球1000个，来就送礼品展示牌（一个展板、七套礼品标示、七套号码牌），打印机一部，关联销售提示POP和参茸功能POP。责任人：××××

【人员分工】

（一）策划组

负责整个活动的策划工作。主要责任人：××××、××××、××

××，××××负责限时抢购和随机礼品大派送的事先文字稿的准备和播音工作，同时负责药超店与收银等岗位的工作衔接，××××负责该项工作的统一协调。

（二）后勤保障

负责整个车辆的调度和就餐、安全、考勤和促销纪律的监督。负责人：××××、××××

（三）促销商品和物资保障

负责促销商品、促销品和换购物资的准备和调度，以及厂家额外临时促销政策的协调。责任人：××××、××××，店现场由××××统筹后与××××联系，重点是做好药超店××××供应商的谈判，要求进货折扣控制在 5 折之内。

（四）促销现场管理

主要责任人：××××、××××、××××、××××

（五）信息、音响设备

保证及时维护、指导使用。责任人：××××

（六）促销 POP

根据促销需要及时更换促销 POP。责任人：××××

【目标指标】

总体目标：35 万（药超）、10 万（××××店）

第一天：7 万（药超）、2 万（××××店）

第二天：5 万（药超）、1.8 万（××××店）

第三天：5 万（药超）、1.7 万（××××店）

第四天：5 万（药超）、1.3 万（××××店）

第五天：4.8 万（药超）、1.2 万（××××店）

第六天：4.5 万（药超）、1 万（××××店）

第七天：3.7 万（药超）、1 万（××××店）

各区域占比：处方药区 10%；OTC 药品区 10%；OTC 滋补品区 10%；参茸区 13%；保健品区 45%；化妆品区 5%；器械区 7%。

【奖励政策】

（一）分区任务为指导性任务

（二）整体完成任务，全体人员聚餐 1 次

【其他事项】

（一）营运部负责通知各门店

活动期间，有紧急事务需要总部处理的，请直接手机联系，并告知主要人员的手机号码。

（二）促销纪律

凡促销期间需要离岗的，需经各区域负责人同意后，再报××××经理同意，任何人不得擅自批准人员离岗，否则，一律按照全天旷工处理。

（三）后续工作

在活动最后一天需要制作出会员宣传广告。制作要求在 10 月 6 日前完成，稿件内容在 9 月 28 日前由××通知×××，××××在 9 月 29 日完成初稿设计，30 日确定正式稿件，为写真材料。10 月 5 日前制作完毕。

【费用预算】

略

二、案例分析

促销作为药店营销体系中不可或缺的一个重要环节，具有树立品牌形象、拉动销售、提升毛利、润滑供商关系等重要作用。药店的促销活动具有普通零售业促销活动的特性，同时因为其经营的商品为特殊商品，也具有一些独特的方面。促销活动的策划是从事零售行业的一个不可或缺的技能，一个周密的药店促销方案既能给顾客带来好处，又能给药店带来利润。

本促销方案制定的详实、周密，如：

（一）活动背景

作为促销活动的必要性，写得充分具体；

（二）促销主题、促销时机、促销方式等清晰明确

（三）人员职责明确

活动中人员配置合理，相关责任人的具体工作范围、职责明确，各司其职才能保证整个活动如期顺利展开。如果职责不明确，促销活动期越长，越容易在促销过程中出现某一环节的失控：如，活动某一天断货、断礼品、礼品丢失，促销期出现意外事件却不知应由谁具体负责处理或联系不到该负责人……

（四）货品配置齐全

商品、赠品准备充足，并明确赠品的赠送原则。找出常见疾病对应的畅销产品、重点产品，进行充分备货；根据活动制订的销售目标和买赠档位，将商品准备到位；根据活动宣传所需横幅、DM 单、音响、录音、POP、海报、喊话器等做好了宣传品准备。

（五）任务目标明确

方案中制定了每天销售任务目标和各类重点销售产品，在活动开始前针对首推商品进行专业知识及产品卖点重点培训，让员工在销售过程中引导顾客方向明确，使员工交易成功率快速提升，销售自信心大大增强。

为了更好地执行活动，同时还应采取一系列鼓励措施。如有的药店推行包括利润分享、星级店长员工评价体系、月度 PK 机制和总结表彰（荣誉 + 利益激励）的措施。通过激励，能最大限度调动员工积极性和参与度，保障促销执行。

案例 2　3 家药店促销方法分析

一、案例描述

【A 药店】

此连锁药店在开业 6 周年之际，开展促销活动，依托总公司全国联合采购的优势，减少了中间环节，以更低的价格、更好的环境，更优的服务欢迎新老顾客。

排队送：门店促销活动期间，每天上午 8：00 至下午 16：30，排队的

前100名年龄在45周岁以上的顾客，消费金额满8元，凭个人身份证、当日购物收银小票和排队序号，可免费领取1.8L金龙鱼色拉油一桶。

买就送：购物满8元送透明皂一块；购物满18元送洗衣粉一袋；购物满38元送洗洁精一瓶；购物满68元送优质毛巾一条；购物满128元送1.8L金龙鱼色拉油一桶；购物满238元送2.5L金龙鱼色拉油一桶。

幸运抽大奖：购物满38元可凭购物小票获得一次抽奖机会，多买多抽，中奖率100%，奖品包括液晶电视、电火锅等。凡抽奖者不再同时享受购物分级送的活动。

【B药店】

此药店在"3·15"消费者权益日开展了"有理更有'礼'"的促销活动。

谏就送：凡在活动期间提出合理化建议的顾客，均可获得礼品一份。

填就送："3·15"当日，顾客均可领取一份"服务质量有奖调查活动表"，填好后交回，可获得"好口杯"一个。

买就送：购物满38—68元送香皂一块；购物满68—98元送毛巾一条；购物满98—118元送抽纸一盒；购物满118—148元送洗洁精一瓶。

【C药店】

这家是新开张的药店，开业期间举行促销活动。

排队送：开业前两天每天上午9：00和下午17：00排队的前100名顾客，送50元购物券（在本店购满100元药品，方可抵用）；后300名送20元购物券（在本店购满50元药品，方可抵用），限购品种除外，每人限领一次。

满就送：购物满20元，凭宣传单剪角和购物小票可抵交通费2元，每人限抵一次；凭医院处方到本店购物满48元，可抵处方费5元，每人限抵一次；购物满18元送小礼品一份；购物满48元送雕牌洗衣粉一袋、雕牌皂一块；购物满88元送雕牌洗衣粉两袋及佳洁士牙膏一支；购物满158元送1.8L金龙鱼色拉油一桶。

二、案例分析

这三家药店都发挥了各自的优势，采取的促销活动、促销方法各有千秋。A药店的排队送，吸引了一部分习惯于早睡早起的中老年人，又使这部分中老年人相聚在一起，边排队，边谈天说地，既打发了时间，又得到了实惠。B药店利用“3·15”的机会，意图征求顾客意见，以便今后更好地为顾客服务，这种做法值得提倡。C药店的“来就送”，发放购物券，既扩大了本店的销售，又制造了营销气氛。

但这三家的促销活动仅停留在吸引顾客上，只是增大了当期的销售成果，而没有在培养忠诚顾客这个问题上做文章。各个药店开展促销活动的时候，正是建立药店良好形象、拉近顾客与本药店的距离，进行双向沟通的良好机会。一定要抓住这个机会，进一步掌握顾客的购买动机，更好地为顾客提供治疗疾病、康复保健的信息，提供健康生活的多元服务，培养长期顾客，建立忠诚顾客的坚实基础。在活动的同时，应当建立顾客档案，如顾客的姓名、性别、年龄、住址、联系电话、疾病史、用药习惯等，建立一个完整的顾客管理系统，为药店今后开展专业的药学服务、药品促销有更加明确的目标顾客打好基础，这才是药店做促销活动的起点和终点。

案例3　方案相同，为何效果迥异

一、案例描述

浙江省台州市的A药店和B药店同处一个商圈，经营面积也相仿，两家药店在5月1日—5月2日各自都进行了“购物二元送鸡蛋”的促销活动。有趣的是，两家企业拿到的是同一份促销方案，然而出人意料的是，促销效果却有天壤之别。通过表1数据比较可以看出，同样是两天的活动，而且是同样的活动方案，B药店销售额是A药店销售额的4.6倍、毛利是药店的10.35倍、净利润更是相差显著。

表 1　　两家药店促销活动数据

项目	A 药店	B 药店
主要服务商圈	C 社区 + D 社区	C 社区 + D 社区
社区大约人口数	10000 人左右	10000 人左右
居民消费水平	同一水平	同一水平
药店门面	4 个门面	4 个门面
柜台布局形式	OTC 开架式	全部闭柜式
药店属地性质	属市级连锁，在当地县城属外来品牌连锁	属当地知名单体品牌店
活动主题	购物 2 元送鸡蛋 1 个	购物 2 元送鸡蛋 1 个
活动期间投入的人员	12 人	15 人
活动前期的宣传方式	以 DM 单为主	DM 单和电视字幕广告结合
活动前期开始宣传的时间	提前四天开始宣传	提前两天开始宣传
赠品费用	6000 元	40000 元
其他费用	2000 元	5000 元
销售额	50000 元	230000 元
销售毛利	10000 元	103500 元
员工奖励或提成	1000 元左右	5000 元左右
活动期间的费销比	0. 22:1	0. 217:1
活动期间的净利润	-1000 元	53500 元

那么同样的促销活动方案，为什么促销效果迥异呢？对二家药店此次促销活动的准备和执行过程进行了调查。

【活动前期准备】

A 药店和 B 药店在活动前期的准备工作上存在以下差异：

（一）活动前期宣传

A 药店在活动的前期宣传上选择的方法就是 DM 单加上门店玻璃海报、门店横幅，虽然提前四天就进行了活动单的发放，但是活动的宣传方式还是略显单一，现在的 DM 单常常是你在前面发，转身就被人丢了，而且 A

药店对 DM 单的发放线路、发放时的话术都没有进行统一的安排，DM 单虽然印刷了 3 万份，但消费者通过看了 DM 单来店消费的数量没有做统计。

相比 A 药店，B 药店的前期准备工作就做得比较细致了，他们在宣传方式上除了 DM 单、店头海报、横幅外，还增加了店头遮阳棚、当地电视台的字幕广告，虽然是个小县城但是由于地域文化的特点，当地上了一定年纪的老百姓都很喜欢看当地电视台的节目，这样就使 B 药店比 A 药店在宣传渠道上多了一条途径。

虽然 DM 单的印刷数量 B 药店比 A 药店少 2 万份，但是他们在发放路线上做了细致的规划，周边商圈 800 米范围内有 8 条大马路、15 条小巷、2 个大社区，社区中有 52 幢楼、208 个单元、1248 户人家，门店定编员 6 人，谁发哪条马路、谁发哪个社区、谁发哪幢楼、谁发哪个单元、谁发多少数量等都作了细致的安排，力求 DM 单的发放准确、有效，同时他们还在 DM 单的右上角剪角增加了“凭海报剪角可免费领取一份精美礼品字样，”这样就增加了消费者保存海报的必要性。

对于 DM 单如何发给消费者，B 药店也做了细致的规定：首先 DM 单给顾客时要递不能硬塞，DM 单递给顾客的同时要说话，不能不声不响，要告诉顾客最简洁、最突出的活动主题，最后要告诉顾客药店的方位、地址；药店的 DM 单发放话术是这样设计的：阿公（阿婆、叔叔、阿姨等称呼），5 月 1 日至 2 日我们药店有买二元药品就送一个鸡蛋的活动，到那天你们不妨去看一下，另外凭这张海报的剪角还有一份精美礼品好送，吉加、压士达、脑络通、达美康等一百多个药品全县最低价，地址就在……

（二）员工活动培训

B 药店在促销活动开始的前两天专门组织所有参加活动的员工进行了礼仪培训、营业员一句话话术培训、收银员一句话话术培训、赠品发放人员一句话话术培训、模拟销售演练培训等。

譬如：碰到购买二甲双胍、格列齐特、达美康、拜糖平的顾客，营业员一句话话术的培训为：我建议您和“蜂胶”搭配着吃会使您的血糖控制得更好；碰到来买感冒药又说自己经常感冒、体质不好的顾客，营业员一句话话术培训为：我建议您平时吃些 VC 片，这对增强您的体质有帮助。

针对收银员的一句话话术培训为：当顾客付款时，收银员首先要主动提示促销活动内容，当顾客购买金额不够赠品金额或离更高赠品金额还差一点时，收银员应主动提示顾客：您的消费金额为××元，还差××元，就可以送××个鸡蛋了，您看你是否再买点东西?

针对赠品发放人员的一句话话术培训为：当顾客拿了小票来领鸡蛋时，赠品发放人员应主动提示那些不能兑换鸡蛋的特价药品，然后说：您看您的小票中有的是不能兑换鸡蛋的，这样的话您离送××个鸡蛋还差××钱，您看您是否再进去买点东西?

而A药店只是在活动开始前二天发放DM单时召集员工开了个简单的动员会，在动员会上门店临时负责人和公司门管部经理将DM单内容向大家进行了宣读和解释。

（三）应对突发事件的应急预案

在应急预案上A药店只是做了遇到门店停电马上改用手工收银、手工开单、手工抄写编码的应急预案；而B药店除了做门店停电的应急预案外，还做了顾客店内跌倒、顾客人多拥挤、员工跌倒、晕倒、商品卖完断货、同行挤兑捣乱、厂家挤兑收货等应急预案。

（四）赠品的准备工作

A药店因为是厂家承担的促销费用，所以赠品用什么、鸡蛋在哪里采购、采购多少斤等都由厂家说了算，由于活动费用超出了厂家的预算，在5月2日下午出现了鸡蛋断档，顾客投诉的情况时有发生；而B药店鸡蛋供应商就确定了三家，而且达到120个鸡蛋以上时，如果顾客不想要鸡蛋的，可以换名牌刀具一套。

（五）人员的准备工作

A药店人员都是各个分店抽调的员工，因为此门店离连锁总部市区比较远，许多人是被迫而来，销售好坏与自己没有太大的关系，所以准备工作、现场销售的气氛做得都不是很好；再说语言上又有一定的差异，所以员工和当地阿公、阿婆交流时就会显得比较累。

B药店就不同了，虽然也是各个门店凑集来的，但是每一笔销售都可以打上自己的销售工号这样就会有销售提成，所以员工准备工作和现场销售都是在自己门店下班后主动过来的；而且员工又都是本地人，不但没有语言沟通上的障碍，而且每个人都有一批自己的亲戚朋友顾客群体。

【活动中的统筹】

A 药店整个活动统筹工作由门管部经理协助门店临时负责人进行，门管部经理对当地市场不太了解，门店临时负责人又是刚刚进入公司不久的新人，对公司的操作流程不太适应，所以整个统筹工作几乎等于没人管。

B 药店由公司老板亲自挂帅，店长具体负责促销活动过程中门店需要调动的公司的一切资源，只要是促销需要店长随时可以调动、统筹，如果需要老板出面时，老板全力配合店长做好统筹工作。

B 药店为了此次促销活动，公司内部分成了人员协调组、应急救援保障组、医疗救护组、商品采购组、顾客投诉接待组、赠品发放组、保卫防盗组、宣传组、财务收银组、营运组等十个小组，每个小组确定一名负责人。每位负责人每天早、晚必须和店长碰头，涉及各组发生的重大事件，组长必须第一时间报告店长。这样确保了店长在整个促销活动过程中统筹工作的及时性、有效性、权威性。

【员工的专业素质】

（一）药师人数配置

A 药店现场门店无药师上班；B 药店门店 1 名执业西药师、1 名普通西药师上班。

（二）员工的文化程度

A 药店 5 名员工中 4 名中专毕业、1 名初中毕业，而且 4 名中专生中只有 1 人是药学专业的；B 药店名 5 员工中 2 名大专毕业、3 名中专毕业，5 人全是药学、医学相关专业毕业，在员工的专业素质上就已经略胜一筹。

（三）门店的品牌影响力

在门店的品牌影响力上，A 药店创建于 2000 年，在当地较知名，但名气仅限城南，而活动开展于城北一小县城，对当地百姓来说它还是一个新来的外来户，所以当地百姓对药店的认知程度不是很高，其品牌辐射力还没有完全辐射到该县。

但是B药店是创建于2003年的土生土长的当地药店，药店老板又是县城人，爱好交际，亲戚朋友又多，员工几乎全是当地人，所以每位员工的亲戚朋友就是一个不小的顾客群体了，再加上店老板从开业以来一直树立药品的低价形象，在当地百姓中已经牢牢地树立了B药店买药安全、低价的形象。

（四）门店的商品配置

A药店参加“购物二元送鸡蛋一个”促销活动的商品仅限于提供活动费用的厂家的100个系列产品，其他产品就要三元送一个鸡蛋了，所以在活动中顾客的抱怨很多、投诉很多。

而B药店除了海报特价药品100个以外，其余的产品也参加“购物二元送鸡蛋一个”促销活动。

在门店的商品备货，A药店针对海报特价商品备货量为平时的3倍左右，其他保健品、参茸、食品、妇科药品、滋补药品等备货量为平时的2倍左右；而B药店海报特价商品备货量为平时的2倍左右，参茸和平时一样的备货（因为参茸在当地的销量一直不太好），保健品备货量为平时的3倍，其他食品、妇科药品、滋补药品、抗生素、儿科用药等备货量为平时的2倍左右，这样就做到了有目的性、有针对性的备货。

二、案例分析

促销是药店在复杂的市场竞争环境下，积极争取生存空间的重要手段，促销已经成为药店日常活动中必不可少的一个环节。案例中同样的促销方案、同样的商圈、差不多的门店面积，细节的设计和实施是否到位成为促销成败的关键因素，甚至是决定性力量。因此说，一个好的方案没有强有力的执行那也等于零。

促销方案侧重于展示整个促销活动的创意设计以确定促销的方向，解决属于战术性的问题；与促销方案配套的具体的执行标准，则主要是围绕着促销活动的具体事务性安排，以切实有效落实促销的创意思路，属于过程管理。执行的关键在于人，应当用文化、制度、标准、培训提升员工的品牌认知度和认同度，让每个员工都发挥主人翁精神，同时，活动执行标准细化到每块、每项、每小节，指导、规范店员，执行力自然会有所提升。

促销活动方案的完美履行，离不开全体参与者的全力配合。每个人的专业素质、精神面貌、参与程度不同，促销活动所取得的效果也完全不同。因此，在活动过程的把控中，除了要明确各个环节的执行标准外，还需要建立具体的奖罚规定，发挥每个人的主观能动性。

案例 4　药店促销活动整体性策划

一、案例描述

【案例背景】

市场背景：在昆明，连锁药店已成为药店零售的主流，布满了健之佳、福林堂、三九济民、一心堂等大型连锁药店，竞争非常激烈。虽然一心堂、福林堂等连锁药店已将其网点覆盖全省，但大部分地区的药品零售还是以当地单店卖场为主。调查显示，实力雄厚、药品丰富、药价合理、服务周到、并且有专业药师提供购药指导的大型连锁药店，更受市民的青睐。随着市场的发展，连锁药店已经向专业化、多元化和品牌化的方向发展。

企业背景：云南白药大药房成立于 2002 年 10 月，是云南白药集团投资的医药零售企业。云南白药是中国驰名商标，拥有巨大的品牌号召力，云南白药作为众多家庭的常备药，具有强大的品牌渗透力。云南白药大药房现有连锁药店 42 家，除昆明有 3 家外，大部分分布于全省主要城市。成立以来，云南白药大药房依附于“云南白药”的品牌力，未作自身的品牌规划，广告和营销宣传处于相对零散状态，缺乏系统的整合传播。

企业优势：拥有全省最大最全的新特药品和专科药品采购供应体系，消费者购买新特药非常方便；为老年人常见病、多发病患者及慢性病患者专门设计了特殊范围的特优价格；提供药品订购和免费送货上门服务，并为会员提供了相对全面的优惠服务。

【活动背景】

2004 年云南白药大药房欲举行周年庆典活动，这是药品品牌传播和促销的大好时机。云南白药大药房的主要药店从店面装修到药品服务均较其他药房有很大的优势，但由于市场进入时间相对较短，导致销售一直不理想。云南白药大药房以前也做过促销活动，即时促销效果都比较明显，但均缺乏持续影响力。

【活动目的】

通过此次活动，快速提升相关店面的销售量，借促销活动争夺竞争对手的客源，为企业的品牌推广和整体营销创造一个可持续的操作途径。

【活动时间】

2004 年 7 月—12 月底

【活动地点】

先在玉溪、文山、楚雄展开，根据实际执行效果逐步向其他连锁店扩展。

【活动人员】

总部：企划指导 3 人，市场督导 6 人。

连锁店：全体店员

【活动内容】

第一阶段

时间：7 月—8 月底

主要任务：增加销售额、增加会员数量

活动主题：年年有健康，天天有特价

具体内容：

1. 百年情怀，真情回馈——云南白药大药房夏日主要产品打折优惠

（1）店内夏季主要药品打折优惠，给消费者实惠，折扣最低低至 6 折。

（2）选择几个夏季药品进行特价销售，吸引消费者关注，特价商品须

顾及不同价位，销售价格与竞争对手相比越大越好。

（3）同时推出部分会员特价药品，覆盖面不限于夏季主要用药。

2. 百姓药房，家庭药箱——满 200 元，送家庭药箱

（1）活动期间，凡消费满 200 元者，即赠送家庭小药箱一个。

（2）打折药品和特价药品不参加赠送，但满 200 元者可赠送精美小礼品一份。

（3）会员购买会员特价商品不参与赠送，但可赠送精美小礼品一份。

（4）小礼品为体温计、口罩、家用纱布、会员卡等，根据满 200 元以上者消费额度不同具体设定。

3. 专业服务，全面升级——云南白药大药房 10 项优质服务全体验

（1）凡消费满 50 元者经本人申请可办理会员卡一张，全面体验云南白药大药房专业服务。

（2）服务内容包括：

✧ 在全省任一分店享受会员特惠价。

✧ 每两月赠送《云南白药大药房》健康指南一份。

✧ 每年一次免费体检。

✧ 享受新特药优惠价格。

活动宣传：

（1）店面包装

（2）店内布置

（3）POP 海报

（4）会员健康指南

（5）当地电视台广告

第二阶段

时间：9 月—10 月底

主要任务：巩固销售额，增加顾客忠诚度。

具体内容：秋季药品优惠，秋季健康礼品赠送，会员超值服务。

第三阶段

时间：11 月—12 月底

主要任务：持续提升销售额，强化品牌形象。

具体内容：冬季药品优惠，购药送保险，会员岁末贺卡，免费体检。

【活动费用】

略

二、案例分析

如火如荼的药店促销活动让顾客司空见惯，但是很多药店却陷入“不做促销不走量，频繁促销无效果”的怪圈。为什么呢？答案很简单，药店未对促销活动做系统规划，而是局限在单纯的“为销售而促销”上。药品消费具有弹性需求，受到季节、品牌、个人认知的影响。因此，药店在制定促销活动方案时必须要考虑得更加全面，才能获得理想的效果。本方案的成功之处就在于对此次促销活动进行了整体性的规划。在明确活动目的不只是为了销量的前提下，制定了阶段性的活动内容。根据消费者的认知过程，本次活动分为吸引消费者—培养消费者忠诚度—提升销售量三个阶段，分别以消费者的季节性需求、情感变化过程为主题设计活动内容，并采用多种形式进行宣传，达到了很好的效果。

阅读材料5 2014—2015年度中国药品零售企业综合竞争力排名

2014—2015年度中国药品零售企业综合竞争力百强排名

排名	企业名称	排名	企业名称
1	云南鸿翔一心堂药业股份有限公司	2	老百姓大药房连锁股份有限公司
3	国药控股国大药房有限公司	4	大参林医药集团股份有限公司
5	益丰大药房连锁股份有限公司	6	中国海王星辰连锁药店有限公司
7	云南健之佳健康连锁店股份有限公司	8	成大方圆医药连锁投资有限公司

续表

排名	企业名称	排名	企业名称
9	重庆桐君阁大药房连锁有限责任公司	10	甘肃众友健康医药股份有限公司
11	上海华氏大药房有限公司	12	吉林大药房药业股份有限公司
13	西安怡康医药连锁有限责任公司	14	济南漱玉平民大药房有限公司
15	哈尔滨人民同泰医药连锁店	16	北京同仁堂商业投资集团有限公司
17	贵州一树连锁药业有限公司	18	湖南养天和大药房企业集团有限公司
19	福建新紫金医药有限公司	20	四川德仁堂药业连锁有限公司
21	东莞国药集团有限公司	22	南京医药国药有限公司
23	浙江天天好大药房连锁有限公司	24	河南张仲景大药房连锁有限公司
25	石家庄新兴药房连锁有限公司	26	山东燕喜堂医药连锁有限公司
27	怀仁大药房连锁有限责任公司	28	安徽丰原大药房有限责任公司
29	山东立健医药城连锁有限公司	30	先声再康江苏药业有限公司
31	湖南诺舟大药房连锁有限公司	32	贵州芝林大药房零售连锁有限公司
33	甘肃德生堂医药连锁有限公司	34	湖南千金大药房连锁有限公司
35	唐山市唐人医药商场有限公司	36	北京医保全新大药房有限责任公司
37	沈阳东北大药房连锁有限公司	38	常州市恒泰医药连锁有限公司
39	青岛医保城药品连锁有限公司	40	武汉马应龙大药房连锁有限公司
41	福建惠好四海连锁有限责任公司	42	辽宁天士力大药房连锁有限公司
43	吉林省益和大药房有限公司	44	兰州惠仁堂药业连锁有限责任公司
45	广西一心医药集团有限责任公司	46	襄阳天济大药房连锁有限责任公司
47	广东肇庆天天邦健医药连锁有限公司	48	柳州桂中大药房连锁有限责任公司
49	中山市中智大药房连锁有限公司	50	常州中诚医药连锁有限公司
51	江西省萍乡市昌盛大药房连锁有限公司	52	深圳市友和医药有限公司
53	杭州九州大药房连锁有限公司	54	北京嘉事堂连锁有限责任公司
55	河北神威大药房连锁有限公司	56	哈尔滨宝丰医药连锁有限公司
57	新疆百草堂医药连锁有限公司	58	好药师大药房连锁有限公司
59	河北华佗药房医药连锁有限公司	60	新疆普济堂医药零售连锁有限公司

续表

排名	企业名称	排名	企业名称
61	康德乐大药房有限公司	62	中联大药房控股有限公司
63	江苏大众医药连锁有限公司	64	廊坊市一笑堂医药零售连锁有限公司
65	新疆济康医药连锁有限公司	66	四川杏林医药连锁有限责任公司
67	淮安广济医药连锁有限公司	68	四川东升大药房连锁有限责任公司
69	广西康全药业连锁有限公司	70	陕西众信医药超市有限公司
71	盘锦阳光大药房医药连锁有限公司	72	赤峰人川大药房连锁有限公司
73	广东金康药房连锁有限公司	74	宁波彩虹大药房有限公司
75	贵州吉大夫药房连锁有限公司	76	安徽省滁州市百姓缘药品零售连锁有限责任公司
77	深圳市万泽医药连锁有限公司	78	浙江震元医药连锁有限公司
79	武汉普安医药有限公司	80	珠海嘉宝华健康药房连锁股份有限公司
81	湖南九芝堂零售连锁有限公司	82	广东爱心大药房连锁有限公司
83	山西荣华大药房连锁有限公司	84	新疆康泰东方医药连锁有限公司
85	新乡市佐今明大药房连锁有限责任公司	86	温州一正药房连锁有限公司
87	清远百姓大药房医药连锁有限公司	88	昆山双鹤同德堂连锁大药房有限责任公司
89	广西梧州市百姓大药房连锁有限公司	90	江苏百佳惠苏禾大药房连锁有限公司
91	贵州一品药业连锁有限公司	92	广州采芝林药业连锁店
93	宜兴市天健医药连锁有限公司	94	无锡汇华强盛医药连锁有限公司
95	南京金陵大药房有限责任公司	96	焦作蓝十字医药连锁有限责任公司
97	惠州市百姓大药房医药连锁有限公司	98	韶关市乡亲药房连锁有限公司
99	贵州健一生药业连锁有限责任公司	100	青岛春天之星大药房医药连锁有限责任公司

项目 三

医院市场营销

项 目 导 图

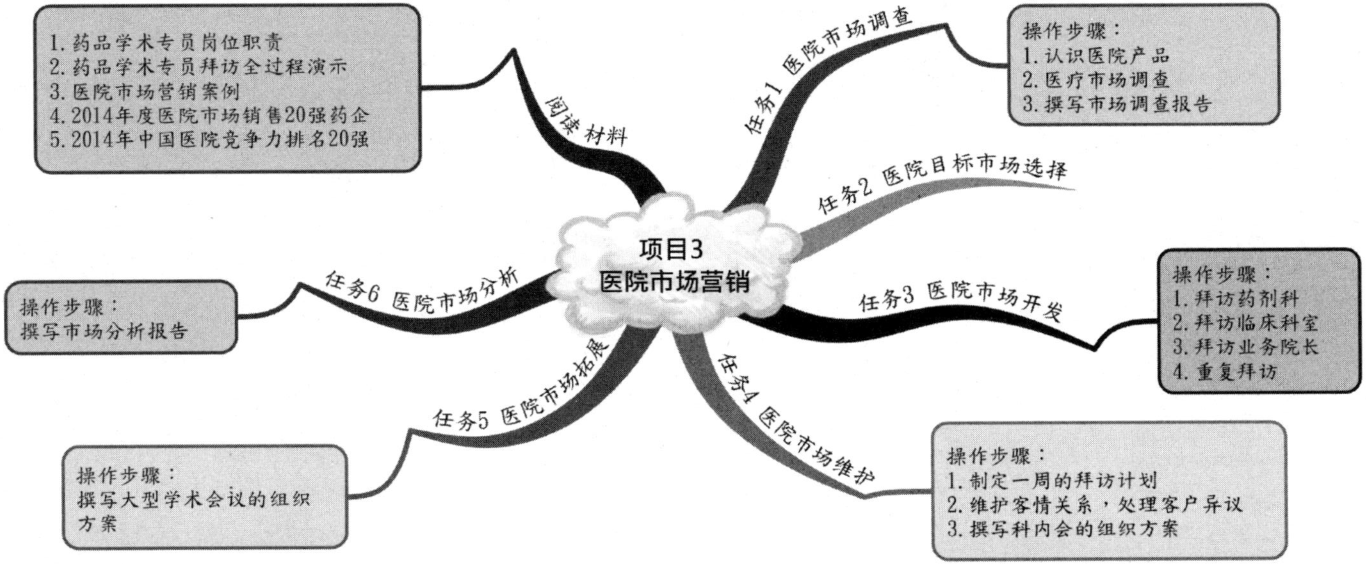

项目3
医院市场营销
阅读材料
1. 药品学术专员岗位职责
2. 药品学术专员拜访全过程演示
3. 医院市场营销案例
4. 2014年度医院市场销售20强药企
5. 2014年中国医院竞争力排名20强
任务1 医院市场调查
操作步骤：
1. 认识医院产品
2. 医疗市场调查
3. 撰写市场调查报告
任务2 医院目标市场选择
任务3 医院市场开发
操作步骤：
1. 拜访药剂科
2. 拜访临床科室
3. 拜访业务院长
4. 重复拜访
任务4 医院市场维护
操作步骤：
1. 制定一周的拜访计划
2. 维护客情关系，处理客户异议
3. 撰写科内会的组织方案
任务5 医院市场拓展
操作步骤：
撰写大型学术会议的组织方案
任务6 医院市场分析
操作步骤：
撰写市场分析报告

任务1　医院市场调查

• 任务目标

通过本任务的学习，学生达到以下目标：

□ 能对医院市场进行调查

□ 能熟练掌握产品的相关医药学知识

□ 能撰写调查分析报告

• 任务描述

你是某医药企业的药品学术专员，负责公司××产品在××地区医疗市场的开发与维护工作。由于初次接手该市场，你需要先对该产品和该地区的医疗市场进行调查，了解其基本情况，为下一步工作的展开打好基础。

• 任务素材

1. 某制药公司的系列产品
2. 计算机
3. 某指定区域
4. 阅读材料

• 任务实施

步骤一　认识医院产品

相关知识

对于药品学术专员来说，尤其是新手，掌握药品的相关知识非常重要。因为药品是学术专员与客户之间沟通的载体和最终目标，一定要熟练掌握。

很多企业在对销售人员上岗之初的培训中，最为重视的是对产品知识的培训，其次才是销售技巧。一般从以下几个方面来掌握产品知识：

图 1－1　医院产品的知识结构

做一做

根据已有的产品信息和资料，并结合网上查询，按照上述知识结构的要求，整理出该产品详细的 PPT 资料，并能熟练讲解。

步骤二　医疗市场调查

相关知识

一、医疗市场调查

（一）企业形象

企业形象是企业的无形资产，在市场竞争中发挥着关键作用。良好的企业形象对制药企业尤为重要，它可以产生以下六个方面的作用：创造市场信心；增强企业的筹资能力；使企业寻求到可靠的经营渠道；增强企业的凝聚力；使企业获得医生和公众的广泛支持；有利于企业实现多角度化经营战略和国际化经营战略。

随着越来越多的企业推行 CIS（企业形象识别系统）战略，提高企业的整体形象已经成为企业战略决策层最为关注的课题之一。

（二）市场占有率

对新市场、新产品来讲，了解市场占有率等于是在谈竞争对手的占有率和未来期望的市场占有率。对现有市场、老产品来说，学术专员关注占有率的目的是为了动态了解自己和对手的地位变化，并为制定决策提供依据。

（三）细分市场占有率

这是上一问题的延续。笼统地评价一个产品在某个市场、某家医院的占有率是很粗略的，对实际工作指导意义有限。学术专员的工作一定要具体到点上——科室、适应症、处方医生，即详细了解自己的产品及竞争产品在相关科室、适应症和目标医生处方中所占的比例。

（四）公司策略和营销组合与市场的匹配度

营销策略是销售部管理工作的重头戏，决定了企业的竞争力水平和获利能力，营销策略不仅对学术专员的工作具有指导意义，而且也是对公司决策能力的一次严峻考验。

（五）竞品分析

竞品分析主要包括：品牌竞争、产品大类竞争和预算竞争。

此外，学术专员还应该对竞争对手的实力、形象、口碑、产品定位及推广策略有较深入的了解和评判；对其销售量、市场份额、人事变动、近期活动、产品支持者近况等都应该密切关注。

（六）政策

政策是“大营销组合”中非常重要的一个组织部分。学术专员需要了解的政策包括：医保政策、基药政策和招标政策。

（七）民族与地区的习俗、文化等

对在少数民族聚居区做工作的学术专员，以及需要面对少数民族客户的情况下，这一点值得注意。比如与回族客户聚餐时，不要点猪、狗、驴类的食品；在西藏、新疆等地，一定要注意维护民族团结。

二、医院调查

医院调查内容包括以下项目：

（一）医院概况

1989 年 11 月 29 日，《医院分级管理办法》颁布，明确了医院分级管理的依据、原则。对医院分级管理的依据是医院的功能、任务、设施配置、技术建设、医疗服务质量和科学管理的综合水平。医院按其功能、任务不同划分为一、二、三级。

一级医院：病床数在 100 张以内含 100 张，是直接向一定人口的社区提供预防、医疗、保健、康复服务的基层医院、卫生院。

二级医院：病床数在 101—500 张之间，是向多个社区提供综合医疗卫生服务并承担一定教学、科研任务的地区性医院。

三级医院：病床数在 501 张以上，是向几个地区提供高水平专科性医疗卫生服务和执行高等教育、科研任务的区域性以上的医院。

各级医院经过评审，按照《医院分级管理办法》确定为甲、乙、丙三等，其中三级医院增设特等，因此医院共分三级十等。

时至今日，中国最高级别的医院是三级甲等，并没有三级特等。

医院的隶属关系也不尽相同：

1. 卫生部直属。目前，真正的部属医院仅有北京医院和北京中日友好医院两家。

2. 大学或医学院校附属医院。如复旦大学附属中山医院、上海交通大学医学院附属瑞金医院。

3. 卫生厅（局）直管医院。如省人民医院、市第一人民医院、市总医院等。

4. 军队医院。如 301 医院、新桥医院。

5. 企业创办的职工医院。如电力医院、邮电医院、煤炭医院等。

6. 盈利性医院。隶属于财团或私人老板。

详尽的医院资料还应该包括：

1. 地址，包括分院、联合病房地址。
2. 年业务收入。
3. 重点学科、科室及其学科带头人，应该定位为公司的 A 级客户。
4. 年购药金额。
5. 床位数及床位使用率。
6. 年门诊人次及目标科室门诊人次。
7. 年出院病人人次。
8. 医护人员数量。
9. 医院决策层人员名单。
10. 药剂科接待日。
11. 高知比例。
12. 手术量。
13. 交通线路，公交、地铁等。

（二）目标科室

只关注医院等级是不够的，一定要了解你的产品适应症科室的具体参数。

1. 医疗特色。了解目标科室的医疗特色，可以帮助你准确定位并设定合理的销售指标。
2. 主任、护士长及医生名单。
3. 人事关系。必须深入了解科室的人际关系。
4. 主任对本产品或者同类产品的态度。
5. 门诊量。
6. 床位数及床位利用率。
7. 专家门诊。

（三）专家

获得副主任医师或副教授以上职称的医生可以认为是专家，也可对专家群做进一步的细分。

1. 一级专家：学科带头人、目标科室主任。
2. 二级专家：参与直接用药的专家。
3. 三级专家：有高级职称但不参与住院病人诊疗。

还需要了解一下相关的专家资料：

1. 专家的门诊时间。
2. 院外活动。
3. 个人资料。

（四）药事委员会

1. 有没有药事委员会制度？
2. 委员是谁？
3. 一般药事会核心成员1—3人是固定的。

（五）竞争对手

竞争产品的销售数据可以通过药剂科主任、采购、库管、药房组长、信息科、商业公司等渠道获得。对竞争对手调查的具体工作还有：

1. 竞争对手的企业资料。
2. 竞争对手的支持者。
3. 竞争对手在医院的最新活动。
4. 竞争对手的宣传资料。

（六）客户关系信息

可以帮你的人无处不在，他或许是一位处方医生，或许是一名护士。

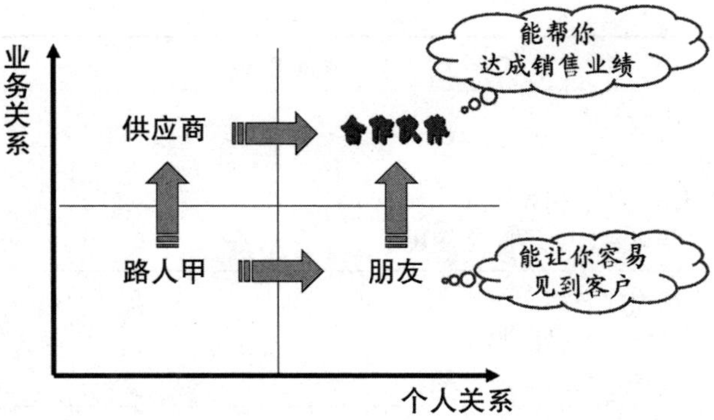

图1－2 客户关系信息图

（七）医生认知信息

包括医生对该种疾病的治疗方案、使用同类产品的情况，以及对使用本类产品的态度。

（八）医保

医保调查包括：医保病人数量和比例、不同科室医保超支情况、医生对医保超支的情况以及医保患者的层次等。

（九）患者

患者调查相当于我们平时讲的消费者资料调查，包括患者来源、人口学特征、地理特征、社会学特征、经济状况、医疗保健消费心态等。

综上所述，我们需要了解以下信息：

表1－1　　医疗市场调查项目汇总

调查项目	调查内容
市场信息	医院数量、分布、当地医疗政策、企业知名度
医院的基本信息	基础知识：医院销售处方药和非处方药，以处方药销售为主，有公立、私营医院，医院按照级别可分为三甲、三乙、二甲、二乙、一甲医院 1. 医院级别 2. 主要科室、主要医生

续表

调查项目	调查内容
医院的需求信息	1. 床位数 2. 药品销售额 3. 门诊、住院病人数 4. 主要科室、主要医生使用量
医生的认知信息	1. 临床治疗方案 2. 使用同类产品情况 3. 对使用本类产品的态度
竞品信息	1. 同类产品及厂家名称、实力 2. 产品政策 3. 价格：批发价和零售价 4. 营销策略、激励政策
医院的组织结构	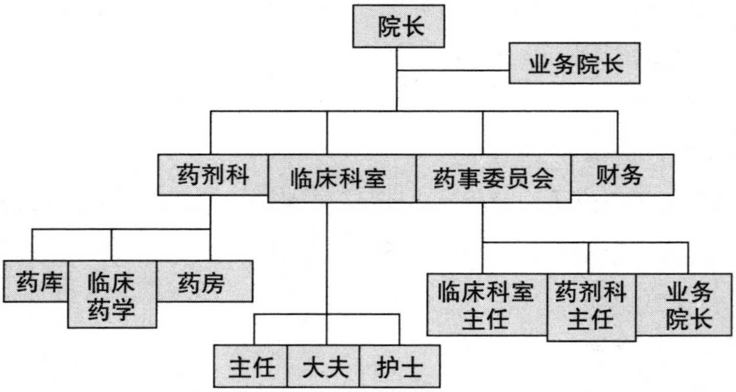

做一做

根据调查方案的设计要求，设计出对指定地区医疗市场的调查方案。

要求：详细描述调查内容。

步骤三　撰写市场调查报告

做一做

根据设计好的调查方案搜集相关资料，分析调查阶段所得到的各种资料，并按照调查报告的格式要求完成调查分析。

要求：

1. 列举出调查阶段获得的所有有效信息；
2. 分析客户的特点；
3. 同类产品情况；
4. 利用 SWOT 分析法对该医院市场进行分析。

知识巩固

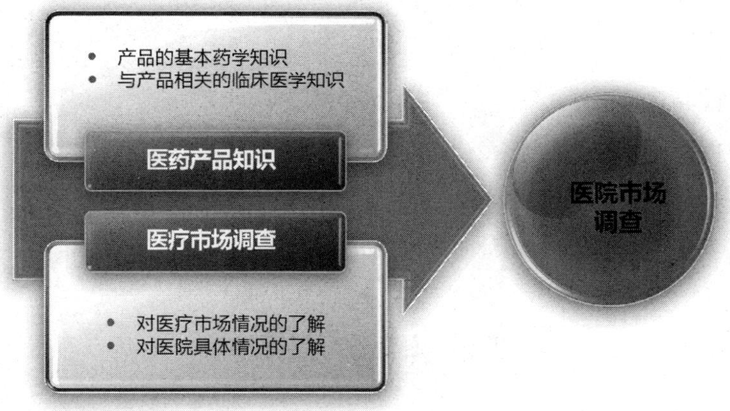

图 1－3　任务知识点

对照图 1－3，梳理自己所掌握的知识体系，并与同学相互交流、研讨个人对某些知识点或技能技巧的理解。

拓展任务

思考：接下来如何开展医院开发工作？如何制定开发方案？

任务 2　医院目标市场选择

- **任务目标**

通过本任务的学习，学生达到以下目标：

□ 能合理选择目标医院、目标科室、目标医生

- **任务描述**

经过对××地区医疗市场的调查，了解到该地区医院数量较多，市场比较大。经理建议你优先开发重点医院，然后利用其影响力开发其他医院。

- **任务素材**

1. 某制药公司的系列产品
2. 计算机
3. 某指定区域
4. 阅读材料

- **任务实施**

步骤　医院目标市场选择

相关知识

以 STP 战略为指导，选择医院目标市场。

一、医院市场的细分依据

医药消费者市场纷繁复杂，人们对医疗需求的差异性越来越大，因此，对医院进行市场细分的必要性和意义也就越来越大。那么，具体要根据什么标准对医院进行细分呢？到目前为止，没有形成固定的模式，每个医药企业需要结合自身的情况和产品特点，对目标医院进行细分。主要从以下几个方面考虑：医院的级别、规模；医院的影响力；医生的专业化水平；科室的床位/就诊量；医生对产品的认可程度；医院在该治疗领域的地位。

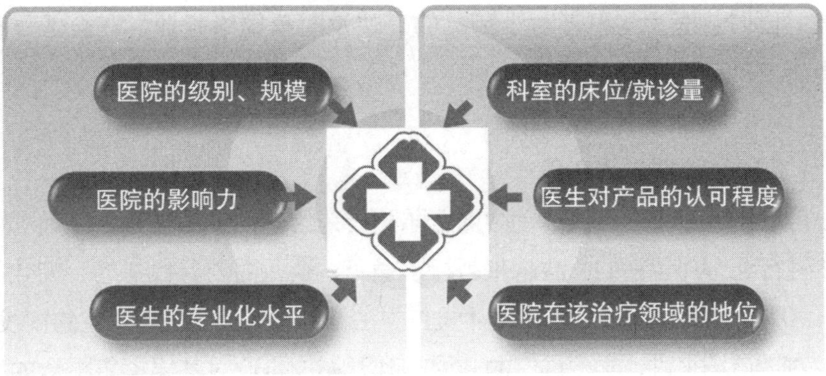

图 2－1 医院市场细分标准

二、选择目标科室的评估依据

✧ 科室处方该类药品的数量。

✧ 科室的床位数及使用率。

✧ 外科科室的手术量。

✧ 医生的专业化水平、口碑。

✧ 医生对该产品及同类竞品的态度。

三、市场定位

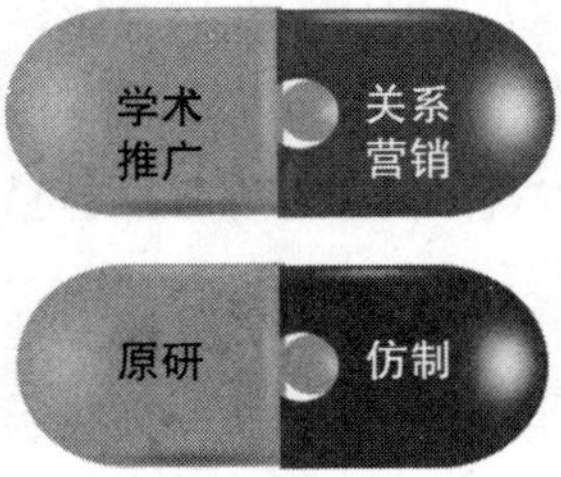

（一）专业化的学术推广的含义

学术推广，即药品销售以药物本身相关元素为出发点，引起处方医生的兴趣，进而认知、掌握该药物使用的系统市场推广规划。利用专业的推广团队将药品在医药领域的研究成果和临床实践的最新信息，通过拜访和专家推介，及时提供给医生。通过学术传播方式，使医生了解产品特点，提升在同类产品中的地位，并推荐和指导临床医生用药，让医生形成处方习惯，同时将医生与患者对于药品的反映及时反馈给企业，在企业、医生和患者之间架起沟通的桥梁。

（二）学术推广的意义

随着国家对企业经济活动中商业贿赂行为治理力度的加大，以前那种靠回扣进行处方药营销的方法越来越行不通了，企业需要寻找新的、高效的营销方法，于是跨国医药企业的学术推广方法开始进入我国医药企业的视线。

对于市场来讲，学术推广的开展有利于增加企业对基层销售平台的根本了解，更能有效地进行市场管理。企业通过学术推广，不断地强化代理商、销售代表专业知识的积累，从而保证药品信息的准确传递。学术专员与临床医生直接沟通，通过对医生和消费者的洞察，对竞争产品的分析，得出自己的竞争优势和市场机会，然后对学术证据进行结构化处理，提炼出核心观点和关键信息，做出清晰的产品定位，这样更容易打动专业的目标医生。

（三）学术推广误区

目前，国内医药企业在学术推广过程中存在着五大误区：

1. 学术推广不能带动销售

这是销售代表最常说的一句话，也是很多销售总监根深蒂固的看法。那么外资企业为何一直在做专业化的学术营销呢？就是要给医生一个强有力的处方理由，让医生从内心深处认可产品，认可产品的差异化优势，认可产品带给患者的利益。

当各个企业的销售代表都在搞关系营销时，医生处方的选择标准就是产品本身的差异性；一个大医院的医生，经历了5—11年（本科—博士）的专业学习，处方时首先想到的是药品的安全性和有效性，没有任何医生会因为关系而处方有风险的、不可靠的药品，那样会对自己的职业产生不利影响；医生发表文章，在学术上有所发展，也需要讲学术的企业支持。

学术推广对药品销售的积极作用包括三个方面：

✧效率高：国家级的KOL（Key Opinion Leader，关键意见领袖）对某产品的认可和传播，可以影响成千上万的年轻医生，改变他们的处方习惯。

✧ 更持久：学术推广能延长产品的生命周期。

✧ 降低销售难度：专业化营销模式使代表更容易获得信任和尊重，大大降低了公关的难度。

认为学术推广不能带动销售的本质原因是其价值不能一对一的直观评价。

2. 专业化学术营销不如直接搞关系来得快

"还不如把投入市场的钱让我直接送出去呢"，这是销售部的普遍认识。这种认识的本质原因是销售所处的立场不同，看问题的角度不同。销售代表只对当前的指标负责，只要完成本月、本季度或本年度的指标就能拿奖金，不考虑以后的事情，也不考虑全局的事情。

但是企业家、营销总监不但要为今天负责，还要为未来负责，要考虑这个产品如何做成大品牌，如何与后续产品进行无缝衔接，如何延长其生命周期，如何顺利转为 OTC 品种，如何在没有推广时也能维持大量的自然销售。

3. 搞学术就是要开学术会议

许多进行专业化学术推广尝试的国内企业，对这种营销模式缺乏深刻的认识，简单地认为开几场科室会、参加个全国会就是搞学术。没有想清楚开会只是形式之一，也没有想清楚开会讲什么，怎么讲，谁来讲，要传递的关键信息（Key Message）是什么，这些关键信息的支持证据是什么，医生习惯接受信息的方式是什么，带给医生的利益是什么。

4. 仿制药无法搞学术

这可能是国内企业最头疼的一个问题。那么仿制药能不能搞学术呢？

案　例

拜耳制药的"尼莫同"是治疗蛛网膜下腔出血的经典用药，2001 年"尼莫同"在中国上市已经 10 年，进入了衰退期，市场份额已经被依靠关系营销不断成长的国内仿制品超越。拜耳中国意欲放弃该产品，但德国总部不同意。在对该产品潜力充分挖掘的基础上进行学术资源整合之后，企业提出了进军血管性痴呆市场的成长策略，学术推广非常顺利，销售业绩逐年攀升，从 2001 年的 5000 万增长到 2006 年的1.2 亿，"尼莫同"重新夺回第一品牌的桂冠。如果当时国内的某个仿制品来做这个营销策略规划，结果将怎样呢？同样将成为第一品牌。因为对于同一类产品，策略的成功与否和它是进口药还是仿制药无关，谁先提出新的理论和概念，谁就理所当然地成为该概念的代表并获得了先发优势。

5. 中药无法搞学术

很多人认为中药的机理因为不能用西医理论解释所以无法搞学术。近20年来国际西医学界最认可的学术理念是循证医学（Evidence-based Medicine），也就是不看原理、不看推理、就看结果。只要是大规模、多中心、随机双盲试验证实有效的，就是真有效。医学是实践科学，研究的方法在结果和推理两者之间更看重结果。

所以，中药完全可以根据循证医学的原则做专业化推广。像以岭药业的“通心络”、步长的“脑心通”、天士力的“丹参滴丸”，都是中药通过专业化学术推广获得成功的典型案例。

（四）专业化学术推广的要求

做专业化学术推广仅仅走出以上五个误区还远远不够，还要做高端、做高级、做精细，需要做好以下四个升级。

1. 理念升级

理念升级包括化模仿为创新、化浮躁为严谨、化投机为务实、化透支信任为讲求道德。

企业在产品研发和推广形式上都要创新，模仿也要进行创新型模仿，这样才有生命力。专业化学术推广是一种严谨、务实的模式，必须扎实地做，做好每一个细节，凭空杜撰来透支客户的信任不能长久。企业必须树立建品牌、护品牌的理念，有将企业做成传世经典的远景目标。

企业对业绩的追求不能依靠对单一产品的透支，而是应该做好产品生命周期的管理，做好产品线的延伸，做好产品结构的梳理。用金牛产品提供的现金培育明星产品，当金牛产品进入衰退期，变成瘦狗时，原来的明星产品又会成长为金牛，使企业产品形成研发一批、推广一批、收获一批、放弃一批的有序格局，以此来维持稳定的业务成长。

2. 内涵升级

专业化学术推广的内容不能只是罗列一些事实，那样不易被医生接受和记忆，必须做到有证据、有提炼、有概念。

通过对医生和消费者的洞察，对竞争产品的分析，得出自己的竞争优势和市场机会，然后对学术证据进行结构化处理，提炼出核心观点和关键信息，在关键信息的基础上概括出新的概念，形成完整的逻辑关系，做出清晰的产品定位，这样的内容才能够打动专业的目标医生。

3. 形式升级

学术推广不是仅限于开会，还要进行整合传播。包括专业杂志广告、专业协会和专家公共关系的维护、临床试验的设计实施和推广、继续医学教育、征文活动、公益活动和事件营销、发起或参与政府的慢性病防治计划和流行病防治计划、争取临床治疗指南的修订等。这些传播方式的有效运用不但能建立品牌形象，对销售的拉动作用也非常显著。

专业化学术推广的形式很多，关键是要掌握专业性、权威性、有效性的原则。专业化学术推广和患者教育并不冲突，也不违反处方药不能做广告的管理规定。

案例 1

为了提升中美史克“肠虫清”因为城市市场萎缩而导致逐年下滑的销售业绩，企业与国家健教司合作，对全国200个县的中小学校进行寄生虫的普查和治疗，当年销售是提升37%，不但获得了企业效益，也获得了社会效益。

案例 2

强生Cordis的新产品Cypher支架在2003年专业市场上支架的竞争已经达到白热化的程度，业内不时有因为激烈竞争而导致的恶性事件被媒体曝光，而Cypher支架的价格又是最贵的，4.6万元人民币一个，是其他品牌的2—4倍。在这种背景下，强生Cordis制定了主要面向患者传播的营销原则，让患者自己选择产品。通过软文、讲座、院内宣传和数据库营销等方式，使 Cypher 支架上市 6 个月就成为第一品牌，成为业内第一个做患者教育并大获全胜的经典案例。

4. 素质升级

要做好专业化的学术推广，营销人员要有四方面的能力：医学专业能力、市场掌控能力、传播策划能力和公关能力。

专业化学术推广模式需要有严谨务实的态度，建立健全市场部的职能，组建强大的专业化推广团队，建立持续学习和培训机制，借助于专业的第三方服务公司等都是重要而急迫的工作内容。

做一做

按照 STP 战略，试从调查到的医院中选出重点医院、目标科室及目标医生，并确定产品的市场定位。

知识巩固

图 2－2　任务知识点

对照图 2－2，梳理自己所掌握的知识体系，并与同学相互交流、研讨个人对某些知识点或技能技巧的理解。

拓展任务

思考：接下来的市场开发该如何开展？需要提前做好哪些准备工作？

任务3 医院市场开发

• 任务目标

通过本任务的学习，学生达到以下目标：

☐ 能明确拜访礼仪

☐ 能利用专业学术知识进行产品的推广

☐ 能灵活运用销售技巧

• 任务描述

在前期调查的基础上，经过综合分析、比较，你选择首先开发当地最有影响力的医院——市立医院，并根据产品的特点确定了几个对症的临床科室。接下来你要开展系列的市场开发活动。

医院背景介绍：

◎ 三甲医院。

◎ 药剂科主任，男，万主任，45 岁，有 1 个正在上初中的儿子。万主任为人比较低调，平时非常严肃。

◎ 业务院长，刘院长，55 岁，享受国务院津贴。

◎ 肝胆外科主任为张主任，男，48 岁，有个 20 岁的女儿在国外留学。张主任性格稳重，待人比较随和，但是对于工作很严谨。

◎ 科室有 4 名主要大夫：李大夫，女，52 岁，在业界比较有威望；钱大夫，女，38 岁；赵大夫，男，32 岁，刚引进的海归博士；王大夫，女，22 岁，医学院大四的实习生。

◎ 两名主要女护士，孙女士，25 岁，热恋中；王女士，35 岁，已婚，有个 5 岁的女儿。

◎ 科室主要处方竞品为进口药品，销量大约占到科室同类用药的70%。

◎ 经调查，张主任十分认可竞品，并长期处方，不愿意换其他厂家；而李大夫则认为使用进口药品价格比较贵，有国产的可以替代，未尝不可。其他医生没有明确的态度。

- **任务素材**

1. 某制药公司的系列产品
2. 计算机
3. 某指定区域
4. 阅读材料

- **任务实施**

相关知识

一、FAB介绍法

FAB介绍法是非常经典的利益推销法，而且是非常具体、具有高度可操作性的利益推销法。它的要点是：

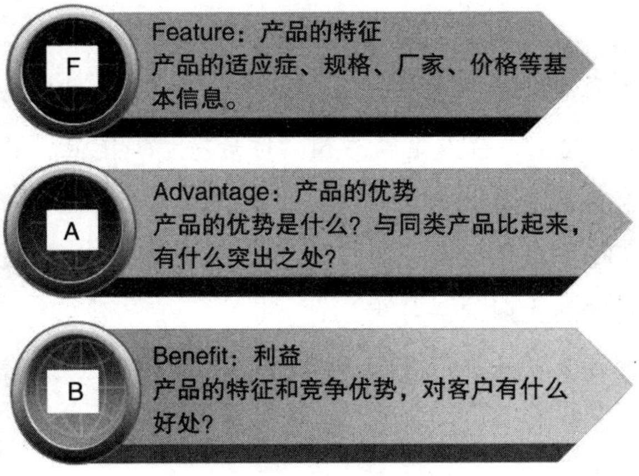

图3-1　FAB介绍法

二、拜访礼仪

（一）销售人员形象塑造

着装要整洁、得体。

仪态仪表要符合基本的商务礼仪：坚定的目光；友好的微笑；有力的握手；整洁的名片；挺直地站姿；优雅的坐姿；忌小动作。

（二）访问前准备

1. 客户信息的收集、分析。
2. 制定拜访计划。
3. 拜访目标。
4. 拜访目的。
5. 产品资料的准备。
6. 心理准备。
7. 充满自信，不紧张，面带微笑。
8. 预计客户拒绝时的回答。

（三）拜访要点

拜访要点

1.衣着要得体
2.行为要得当
3.拜访时机要适合
4.医药知识要扎实
5.产品介绍要专业
6.药品法规要遵守
7.拜访记录要详实

图 3－2　客户拜访七要点

步骤一　拜访药剂科

相关知识

药剂科是医院非常重要的职能科室，《药品管理法》赋予医院药剂科的职责：一是要认真贯彻药品法规，根据医院临床与科研需要购销合格药品，把好质量关；二是承担新药临床研究，参加药品疗效评价；三是考察所用药品的质量、疗效、不良反应，定期向卫生行政部门报告检测结果；四是严格特殊药品的供应与管理；五是根据医院特点开展药学研究，设计临床给药方案等；六是履行药品监管职责，指导临床合理用药。

药剂科跟其他临床科室一样，直接反映了医院的工作质量和业务水平，直接关系着医院的发展。

一、对药剂科主任的拜访目的

客观地向主任介绍企业、产品（FAB 介绍法）；把成功的医院案例反馈给药剂科主任；探询主任的意图；制订有效的计划和解决方法，再次拜访。

二、 药剂科主任的特点

药剂科主任一般以学术为重，擅长药理学、药剂学、药事管理等方面的研究。

（一）药剂科主任的关注点

1. 企业的形象、规模、实力。
2. 产品品牌及产品在业内的评价、影响力。
3. 产品的学术前瞻性。
4. 产品的药理、药剂方面知识。

（二）拜访前的准备工作

销售人员在拜访前要做好以下几方面准备工作：充分了解医院的医疗

技术、药剂科的管理、药剂科主任个人的兴趣爱好、新药的卖点、产品说明书的主要内容、临床应用案例和数据等信息。

三、影响药剂科主任接受产品的主要因素

（一）对产品的认可

1. 良好的公司声誉。
2. 良好的产品声誉。
3. 卓越的疗效。
4. 经济学优势。
5. 更好的安全性。
6. 更好的顺应性。
7. 剂型先进。

（二）有影响力专家的推荐

怎么界定有影响力专家？工程院、科学院院士，省、市学科泰斗，在医院最“有权威”的前5位专家，他们的力荐可以赢得药剂科主任的信任。

做一做

学习阅读材料，请以表中的情景设计为背景，以小组为单位，自编剧本，自选演员，模拟拍摄拜访现场。

情境1	第一次去拜访，药剂科主任态度比较谦和，简单交流后，表示说：“如果临床有需要，我们会考虑进药。你把资料留下吧，有事联系你。”
情境2	第二次拜访时，药剂科主任很冷漠，不愿跟你说太多，借口医院近期没有进药的打算，况且已有同类产品了，以后有机会再说。

步骤二　拜访临床科室

相关知识

进入医院的药品必须通过医生的处方才能销售出去，因此，学术专员

对临床科室的沟通拜访尤为重要。如果处方医生不认可你的产品，即使药剂科采购了你的产品，最终也会因无人处方而退货。在进行拜访之前应该充分了解临床科室的特点。

一、对临床科室主任的拜访目的

（一）医院是否有同类产品。

（二）科室是否应用同类产品。

（三）临床科室主任对此类品种是否感兴趣。

（四）临床科室主任关于进药的相关信息。

二、影响临床医生选择产品的主要因素

（一）产品本身

1. 疗效确切。
2. 疗效性价比高。
3. 服用安全、副作用小。

（二）参考他人意见

1. 专业领域内有影响力专家的推荐。
2. 已取得显著治疗效果的案例。
3. 患者临床应用情况。
4. 级别较高医院产品的使用情况。

（三）对产品推广者的综合评价

1. 代表的产品知识。
2. 代表的专业素质。
3. 代表的个人风格。
4. 代表的亲和力。
5. 公司的影响力。

提　示

医生喜欢的学术专员

◎ 热情、敬业

◎ 穿着整洁、得体

◎ 有礼貌

◎ 能清楚、简明扼要说明产品

◎ 访前准备很充分

◎ 能与客户建立互敬的长期关系

◎ 对本公司产品及竞争产品了解

◎ 具有丰富的专业知识

医生不喜欢的学术专员

◎ 外表邋遢，懒散

◎ 介绍产品夸大不实

◎ 态度粗鲁/强迫/知道一切

◎ 一味讲解，不注意倾听及应答

◎ 对自己的产品和竞争产品不熟悉

◎ 恶意诋毁竞争对手的产品

◎ 乞求处方

做一做

学习阅读资料，请以下面描述的情景设计为背景，以小组为单位，自编剧本，自选演员，模拟拍摄拜访现场。

科室主任对药品不是很感兴趣，说已有同类产品，效果不错，并且医院也有规定，同类产品不能太多，建议你去其他医院看看。

步骤三　拜访业务副院长

相关知识

业务副院长既是全院医疗质量管理工作的主要责任人，又是院长对医疗工作实施领导和指挥的智囊军师和参谋助手，处于承上启下的枢纽地位。其职能作用的发挥与医院管理的效率、医疗质量的提高有着极为密切的关系。业务副院长是医院医疗工作的带头人，其自身素质形象和管理水平，将直接影响到整个医院的医疗工作质量，对全院医务人员的思想作风和业务工作起到巨大的潜移默化作用。

一、对业务院长的拜访目的

当时临床和药剂科的拜访工作都难有进展时，可以试着拜访业务院长，通过谈合作、投资赞助等形式取得院长的支持，这也是一条进药的有效途径。

二、业务院长的特点

业务院长一般都出身于临床，专业知识过硬。

业务院长的主要职责是医院日常业务方面的行政管理，对医院的整体发展比较关注。

做一做

请以下面描述的情景设计为背景，以小组为单位，自编剧本，自选演员，模拟拍摄拜访现场。

你从同行或医药公司那了解到，该医院进药的关键人物是业务院长，但在拜访院长时，院长却说他不管进药的事，让你去找药剂科。

步骤四 重复拜访

做一做

学习阅读材料，请以下面描述的情景设计为背景，以小组为单位，自编剧本，自选演员，模拟拍摄拜访现场。

> 学术专员经过多次拜访，科室主任态度由反对—冷漠—稍友好，提出科室已经习惯使用竞品，患者愿意服用进口药品，价格与你的产品差别不是太大；药剂科主任态度缓和，开始询问产品信息。

知识巩固

专业化学术拜访应注意：

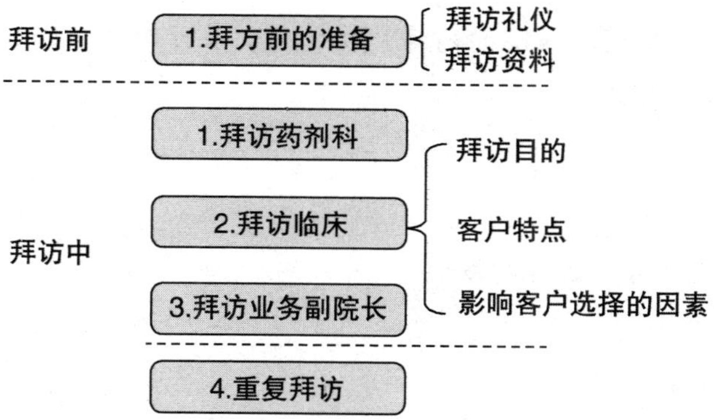

图3－3 任务知识点

对照图3－3，梳理自己所掌握的知识体系，并与同学相互交流、研讨个人对某些知识点或技能技巧的理解。

拓展任务

药品进入医院后，药品学术专员又该如何开展接下来的工作？

任务4　医院市场维护

- **任务目标**

通过本任务的学习，学生达到以下目标：

☐ 能制定合理的拜访计划

☐ 能有效维护客情关系，处理客户异议

☐ 能完整撰写科内会的组织方案

- **任务描述**

药品进入医院只是医院市场营销的开端，有销量才更有说服力。现在你的药品已经采购进入医院的药库，你要立刻展开维护工作，使药品能够顺利进入临床，并被处方使用。

- **任务素材**

1. 某制药公司的系列产品
2. 计算机
3. 某指定区域
4. 阅读材料

- **任务实施**

相关知识

药品学术专员在维护阶段的主要工作包括：

一、梳理药品流通渠道

保证医院内部各环节的顺畅，将药品从库里提到各个药房，并做好和药房的关系，以备观察销量。

二、保证药品库存，杜绝缺货或断货现象的发生

采购和库管也是重要的人物，不能忽略，他们在一定程度上可以保证药品在医院内不断货。

三、做好科室维护

（一）点对点的定期拜访，做好产品宣传。

（二）积极支持科室举办的专业研讨活动。

（三）定期召开科内会。

步骤一　制定一周的拜访计划

相关知识

药品学术专员应制定每月、每周的拜访计划，然后根据计划制定每日的拜访计划表。拜访客户时应考虑拜访的目的、内容、时间、地点等。

由于公司资源和个人精力有限，不可能对所有的医院同等重视同等对待。所以，要对医院销售情况作一个基本分析，把医院分成几个档次，投入相应的精力来维护。

一、重点医院重点对待

重点医院指的就是销售产出占到80%的少数VIP医院。做好这部分医院的维护，总体销量就可以得到基本保证。

二、潜力大的医院

由于各品种具有不同优势，如小儿药品对儿童医院有优势，心脑血管药品对肿瘤医院有优势等等，做好这部分工作，有可能获得一个较好的增长点，属于销量可以增长的医院。

三、其他医院

有销售，但是销量平平的医院。

四、重点科室中的重点医生

药品都有特定的针对病症，由于医生的态度是处方药品销售的关键，人是第一位的，所以要对重点医生，重点科室进行研究，找到合适的切入点，建立联络感情，使医生成为你的朋友，对销售的帮助是相当大的。

做一做

根据指定医院的实际情况，设计一周（周一至周五）的拜访计划，并注明拜访的目的、内容、时间、拜访工具等细节。

步骤二　维护客情关系，处理客户异议

相关知识

一、维护客情的方法

要想做好客情维护，必须对客户的情况了如指掌。

（一）建立客户基础档案

客户档案内容包括：姓名、年龄、籍贯、学历和工作经历、工作单位及职务、家庭背景、性格爱好、处方习惯等，处方习惯尤其重要。

（二）深层次了解客户

在建立客户档案的基础上，从以下几方面更深层次地了解客户：

1. 客户的做事态度。
2. 客户对自己的职业规划。
3. 客户目前最关心的问题。
4. 客户讨厌的话题。
5. 客户比较得意的事情。

（三）学会倾听与提问

1. 倾听

作为药品学术专员，最重要的工作是在自己的领域中建立产品与医生之间的一种长期联系。而有效的倾听与提问技巧可以帮助你一针见血地提出他们的需要，并且帮助你与客户之间建立融洽的关系。在倾听中，可能存在以下障碍，例如，外界的干扰、方言、不理解客户表达的意思、缺乏充分的准备等，这些都可能会使你无法与客户建立起有效沟通的桥梁，要提前做好应对预案。

2. 提问

在不明确客户的真正意图时，也可以通过提问来了解，提问也是需要技巧的，通常有下列方式的提问：

（1）探索性提问　例如：您认为我们的产品还有哪些不足？

（2）目标提问　例如：您认为这个病号适不适合用我们的产品？

二、处理客户异议的方法

当遇到客户对产品有异议或者抱怨时，处理方法如下：

（一）不要回避问题，正面承认自己产品存在的弱点。

（二）要委婉地把产品的弱点原因讲清楚，并把减轻副作用的注意事项告知客户，并且可以用 SWOT 分析法对本产品和竞品做一个对比分析。

三、客户关系维护的核心

（一）时刻保持客情维护的意识，不放过任何可以增进客户关系的机会。

（二）注意细节，把握有利机会，推进客情关系。

（三）让客户感受到尊重，感受到他（或她）存在的价值。

（四）不要表现出过于强烈的功利心，防止给客户压力感。

做一做

请以下列情景设计为背景，思考其原因及应对策略。

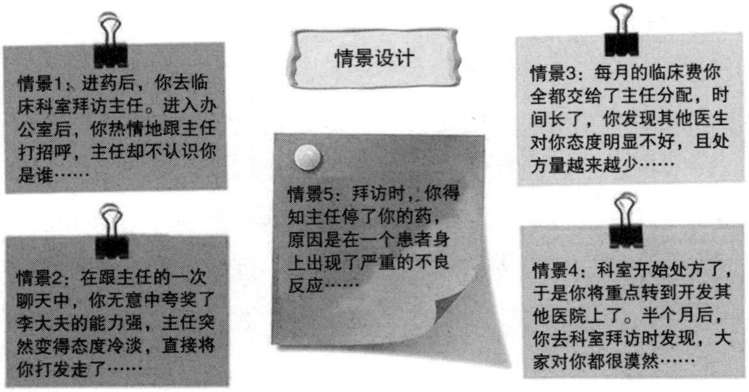

步骤三　撰写科内会的组织方案

相关知识

日常拜访、科内会、综合性大型推广会，共同构成了“产品推广促销”的三部曲。其中，日常拜访作为一种“一对一”的沟通方式，属于常规性工作，大型推广会则耗资耗时，召开次数和参加人数有限，而成功的科内会能弥补二者不足。科内会的组织流程包括：会前准备、会中要求、会后评估、会后跟进。

一、会前准备

（一）会前准备事项

1. 选定科室

选定科室时要思考以下几个问题：

（1）是否单一科室参加？

（2）多科室参加的话，科室关系如何？

（3）参加科室是否是推广的重点科室？

（4）该科室用药能否带动其他科室？

（5）该科室接受新药的能力如何？

2. 负责人的考察

（1）参加会议科室负责人的学术地位、在专业领域及医院内的影响力如何？

（2）接收新药的能力如何？

（3）能否按期参加会议？

3. 科室用药现状

（1）目前科室用药水平如何？

（2）是否愿意接受新药？

（3）科室内的人员现状、干群关系、医护关系等如何？

4. 竞争品种

（1）是否有竞争品种在临床使用？

（2）竞争品种在该科室主要的推广手段有哪些？

（3）竞争品种在该科室的工作基础是什么？

5. 预测会议效果

（1）会后能否达到预期效果？

（2）在一个月内临床消耗量有多大变化？

（3）拜访沟通关键人物情况怎样？

（4）已经用药的关键人物情况怎样？

（5）扩大用药量的关键人物，建立用药习惯的关键人物态度怎样？

（6）暂时的对立人物，尤其是科主任、专家的产品知识的沟通，要重视专家的口碑效应如何？

6. 确定会议时间

（1）时间充分　要保证充足的讲课时间，不宜在查房前或交班时间进行，可选择科室业务学习时间、上午或下午比较清闲的时间。会议一般在25—35分钟左右。

（2）时间安排　在同一时间内无其他院内活动、无其他同类竞争品种的集体推广活动。

（3）地点安排　根据参会人员的数量，尽可能选用宽敞的会议室或医生办公室，使医生能在安静舒适的环境中与我们共同探讨学习，要注意检查有无电源插头等。

7. 资料和讲课准备

（1）会议资料包括产品的宣传资料（彩页、散页等）合理配合，最好有样品。

（2）可以单独复印本省、市、院、科的临床用药经验文章，尤其是本院医生的报告一定要复印分发。

（3）讲课人会前必须充分准备。讲课必须详细查询科院状况、用药情况以及会议目的，根据实际情况调整讲课内容。

8. 器材准备

（1）白板、白板笔、笔。

（2）幻灯机、幻灯片。

（3）录像机。

（4）屏幕、激光指示笔、电脑、投影仪……

9. 会议现场布置

10. 演讲者的基本要求

11. 处理问题的预案

案例讨论

会议中出现以下问题，该如何处理

◎ 人员到场后才发现资料礼品准备数量不足，怎么办？

◎ 产品讲解时出现错误，怎么办？

◎ 参会人员已经到会，光盘却突然打不开，如何处理？

◎ 会议中途突然停电、设备坏了，怎么办？

◎ 开会期间，医生不注意听讲，大声喧哗如何处理？

◎ 会议讨论时，医生无人发言，出现冷场怎么办？

◎ 医生提出的问题太专业，不知道如何回答，怎么办？

二、会中要求

会中流程包括接待、签到、礼品和资料的发放、领位、开场白、公司介绍、产品的推广介绍、引导讨论、记录、结束语。

（一）接待、签到、领位

事先将医生的座位安排好，最好用桌牌进行明示，将主任安排在视线最好的位置。

（二）开场白

开场白是演讲者与听众之间的第一座桥梁。可以是欢迎词或者每个专题之前的独白。应该达到的效果：开门见山、说明要领，设问祈使、引起悬念，幽默趣味、笑中开场。

（三）公司介绍

介绍公司发展史、公司业务分布、公司产品类型、公司理念、公司业绩，以上内容可根据会议的大小、时间的长短增减。

（四）产品介绍

这是科内会的核心内容和重头戏。在介绍产品时，要根据医生的背景及期望、事先认真调查、精心准备并记录产品的内容。

（五）引导讨论

演讲者往往不仅要把自己准备的内容讲出来，还需要通过引导讨论来了解听众对演讲内容的接受程度。使用时应注意：

1. 巧妙地运用提问技巧。
2. 明白自己想要的答案。
3. 解释听众的回答（概括回答与你答案相吻合的内容）。
4. 总结经验。
5. 适当加上自己的观点。

（六）记录

目的是可以随时分析参加人员的类型、更重要的是增加回访机会和内容，记录内容通常包括与会人员的姓名、性别、职称、职务、科室及听讲时的表现及反应等。

(七) 结束语

发生于每个专题结束后或答谢时。它的意义在于将演讲推向顶峰，它的好坏直接影响到听众对演讲者的最后印象。

(八) 礼品资料的发放

三、会后评估

会后评估内容包括会议是否达到预期效果、准备工作是否完善、听众的反应、制定会后跟进方法等。

四、会后跟进

会后要及时安排跟进拜访。第一次跟进拜访应安排在当天下午或次日上午，了解会议对医生影响的初步效果。第二次跟进拜访安排在会后第三天，及时解答医生在初次使用中的问题、了解用药情况。第三次跟进拜访安排在会后第二周，争取实现科内用药医生数量的扩大和用量增加，会后一个月内增加拜访频率，以每周两次有效拜访为基础，促销上量，逐步常规化。

提　示

科内会后的跟进

◎ 打电话感谢医生接受你的拜访，使医生感到回馈的温暖

◎ 准备医生所需要的文献

◎ 邀请医生参加产品说明会，研讨会或演讲

做一做

以指定科室为例，试着组织一次针对该科室的科内会，请写出详细的组织方案。

知识巩固

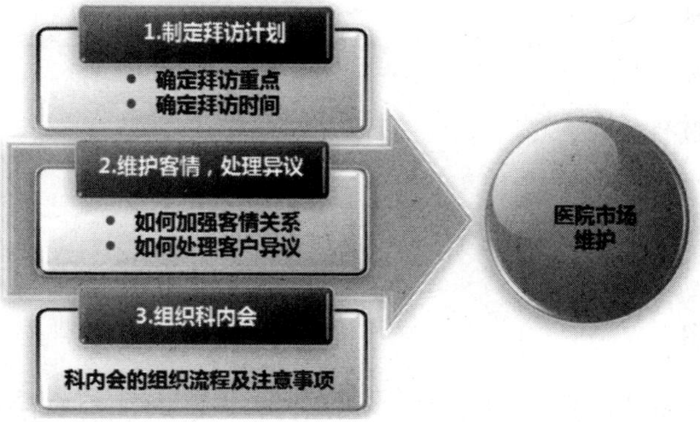

图 4－1 任务知识点

对照图 4－1，梳理自己所掌握的知识体系，并与同学相互交流、研讨个人对某些知识点或技能技巧的理解。

拓展任务

客情关系已经进入稳定期，销量也基本稳定，但是离完成公司的计划量还有一定的差距。试思考：可采取哪些方法提升销量？

任务 5 医院市场拓展

- **任务目标**

通过本任务的学习，学生达到以下目标：

□ 能掌握大型学术会议的组织流程，并能撰写活动方案

- **任务描述**

通过你的努力，医院科室的销量已基本稳定，客户关系也相对成熟了很多。根据公司销售任务的调整，从下个季度开始，你的销售任务增加了 15%。

- **任务素材**

1. 某制药公司的系列产品
2. 计算机
3. 某指定区域
4. 阅读材料

- **任务实施**

相关知识

增加医院药品销量的方法主要有两点：一是增加现有医院内的销量，提高单个“点”的产出量；二是召开大范围内的学术推广会，增加新开发的医院数量。因此既要盯紧现有的客户，也要向外扩张市场，积极开发新的医院，通过增加医院数量的办法来增加销量。

一、在现有医院增加销量的方法

（一）增加现有用药科室的处方量

（二）增加用药科室的数目

（三）增加医院内使用本公司药品的品种

二、增加新开发医院的方法

（一）召开大范围内的学术推广会

（二）借助商业公司与医院的客户关系开发新医院

（三）向公司争取扩大业务区域范围

三、防止销量下跌的策略

（一）分析原因，找出症结

（二）调整销售目标

（三）挖掘需求，寻找新的增长点

（四）开发新品种

（五）组织有创意的促销活动

步骤 撰写大型学术会议的组织方案

相关知识

一、医院推广会的组织

新产品进医院可以采用医院推广会的形式。医院推广会可分为针对整个区域所有医院和针对具体某一医院的推广会。

（一）针对整个区域内所有医院的推广会

一般由企业先派药品销售人员到所要开发市场的区域，对当地的药学会、医学会、卫生局等部门进行联络，尽量请到这些社团、机关的相关领导，并邀请当地比较有名的专家教授、相应临床科室的主任在会上讲话以表明权威性。时间、地点确定好以后，将该区域内大中小型医院的院长、药剂科主任、采购、相对应科室的主任、副主任以及有关专家请到，进行产品的交流，充分了解产品。

（二）针对某一具体医院的产品推广会

主要是和医院联合召开产品介绍会，向药剂科人员、临床科室人员、药事委员会成员介绍产品，使他们认识产品，了解产品，接受产品从而使产品顺利进入医院。

二、产品推广会的注意事项

（一） 以客户需求为中心

无论哪种形式的产品推广会，首先都要以客户需求为中心。只有真正了解了客户的需求，才能有的放矢地开展有针对性的学术推广活动。企业要做详细的了解，并把医生的需求和专业特长做好统计，然后挑选出重要的目标客户进行分类，以便适时有针对性地满足其需求。企业根据医生的需求，建立档案，采取分层分级的方式对医生进行管理。

（二）产品得到行业专家认同

企业必须要聚集专家资源，产品得到行业专家认同，让他们参与到企业产品的推广工作中来。这些专家必须是与企业产品相关的、在国内有一定知名度的专家，其专业与企业所生产的产品相匹配。在各大医院整合医生和专家资源，组成专家组，以体现专家在学术方面为企业和产品服务的职能。

（三）学术推广要有公益性

专业学术推广方式在实施过程中，需要围绕带有公益性的学术成果展开，不能融进太多的商业行为，否则会让参会的医药人员产生厌烦情绪，而使专业学术推广陷入不利境地或僵局。

（四）注意学术推广活动的细节工作

不同规模的专业学术推广会有不同的要求。对于那些规模大、规格高、人员参与多、邀请的专家知名度高的专业学术推广会，应以高度负责的态度认真对待。在场地选择上，保证会场的空间大小选择，保证音响、灯光及多媒体等的质量与效果。会场的布置尽量运用醒目的 POP、海报、易拉宝、展示盒等装饰会场四周；准备好详细的临床资料，以及产品的最新研究进展成果及动向资料。企业办一些学术推广会时，要注意与相关的医学、药学的政府机构或民间组织合作，借助他们的影响力来增加学术气氛，使产品能够被医生了解，快速推广开。

下面以大型学术推广会为例介绍相关的程序。

1. 一般此类会议由市场部或大区召开，须按照审批程序进行报批。

2. 选定会议报告人，一般为 3—4 人。须选择 1—2 位全国知名专家，1—2 位当地权威人士，并由市场部产品经理或医学部作产品介绍。

3. 确定会议时间和地点。确定会议总协调人和具体负责人。明确每人的分工和责任。一般有专人负责专家全程事务，专人负责资料分发和会议幻灯等用品，专人负责住宿交通接待等事务，专人负责会场布置产品宣传等。

4. 由所辖区域各级负责人安排邀请参会代表，必须有公司正式请柬。

5. 接待人员（公司所有参会人员）必须统一服装，佩带会务标志，规范举止、言行。

6. 会议发放物品包括：会议日程，产品资料（多种），会议报告或论文集等。

7. 会场布置需考虑公司形象。要安排会议名称条幅，标语，各种招贴画。要设有展台，公司展板，产品样品和其他产品资料。

8. 会议结束后，各地需安排代表们进行回访以增强同医生的联系。若难以安排回访，则需写感谢函给每一位医生。

做一做

试组织一次市级的学术推广会，请参照科内会的组织流程，撰写一份该活动的组织方案。

知识巩固

图 5－1　任务知识点

对照图 5－1，梳理自己所掌握的知识体系，并与同学相互交流、研讨个人对某些知识点或技能技巧的理解。

拓展任务

思考：还有哪些方法可以提升医院药品的销售量？

任务6　医院市场分析

- **任务目标**

通过本任务的学习，学生达到以下目标：

□ 能对医院市场进行分析、对工作进行总结

- **任务描述**

经过一段时间，你已经慢慢熟悉了医院市场的营销工作。请你对区域内的市场情况进行分析，对前期的工作进行总结。

- **任务素材**

1. 某制药公司的系列产品
2. 计算机
3. 某指定区域
4. 阅读材料

- **任务实施**

步骤　撰写市场分析报告

相关知识

影响医院营销的因素如表6－1所示。

表6－1　**影响医院营销的因素**

影响因素	具体内容
环境因素	1. 需求水平；2. 经济状况；3. 技术发展；4. 政治法律；5. 市场竞争

续表

影响因素	具体内容
组织因素	1. 目标；2. 政策；3. 组织结构；4. 程序；5. 制度
人际关系	1. 职权；2. 地位
个人因素	1. 年龄；2. 收入；3. 教育；4. 性格；4. 志趣
利益点	药剂科与临床的关注点各有不同。 临床关注： ◎ 产品的安全性 ◎ 产品的疗效 ◎ 新的临床治疗方案 ◎ 与竞品的性价比 ◎ 专家的推荐 药剂科关注： ◎ 企业的综合实力 ◎ 产品政策 ◎ 企业的后期维护、服务 ◎ 临床需求

做一做

试在前期工作的基础上，对自己的工作情况进行总结，对市场进行分析。

知识巩固

图 6－1　任务知识点

对照图 6－1，梳理自己所掌握的知识体系，并与同学相互交流、研讨个人对某些知识点或技能技巧的理解。

拓展任务

试总结药品学术专员的岗位职责。

阅读材料

阅读材料 1　药品学术专员岗位职责

一、岗位职责

（一）按照公司的市场战略、营销目标、销售政策去管理负责的区域和医院，完成销售目标；

（二）在负责的区域内负责本公司产品的市场宣传、推广工作；

（三）根据销售任务制订销售方案并实施，达成销售目标；

（四）负责市场信息的收集，并反馈给公司市场部，为营销策略的制定提供参考；

（五）负责目标医院的开发与维护，建立销售网络；

（六）组织科内会，熟练地进行产品演讲与宣传；

（七）及时解答客户疑义，保证公司产品在市场的销售；

（八）及时完成上交公司规定的各项报表；

（九）配合地区经理对医院的协同拜访；

（十）建立客户档案，与客户保持良好的关系。

二、素质要求

（一）良好的应变能力、谈判能力；

（二）责任心强，善于维护和保持与客户的良好关系；

（三）具备较强的市场开拓能力及沟通能力；

（四）具备一定的医药学专业知识；

（五）具备市场营销学方面的知识；

（六）能恪守职业道德，保守公司机密；

（七）具备吃苦耐劳的品质；

（八）善于发现问题、解决问题、总结问题；

（九）熟悉医药行业法律法规，能遵纪守法；

（十）对企业高度忠诚的职业素质。

阅读材料2　学术专员工作拜访全过程情景演示

第一部分　学术专员拜访药剂科主任

人物：1. 某医院的药剂科张主任

2. 康盛公司学术专员张媛媛

时间：某天下午3：30

药剂科主任办公室，主任一个人坐在办公桌旁，正在看文件。学术专员手提公文包，走近办公室门口。门开着，她用手连续敲了两下，见药剂科主任没有反应，就又连续敲了两下。

张主任不耐烦地抬起头说："请进！"小张很自信地走到办公桌旁。

代表：张主任，您好！我是康盛公司的学术专员，我也姓张，叫张媛媛，这是我的名片。

小张双手递上自己的名片。

张主任：康盛公司？没听说过。你找我有什么事吗？

代表：康盛公司是康缘药业公司的子公司。我今天准备向您介绍我公司的新产品——六味地黄软胶囊。

张主任：我们医院已经有了同类产品，按照医院规定，不能再进同类新产品，你还是到其他医院去看看吧！

代表：谢谢您的关照。不过呢，我公司的新产品很有特点，请允许我向您介绍一下，好吗？

张主任：我马上要去开会，你下次再来吧！

代表：真的不好意思，这时候来打扰您！不过，我就打扰您一分钟，行吗？

张主任：好吧！你可得抓紧点。

代表：我可以坐下来与您商谈吗？

张主任：可以。

小张的双手利索地打开公文包，迅速地取出产品说明书和一支笔。张主任像往常一样准备去接产品说明书，可是，小张并没有把说明书给她。而是一手拿着说明书，另一只手拿着笔，开始简要介绍产品的特征。主任的身体不由自主地向前伸了一下。

代表：张主任，说明书的距离似乎远了点，对您很不方便。我可以坐在这个座位上吗？

张主任：可以。

小张把座位移到办公桌旁边的座位上坐下，然后，把说明书递到离主任很近的地方，手中的笔在说明书上流畅的移动。

代表：六味地黄软胶囊与六味地黄丸相比，有四大特点：

一是它的有效成分含量高，疗效好。软胶囊的主要成分——丹皮酚含量大于0.3%，熊果酸含量大于0.03%，均大于其他同类剂型。二是它的崩解速度快。软胶囊的平均崩解时限为10分钟，崩解速度明显快于其他同类剂型。三是易吸收，起效快，生物利用度高。软胶囊内容物是采用水提醇沉、水蒸气蒸馏等先进提取工艺，并利用指纹图谱分析精制而成的一种油状液（脂溶性物），不含生药粉。四是服用量少、服用方便：3粒/次，2次/日。

张主任：看你说得这么好，学术专员都会吹牛。

代表：您说得很有道理，现在有些学术专员在介绍自己产品的时候，总是喜欢夸大其词，这种做法违背了科学。

主任很自然地点头，表示赞同。

代表：我们公司在培训的时候反复强调，介绍产品一定要讲究科学，实事求是，让相关的医生在开处方时，能做一个准确的判断。

张主任：这种产品多少钱一盒？

代表：28元一盒。

张主任：这么贵！六味地黄丸才十几元一盒，这种产品在我们地区肯定不好销。

代表：是的，以前我们也这样认为的。但是经过调查，我们发现还是有很大市场空间的。所以，今年我们才下决心开发这片市场。

张主任：这种产品在我们地区的前景不太光明。我认为，贵公司在这儿投资不值得。

代表：我们在开发市场之前，在附近的市场作了一次调查，数据表明，有83.7%的病人不太关心产品的价格，而更关心它的疗效。再说，现在的患者比较富裕，讲究药品的受污染指标。我们的产品经过特殊的加工，不含残留的农药。

张主任：你说得有点道理。

代表：张主任，是否进几盒货，试用一下？

张主任：现在不是进新药的时间，如果需要进新药，必须经过药事委员会讨论。

代表：谢谢您的关照。请问张主任，贵医院的药事委员会都由哪些专家组成的？

张主任：这是医院的秘密，不能随便告诉人的。

代表：张主任的职业道德真好。那么，在开会之前，我要做哪些工作呢？

张主任似乎有点为难。小张见到这情形，马上改变策略。

代表：我是否可以先去拜访一下内科主任，以便取得他的理解和支持？

张主任：你自己看着办吧！

代表：请问，内科主任姓什么？

张主任：内科主任姓李。

代表：谢谢张主任！

第二部分　学术专员拜访西医内科主任

人物：1. 西医内科主任李医生

2. 康盛公司学术专员张媛媛

时间：某天下午4：00

情景：李医生的门诊室还有两个病人，小张轻轻地走进去，耐心地等待着，直到李医生把两个病人的事处理完。

代表：李医生您好，我是康盛公司的学术专员，我姓张，叫张媛媛，这是我的名片。

医生：你有什么事吗？

代表：我可以坐下来与您谈吗？

医生：可以。不过，马上就要下班了。

代表：李老，我知道您很忙，不会打扰您很久的。

医生：行！行！你说吧。

代表：在当地的医药界，我早就听说了您的大名，一直想来拜访您，可是没有机会。今天我的愿望总算实现了。（稍微停顿一会儿）今天来，主要是想向您介绍一下我公司的新产品——六味地黄软胶囊。

医生：我不经常用中成药，我是西医医生，对中医不太了解。

代表：是的，很多西医医生在不太了解中成药时，不经常使用中成药，我能理解这种处理方法。同时，这件事也说明，学术专员的工作太重要了，我必须把新产品的信息传递好。

医生：国内企业的学术专员在产品知识方面不怎么专业，经常不能把新产品的相关知识介绍清楚，我们很难开处方。

代表：谢谢李老的提醒！我会尽力学习熟悉专业知识的。

小张的双手利索地打开公文包，迅速地取出产品说明书和一支笔。李医生像往常一样准备去接产品说明书，同样，小张并没有把说明书给他，而是一手拿着说明书，另一只手拿着笔，开始详细介绍产品的有关情况。

代表：六味地黄的秘方始见于宋代钱乙《小儿药证直诀·卷下诸方》，始称地黄圆，以张仲景《金匮要略》的肾气丸减去桂枝（或肉桂）、附子，易干地黄为熟地黄而制成。

代表：六味地黄软胶囊的成分有熟地黄、山茱萸、山药、泽泻、牡丹皮、茯苓。辅料为植物油。

六味地黄软胶囊方解：

三补：君药，熟地黄滋阴补肾、益精生血；臣药，山茱萸，温补肝肾、收敛精气；山药，健脾补肺、涩精止泻。佐药，泽泻，清泻肾火并防熟地之滋腻。

配伍特点：三补三泻，补泻结合，“肝脾肾”三阴并治，而以滋阴补肾为主。用之滋补而不留邪，降泻而不伤正，民间誉为“小仙丹”。

六味地黄软胶囊的功能主治有以下几种：滋阴补肾。用于头晕耳鸣，腰膝酸软，遗精盗汗。

六味地黄软胶囊的特点是：

1. 有效成分含量高，疗效好：软胶囊丹皮酚含量大于0.3%，熊果酸含量大于0.03%，均大于其他同类剂型。

2. 崩解迅速：软胶囊的崩解平均时限为10分钟，崩解快于其他同类剂型。

3. 易吸收，起效快，生物利用度高：软胶囊内容物系采用水提醇沉，水蒸气蒸馏等先进提取工艺，并利用指纹图谱分析精制而成的一种油状液（脂溶性物），不含生药粉。

4. 水提醇沉：对易溶于水的生物碱等采用水提之后再用乙醇浸润，去除杂质。

5. 服用量少、服用方便：3粒/次，2次/日。与同类品种比较：

a. 片剂：口服，8片/次，2次/日。

b. 浓缩丸：口服，8粒/次，3次/日。

c. 硬胶囊：口服，8粒/次，2次/日。

d. 冲剂：冲服，1袋/次，2次/日。

6. 含药量准：每粒软胶囊重量误差仅为1%—2%。

7. 不含糖：适宜中老年朋友尤其是糖尿病患者服用。

8. “绿色中药”：软胶囊内容物系高科技萃取结晶，不含生药粉，解决了中药制剂中长期存在的农药残留污染和重金属超标问题。

医生：软胶囊的特点听起来是比较明显的。

代表：李老，能否考虑在贵科室先试用一下？刚才我介绍的，仅仅是我本人的观点，用案例来见证，才能真正说明问题，您说呢？

医生：我可以考虑试用一下贵公司的新产品，不过，我先得与科室内的其他医生商量一下，过几天给你答复，怎么样？

代表：行！我过几天再来看望您。

小张略微想了一下，然后面带笑容地说。

代表：李老，今天是星期二，我星期五下午四点再来如何？

医生：行！

小张从从容容地站起来，与李医生握手告别。

第三部分　学术专员再次拜访内科主任

人物：1. 某医院内科主任李医生，内科副主任王医生等四人

2. 康盛公司学术专员张媛媛

时间：某星期五下午4：00

李医生等四人正在办公室聊天。小张准时来到办公室门口，李医生见到小张就热情地与她打招呼，请她进来。

李医生：小张，你好！我们正在等你，盼你准时到来。

代表：谢谢！我没迟到吧！

李医生：没有！没有！挺准时的。我来给你介绍一下我的几位同事。这是我们的内科副主任王医生。

代表：王医生，您好！

王医生：小张，您好！

李医生：这是中医内科专家孙医生。

代表：孙医生，您好！

孙医生：小张，你好！

李医生：这是西医内科专家杨医生。

代表：杨医生，您好！

杨医生：小张，你好！

李医生：星期二，你来我这儿介绍了贵公司的新产品之后，我觉得你讲中药产品非常专业，过后呢，我又仔细地研究了一下贵公司的其他新产

品，我认为这些新产品很有前途。所以，今天把我们医院的几位专家请来，想听听你关于其他新产品的专业介绍，好吗？

代表：李老，您过奖了！在座的各位都是这方面的专家，我哪敢班门弄斧啊！

李医生：小张，没关系，他们都是我的好朋友，你大胆地讲！

众医生也点头表示赞同。

代表：谢谢李老和几位专家给我信心，那我就班门弄斧啦！上次，我向李老介绍了我公司的六味地黄软胶囊，今天，请允许我代表康盛公司向各位专家介绍另一个新产品，元胡止痛软胶囊。

小张的双手利索地打开公文包，迅速地取出产品说明书和一支笔。小张一手拿着说明书，另一只手拿着笔，面对四位专家，开始很从容地详细介绍新产品的有关情况。

代表：元胡止痛软胶囊处方来源于《中国药典》1985 年版的元胡止痛片，康缘公司改进了它的剂型，并采用国际流行的四大新型剂型之一——软胶囊制剂研制而成的国家四类新药。元胡止痛软胶囊成分由延胡索和白芷组成。元胡止痛软胶囊的方解是：延胡索：活血、行气、止痛，“能行血中气滞，气中血滞，故专治一身上下诸痛，用之中的，妙不可言”为方中君药。白芷：散风除湿、通窍止痛、消肿排脓，为方中臣佐之药。

孙医生：（故意地考考小张。）君臣两药之共同作用呢？

代表：两药共奏理气活血止痛之功，其特点是阴阳兼顾、气血并调，整体论治，多系统多范围地调控人体功能，但又重在理气活血，化瘀止痛，充分体现了中医“异病同治”的辨证思维方式，为治疗因气滞血瘀而引起的诸痛之常用药。

孙医生：有道理。

代表：元胡止痛软胶囊功能主治：理气、活血、止痛。用于气滞血瘀引起的胃痛、胁痛、头痛及痛经等疗效显著。

李医生：小张，你再把它的特点向大家介绍一下，好吗？

代表：好的。元胡止痛软胶囊的特点是：

1. 镇痛作用强：软胶囊中延胡索总生物碱的镇痛效价约为吗啡

的 40%。

2. 崩解、起效快：软胶囊崩解时间约为片剂的 1/7，且在服用后半小时即可显效。

3. 有效成分含量高：软胶囊中延胡索乙素的含量每 g 不小于 0.5mg，其含量约为片剂的 2.3 倍。

4. 服用量少，软胶囊每天服用 6 粒量相当于服用片剂 18 片量。

各位专家，这是同类品种比较表：

山西硬胶囊：3 粒/次，3 次/日。

郎通硬胶囊：4—6 粒/次，3 次/日。

元胡止痛颗粒：1 袋/次，3 次/日。

元胡止痛片：4—6 片/次，3 次/日。

元胡止痛滴丸：20—30 丸/次，3 次/日。

5. 药量准：每粒软胶囊重量误差仅为 1%—2%。

6. 安全性高：软胶囊纯中药制剂、无耐药性、无成瘾性，副作用小（如吗啡有呼吸抑制、便秘及成瘾性等副作用）。

7. “绿色中药”：软胶囊内的药物为高科技萃取精华，不含生药粉，无农药残留。

8. 质量稳定：软胶囊是由自制压丸机压制，一次成型，全封闭剂型，避免了普通片剂含糖、易氧化、变质、久置崩解不合格现象。

众医生点头称是，对小张的介绍极为赞赏。

杨医生：它在西医方面应用前景如何？

代表：它在西医方面的应用前景非常广阔，在神经科可用于治疗血管紧张性头痛、偏头痛、肋间神经痛、脑震荡后头痛等。在心血管科可用于冠心病、心绞痛等。在肝胆消化科，可用于各种肝病、胆囊炎、胆石症、急慢性胃炎、胃与十二指肠溃疡，下痢腹痛，幽门不全梗塞等引起的疼痛。在肿瘤科可用于各种肿瘤引起的疼痛。在妇科可用于原发性痛经、产后宫缩痛等。在骨伤科可用于筋骨扭伤、闪挫伤、腰肌劳损、跌打损伤所致肿痛。在外科可用于外科手术疼痛、非化脓性肋软骨炎等疼痛。在五官科可用于牙痛等。

王医生：小张，您的介绍相当全面，也非常专业。李老，是否把我们几个科室的医生组织起来，让小张做一次专题介绍会，让西医医生多多了解康盛公司的新产品，在今后的临床中可以大胆放心地使用。

李医生：您的建议真不错。小张，你看如何？

代表：行！谢谢各位专家，给我这么好的机会，我一定会把握好，不辜负各位专家的期望。这是我公司的一点小礼品，请各位专家务必收下。

小张从公文包中取出四支派克笔分送给四位专家。四位专家欣然收下。

众医生：谢谢！

李医生：时间不早了，各位医生，今天就到此为止，好吗？

众医生：行！

李医生：小张，您可得准备好，咱们下次见。

代表：行！李老，新产品介绍会的时间确定后，尽快通知我，我可以有充足的时间作准备。

李医生：一定，一定！

代表：各位医生，再见！

众医生：再见！

小张从从容容地走出门诊室。两星期后，在几位专家的全力协助下，小张举办了一次极为成功的新产品介绍会，大家十分看好康盛公司的新产品在该医院的前景。

第四部分　学术专员再次拜访药剂科主任

人物：1. 某医院药剂科张主任

　　　2. 公司学术专员张媛媛

时间：某天下午3：00

张主任在她的办公室与一位同事讨论工作，小张在办公室门外耐心地等候。张主任与部下谈完工作，就招呼小张进来。

代表：张主任，您好！

主任：小张，你好！听说你召开了一次很成功的新产品介绍会，很多医生对你的专业知识非常赞赏，是吗？

代表：过奖了！医生们是在鼓励我。能召开这次新产品介绍会，与您的支持是分不开的。要不是您上次介绍我认识李医生，我根本没有机会。我打心底里感谢您。

小张从公文包里迅速地拿出一支派克笔，双手递给张主任。

代表：这是我公司的广告小礼品，请您收下。希望您每次写字的时候，就会想起我和我公司的新产品。

主任：（面带善意的微笑说）你是不是得付给我广告费啊？

代表：行！没问题。张主任，根据李医生的要求，贵医院是否可以进一些新产品试一试？

主任：几位医生已经向我提出了这一要求，我正在考虑这件事。你们公司的供货价是多少扣？

代表：78 折。

主任：这就不好办了，因为我们医院的进货价一般不超过 75 扣，你们公司的供货价可能无法接受。

代表：我公司生产这类产品的成本比较高，市场运行成本也很高，供货价实在难以下调，请主任多多谅解。

主任：你们公司在我们医院销售新产品，是否发放宣传费？

代表：我公司在其他医院进行销售时，都根据医院的实际情况灵活处理。其他药厂的学术专员销售新产品时，他们是如何处理宣传费的呢？

主任：我不怎么清楚。新的药品管理法出台以后，大家都要遵守法律。

代表：谢谢张主任的提醒！

主任：还是回到供货价这个问题上。你们公司是否可以考虑降几个百分点？

代表：实在很难。不过，我回去请示一下我的上级，看看能否给贵医院特殊的优惠政策。

主任：行！你回去请示一下，再来找我。

小张回去之后，请示了她的上司。上司决定给予此医院76折的优惠政策。小张带着这一优惠政策又来到张主任的办公室。

代表：张主任，您好！

主任：小张，你好！带回来什么好消息？

代表：我回去之后，马上找我们经理商量，经过我的努力，经理终于同意给贵医院优惠政策。

主任：多少折？

代表：76折！

主任：还是没有达到我们的要求，我如何向院长交代呢？

代表：张主任，这是我公司在该地区的最低供货价，实在不能再低了，请多多原谅！

主任：好吧！好吧！小丫头，机灵鬼，我只好代你受批评了。

代表：谢谢张主任的谅解。您看，这次订货是订两件还是三件呢？

主任：先订两件，用好了，再继续订货，行吗？

代表：行！

小张把事先准备好的合同拿出来，迅速地填好有关项目，提交张主任签字盖章。经过一个月的努力，小张终于在这家医院打开了局面。

阅读材料3　医院市场营销案例

案例背景

鲁南制药今年想开发×××的医疗市场，小丽是负责该市场的学术专员。经过前期考察，小丽发现，该地区的经济水平中等偏上，医院数量不多，但是有一家三甲医院在当地的影响力很大。因此，小丽下决心一定要开发成功该医院。在接下来的市场开发与维护过程中，她遇到了以下问题。

案例1 医院市场开发之拜访药剂科

一、案例描述

今天，小丽要去拜访这家医院的药剂科刘主任，推广公司的产品。这是她第四次拜访刘主任了。第一次去，不巧主任没在，白跑一趟；第二次去，运气不错，主任刚好在，但是正在与人进行交谈，于是小丽就在门外等。结果主任和谈话的人一起从办公室出来，直接走了，又白跑了一趟；第三次，小丽特意早早地就去医院了，主任没来，小丽就在门口等着。好不容易把主任等来了，可主任脸色不好，小丽就简单地向主任介绍了产品和企业，放下资料就“被告辞”了。

这一次，不知道又是什么结局。为了完成开发任务，小丽还是硬着头皮来到了医院。到了主任办公室门口，小丽深吸了一口气，然后敲了敲门，在听到“请进”之后，小丽推门进去。办公室里只有主任一个人，正在看文件。

小丽快步走上前去，双手拿着名片递向主任，同时介绍道：刘主任，您好！我是山东鲁南制药的销售代表小丽，这是我的名片。

刘主任接过名片看了一眼，顺手扔在桌上：哦，有事吗？

小丽：刘主任，方便占用您五分钟时间吗？我向您介绍一下我们公司的产品瑞旨，一个心血管类用药，希望能进咱医院。

刘主任：那快点吧。

小丽赶紧坐下，从包里拿出产品资料，双手递给主任一份，然后向主任做起了介绍。

听完之后，刘主任摇摇头：你们这个产品从来没听过，而且你们企业我也没听说过，以后有机会再说吧。

小丽解释道：我们公司是山东临沂的，您可以到我们公司的网站看一下，绝对不是毫无信誉的小企业，质量绝对可靠。

刘主任：我也不是怀疑你们公司的产品质量，只是现在没有进药计划。要不你去找找院长？

小丽：哦，是这样啊，那我先把产品资料放您这，您有空看看，等有合适的机会您再考虑一下我们的产品。

刘主任：好的。

二、案例分析

大部分销售代表对医院的市场开发都是从陌生拜访开始的，我们先要寻找进入医院的途径，毫无疑问，我们要先去药剂科进行拜访，这是进入医院的必经之路。初次拜访的主要目的就是递上名片和资料，如果比较幸运，碰到了科室主任而且主任还不忙，那就介绍介绍产品，跟主任聊聊进货渠道、产品是否能在该院销售，顺便也能观察出主任对产品和自己的认可程度。当然，大部分代表没有这么幸运，可能碰上主任不在，或主任忙得不可开交，或者心情不好一副冷脸相待，或者聊了半天最后连姓名都打听不出，只是留了个办公电话。拜访中，除了直接的拒绝"我们不需要"，还有"我们有类似品种，这事我说了不算你去找院长"吧。是还没找到关键人物吗？是不是该去找院长呢？医院不进货的真实原因到底在哪里呢？该如何解决呢？

从这个案例中，我们分析一下小丽被拒绝的原因，并探索解决的方法。

原因一，拒绝是药剂科主任的自然反应。

对于一个新品种，药剂科主任为什么不进呢，这是因为他不愿意去担责，也不信任我们。因为他不知道这个品种进医院后在临床上会不会被处方，要是砸在自己手里呢？厂家业务员今天干，明天就不知道去哪里了，很多品种都是在进货后就没人管了，所以药剂科主任当然不会轻易进了。

解决的办法就是消除他的顾虑。而想要消除顾虑，并没有快速、特效的方法，只有通过坚持不懈的多次拜访，与其建立信任关系，药剂科主任才会产生采购意向，并会告诉你找哪个目标主任，与目标大夫谈妥后会写用药申请，进货也就顺理成章了。

原因二，竞争品种太过强势。

这是最令销售代表头疼的事情。尤其是当选择与外资企业的原研产品为敌时，竞争压力就更大了。随着医药市场环境的日益规范化，学术推广俨然已经成为一种发展趋势。而外企在这方面的优势是令大部分国内医药企业望尘莫及的。在认清形势的情况下，销售代表必须加强自身素质的修养，除了要具备一定的销售技巧之外，医药学专业知识也是必不可少的武器。

原因三，新品种缺乏创新。

很多医药企业为了抢占市场，对原有的、普通品种进行稍微改进，就按照新品种进行申报并上市销售，换句话说，就是换皮不换心。对于专业性较强的医院来说，这样的产品缺乏新意，引进的话，就会与现有的品种形成同质化，没有必要，所以很多药剂科主任在面对这样的品种时，大多都会拒之门外。这就督促医药企业必须要加强科研力量，加快研究新产品，以真正的“新产品”形象展示在客户和消费者面前，从而赢得市场。

案例 2　医院市场开发之拜访临床科室

一、案例描述

经过多次的拜访沟通，小丽已经与该医院药剂科达成了瑞旨的开发意向，但需得到临床医生的认可和申请报告。通过多渠道了解到心内科主任权威望高，不轻易接触学术专员，而且科室已经两年没进新产品了。

小丽第一次拜访时长大约两分钟，介绍了产品和企业，看到主任情绪不高后，就赶紧告辞撤退等待下次机会。

第二次拜访小丽准备充分。早上八点到医院，一直等到十点半主任从病房回来。小丽观察了一下，从主任的面部表情看起来心情不错。小丽迎上去简单打了个招呼：“主任您好!”紧跟着主任进入办公室，关上门。这时，主任的电话响了。通话中主任用的是当地方言对白，小丽隐约中听到“……不知道……我也没遇到这种病例……××期刊上有提到，咱没订”等字眼。听到这些断断续续的内容后，小丽马上意识到主任可能遇到了什么麻烦事，说不定能帮上忙。于是在主任结束电话后，小丽主动询问主任是不是需要××期刊，公司正好有，因为公司的产品一直在该期刊上做宣传推广，所以公司给每个办事处都订购了。主任听了以后很高兴，想向小丽借来看看。小丽觉得这应该是个挺紧急的事情，就暂时放下今天剩下的工作，急忙打车回到办事处，给主任取来了书。主任当场表示了感谢，说看完之后就返还。小丽表示不着急，并告诉主任期刊里有一篇介绍公司产品的文章，希望主任有空可以看看。

第三次拜访是在两天后，主任再次对她表示了感谢，并说已经看到了公司的产品和相关报导，觉得这个产品不错，并详细询问了产品的一些信息，包括价格等。小丽一一作了详尽的解答，主任一边听一边频频点头，并表示会好好考虑的。

一周后，小丽接到医院电话，产品在医院药事委员会上通过，让她赶紧递送产品物价批文备案。余下的一切都很顺利，水到渠成！

二、案例分析

小丽之所以取得了成功，是因为做到了以下几点：

（一）明确而坚定的目标加上坚持不懈的努力

该医院地处经济较发达地区，属于三甲级别，市场潜力大，毫无疑问成为小丽的目标开发对象。“半年多次拜访沟通”的坚持，为开发前期客情工作奠定了良好的基础；“心内科主任权威望高”等各种信息的收集为以后核心公关环节提供了心理准备。客户基本信息的收集是小丽开发前期必备工作。“科室两年没进新产品”，难度系数大，但她坚信堡垒再坚固也能攻克。机会如同白驹过隙，稍纵即逝，机会是给有准备的人。坚定目标抓住机会就能到达胜利终点！

（二）销售技巧使用得当，包括外表和内在

“第一次拜访时间两分钟”不能说不成功，主要是因为前期对客户的了解，在客户情绪欠佳的环境下采取的应对沟通策略，所以“赶紧告辞撤退等待下次机会”。第一次拜访让客户对小丽本人有了感性认识，对产品、企业有了第一次接触和了解，奠定了第二次拜访基础。“第二次拜访准备充分”，从仪表、仪容、心态、资料、异议处理策略等都做好了充分准备。“从她面部表情看来心情不错”，“紧跟着进入办公室关上门”。内外环境具备沟通条件，抓住机会开始第二次沟通交流。客户拜访沟通环境极大地影响到小丽的沟通效率。这个环境包括内外两方面：内即双方的情绪心态；

外即安全隐私沟通物理环境。熟练的拜访技巧需要在实践中摸索和总结，是销售职业中最基本的技能。

（三）对细节的关注度高，善于发现

在进入办公室后，“主任的电话响了”，正常的沟通被电话打断，借助这个机会调整心理，发现需求，寻找共同话题。在主任通电话过程中，小丽在听到主任说“……不知道……我也没遇到这种病例……××期刊上有提到，咱没订”等信息后，立即将其整理归纳为客户需求。销售人员应该用职业的态度对待身边的每个事物，关注事物的每个细节，并引导为需求，是一种职业行为。行为决定于态度，细节决定成败！

（四）反应快，能根据重要性合理安排工作

在发现客户需求后，要确定其重要性，立即赋予行动。第一，需求是有时限性的，不同时间阶段客户有不同层次的需求。如果时间跨度长，客户特定的需求已经被竞争对手满足或者放弃，就失去了意义和价值；第二，客户需求有层次，销售代表满足的条件受个人能力权限和企业的限制，不能盲目满足或者答应，要考虑到投入和产出效能比。

（五）充分利用一切可以让客户了解的机会

“小丽表示不着急，并向主任说明期刊里有一篇介绍产品的文章，希望主任有空可以看看。”满足客户需求后，返回到最初目标——产品推广。一般客户交流过程中，双方需求都很明确，切忌过于急功近利表露直白，给对方目的性太强的感觉，激发起对方自我防卫的本能，很容易被拒绝。

案例3　医院市场维护之开科室会

一、案例描述

经过小丽不懈地努力，瑞旨终于顺利地进入医院。为了让医生更好地了解该产品，知道如何处方，小丽决定在医院开一次科室会。下面是她开科室会的过程。

小丽先对该科室的总体情况进行了分析：主任在科室里的权威性很强，而且水平很高，她是比较认可这个产品的，由此确定产品可以在科室里用。

但是其他医生的态度不是很明朗，尤其是年纪较大的老医生，对新产品的抵触情绪要明显一些。经过分析之后，小丽打定主意，决定再次拜访心内科主任，与其协商一下开科室会的事宜。

这天，小丽来到心内科，敲开了主任办公室的门。

小丽礼貌地跟主任说：主任，您忙着呢，我是山东鲁南制药的小丽，还记得我吗？

主任看了小丽一眼，又低下头忙，说：记得，有什么事吗？

小丽走到主任办公桌前，说：我们公司的瑞旨已经送货了，我今天特意过来跟您详细说说，您看有时间吗？

主任看了看表：你快点，我一会儿还要去开会。

小丽赶紧坐下，拿出产品资料，递给主任：主任您看，这是我们产品的资料。瑞旨属于降脂类产品，能够快速而稳定地降脂，使用过的医院临床大夫都反映效果比较好。

主任看了看资料，问道：这种产品我们也知道，不太了解它，处方起来有点困难。

小丽说：主任，您看您都说不知道怎么用，那咱科室大部分人肯定也不知道该怎么处方。您看这样行不行，利用哪天咱们科室比较闲的时间，我来给大家一块讲讲，其实也是班门弄斧。

主任沉思了一下：周五下午2点吧，是我们科的学习时间，你到时候过来讲讲。

小丽说：那主任您也得去啊，帮我撑一下腰。

主任：我那天有安排，给他们讲讲就行。

小丽笑笑说：主任，您不在可不行，我没信心啊！其实我最多就占用半个小时的时间，不会太长。

主任想了想，说道：好吧，实在不行咱就稍微提前点，不过你可不能拖啊！

小丽问道：那在哪开？有没有小会议室？

主任说：不用，在办公室就行，到时候拉上窗帘，方便。

小丽说：好的，主任，咱先这么说好，等周四我再跟您确定一下。

主任：好。

小丽站起身来，说：主任您先忙，我回去好好准备准备，别到时候丢人。

主任笑笑道：呵呵，好的。

周四，小丽再次拜访了主任，并确定了周五的会议安排。

周五中午 12 点，小丽带好电脑、投影仪等设备，来到医生办公室，开始准备会议资料。

由于提前做了充分的准备，会议进展得很顺利。主任开场时对小丽做了简单的介绍，然后小丽用 PPT 向大家做了详尽的产品介绍，同时与参会的医生进行了简单的交流。会议气氛整体融洽。

会后第二天，小丽又早早得来到了医院，向医生了解情况，解答医生的疑问。接下来的一个月时间内，小丽每周都是 2—3 次的拜访频率。功夫不负有心人，在小丽的努力之下，产品销量开始稳步上升，逐渐在科室站稳了脚跟。

二、案例分析

从这个案例来看，小丽的科室会推广是成功的，不仅使医生明确了产品特点，了解了如何正确处方，而且提升了个人形象，拉近了与客户之间的客情关系，确实产生了质的变化。

日常拜访、科内会、综合性大型推广会，共同构成了“产品推广销售”的三步曲。其中，日常拜访作为一种“一对一”的沟通方式，属于销售代表的常规性工作，大型推广会因耗资耗时，召开次数和参加人数有限，因此灵活可控的科室会就弥补了二者的不足。科室会的频度可大可小，利用得好，能对一个科室，一个医院的销售带来质的变化。

那么如何才能开好科室会呢?

一般来说，科室会的举办包括以下三个环节：会前准备、会中进行、会后评估及跟进。

（一）会前准备

会前准备是否充分，决定了科室会的举办效果。会前准备应该从以下几方面入手：

1. 科室选择

（1）科室的状况：一般开科室会的科室，都是一个新开发医院的产品目标科室，或者是已开发医院要求上量的科室；

（2）科室负责人情况：了解负责人的学术地位、在专业领域及医院内的影响力，接受新药的能力；

（3）科室用药现状：了解目前科室用药水平，是否愿意接受新药，科室内的人员状况；

（4）竞争品种情况：是否有竞争品种在临床使用，在该科室的主要推广方式是什么，竞争品种的工作基础如何。

2. 拜访关键人物

（1）已经用药的关键人物；

（2）扩大用药量的关键人物；

（3）建立用药习惯的关键人物；

（4）暂时对立的人物，尤其是科主任、专家。

3. 确定会议时间

（1）时间要充分：一般25—35分钟，避开查房和交班时间；

（2）时间安排：在同一时间内科室没有其他活动。

4. 确定会议场地

（1）会议室的大小适宜、环境安静；

（2）会议室桌椅摆放应方便演讲者与医生交流。

5. 资料准备

（1）产品的宣传资料、样品；

（2）本市、区临床用药经验文章；

（3）纪念品、讲课用品备齐。

6. 做好会前计划

对于可能出现的问题，应做好应急预案。

（二）会中进行

1. 确认讲课人：如果总部有学术专员，通过产品经理协调总部学术专员时间；如没有学术专员，可准备好专业 PPT，请目标科室主任帮忙讲课，公司提供主持费用；如科室主任确实不能主持，则自己要做好演讲的充分准备；

2. 沟通关键人物：一般是目标科室的主任，最好能沟通到位，让科室主任能做科室会的主持人，在科室会上做开篇提示和总结性的发言；

3. 引导讨论：通过引导讨论来验证医生对演讲内容的接受程度。

（三）会后评估及跟进

1. 及时跟进拜访每一位一线医生，推荐以夜访的形式，了解每位医生对科室会的看法，解决医生的疑虑，补充知识点，并将产品资料和小礼品及时送到每一位客户的手上；

2. 跟进拜访主任，赠送礼品表示感谢，并收集一线医生反馈的情况，再具体跟主任沟通下一步合作；

3. 跟进时拜访频率不宜过高，也不宜太低，一周 2—3 次较好；

4. 组织参加社交活动，比如聚餐，集体出游等；

5. 次月收集用量数据，再及时跟进答谢。

科室会的举办效果不仅体现了学术专员个人的学术水平，还体现了一个公司的形象和品牌。举办科室会已经成为学术专员的一项基本功，记入日常考核中。

案例 4　医院市场维护之解决客户疑义

一、案例描述

公司产品进入医院已经 3 个多月了，销量一直比较稳定，也没出现过什么问题。但是上周，在拜访时，王大夫跟小丽提及瑞旨的副作用时有顾虑。由于当时王大夫在门诊，人很多，小丽没机会与王大夫交流。回去之后，小丽对此事一直放心不下，因为王大夫本来就对该产品不是特别感兴趣，用量不多，如果不及时解决这个问题，可能会导致他直接淘汰该产品。

小丽查阅了大量有关瑞旨副作用的研究报导，也请教了主管和同事该如何应答此类问题。在做好了充分的准备之后，小丽来拜访王大夫。

今天，小丽早早来到医院，等王大夫上午查完房回到办公室。

王大夫看到小丽后，皱眉，说道：你怎么又来了？

小丽面带微笑回答道：王大夫您实在太忙了，只好在您查完房后打扰您了！

王大夫：没事你就不用来了，有机会我会用你们产品的！

小丽仍然面带着微笑说道：那先谢谢王大夫了。我这次来主要是上次您坐专家门诊时说的我们产品对肾功能的影响问题，当时时间太急了，而且您也太忙了，我没机会跟您细说。您说用我们的产品会影响到病人的肾功能，这是您碰到的，还是听说的呀？我们公司非常关注咱们临床的意见。

王大夫：那倒没遇到这种情况，是别的厂家说的。

小丽（微笑着）：原来是这样啊，我今天专门带了资料给您看，您看，这是医学期刊上我们公司发表的文章，我们的产品对肾功能有同样的保护作用。

王大夫：是不是重度肾病不能用？

小丽（微笑着）：王大夫，您到底是专家呀！不过这个情况不是因为产品本身，而是因为重度 CKD 患者肾功能的问题，很多药物都会引起血药浓度升高很多倍。

王大夫：那倒是。

小丽（微笑着）：王大夫，您看，这是我们公司的研究资料，一个对比试验，我们的产品和安慰剂的效果都是相似的。

王大夫：嗯，这个研究可以多跟临床沟通沟通，你们的产品效果还是不错的。

小丽（微笑着）：谢谢王大夫的肯定，这个资料给您留一份，也请您帮我们监督产品的安全性。其实这个事也怪我，在各位老师有疑惑的时候，没能及时发现问题，以后一定改进。

王大夫（微笑着）：你的工作做得很到位！

小丽（微笑着）：谢谢王大夫的肯定。有问题我们再随时沟通。就不多打扰您了！

二、 案例分析

在本案例中，销售代表小丽能够及时发现客户的疑虑，并能进行详细的了解，与客户进行深入的沟通交流，及时将客户的疑虑解决掉，为销售扫清了障碍，同时体现了自己的专业素质，提升了企业和个人形象，加深了与客户之间的客情关系，对下一步销售的开展帮助很大。

学术专员是医药企业与医院之间沟通的桥梁。有调查显示，73%的临床医生对新药信息的了解来自于学术专员的直接介绍。医生能不能正确地处方药品，在很大程度上受到学术专员的影响。当医生遇到产品处方问题时，都会及时与学术专员进行沟通。但是随着医患关系的紧张，医生和学术专员之间的这种信任关系越来越薄弱，医生在遇到处方问题时，大部分会选择不向学术专员咨询，而是主动停药，反正同质产品很多，有很多其他替代产品可用。这对销售会产生很大的影响。

如何能做到专业，销售代表必须具备以下素质：

（一）销售代表应具备的知识

销售代表应该具备相关的医药学基本知识，同时还应具备多学科、广阔的辅助知识，开阔知识视野。辅助知识是销售的润滑剂，也许会成为销售代表成功的媒介。

（二）销售代表应具备的技能

销售代表应具备的技能为探询、呈现、成交、观察、开场白、聆听、处理异议、跟进等各种销售技巧。

（三）销售代表应具备的敬业精神

敬业精神指勤（脑勤、眼勤、手勤、腿勤、嘴勤）、诚（诚意、诚信）、礼（礼仪、礼节）、智（智慧）、信（信誉、自信）。

阅读材料4 2014年度药企医院市场销售20强

2014年度医院市场销售前20强药企

排名	企业名称	份额
1	辉瑞制药集团	3.10%
2	阿斯利康集团	2.70%
3	齐鲁制药有限公司	2.50%
4	赛诺菲-安万特集团	2.40%
5	诺华集团	2.10%
6	扬子江药业集团有限公司	2.00%
7	罗氏集团	2.00%
8	拜耳-先灵集团	1.90%
9	江苏恒瑞医药股份有限公司	1.90%
10	上海复星医药（集团）股份有限公司	1.70%
11	江苏正大天晴药业股份有限公司	1.40%
12	北京四环制药有限公司	1.30%
13	费森尤斯集团	1.30%
14	四川科伦药业股份有限公司	1.20%
15	默沙东集团	1.10%
16	北京双鹭药业股份有限公司	1.10%
17	上海医药集团股份有限公司	1.00%
18	百特集团	1.00%
19	江苏奥斯康药业股份有限公司	1.00%
20	石药集团有限公司	1.00%

阅读材料5　2014年度中国医院竞争力排名20强

2014年度中国医院竞争力排名前20强

排名	医院名称	城市
1	中国人民解放军总医院	北京
2	北京协和医学院附属协和医院	北京
3	四川大学附属华西医院	成都
4	复旦大学附属中山医院	上海
5	北京大学附属第一医院	北京
6	上海交通大学附属瑞金医院	上海
7	中山大学附属第一医院	广州
8	第四军医大学附属西京医院	西安
9	北京大学附属人民医院	北京
10	华中科技大学附属同济医院	武汉
11	浙江大学附属第一医院	杭州
12	复旦大学附属华山医院	上海
13	中国医科大学附属第一医院	沈阳
14	北京大学附属第三医院	北京
15	南方医科大学附属南方医院	广州
16	华中科技大学附属协和医院	武汉
17	中南大学附属湘雅医院	长沙
18	上海交通大学附属仁济医院	上海
19	中南大学附属湘雅二医院	长沙
20	广东省人民医院	广州

项目 四

医药商业市场营销

项 目 导 图

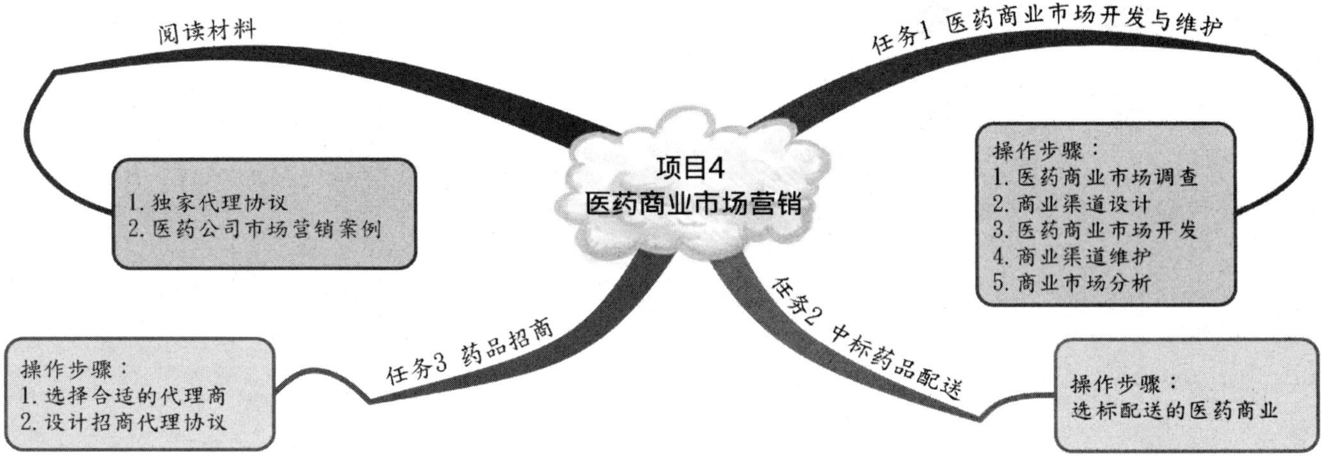
项目4
医药商业市场营销
任务1 医药商业市场开发与维护
操作步骤：
1. 医药商业市场调查
2. 商业渠道设计
3. 医药商业市场开发
4. 商业渠道维护
5. 商业市场分析
任务2 中标药品配送
操作步骤：
选标配送的医药商业
任务3 药品招商
操作步骤：
1. 选择合适的代理商
2. 设计招商代理协议
阅读材料
1. 独家代理协议
2. 医药公司市场营销案例

任务1　医药商业市场开发与维护

• 任务目标

通过本任务的学习，学生达到以下目标：

- □ 能对医药商业市场进行调查
- □ 能根据产品特点进行商业渠道的设计
- □ 能与客户进行谈判
- □ 能正确签订采购合同
- □ 能正确处理客户疑义
- □ 能按要求完成各类报表
- □ 能对医药商业市场进行总结分析

• 任务描述

你是某医药生产企业的商务代表，公司将你派到某地区开发医药商业市场，为下一步终端市场的销售打通供货渠道。

• 任务素材

1. 某制药公司的系列产品
2. 计算机
3. 某指定区域
4. 阅读材料

• 任务实施

相关知识

一、医药商业定义

医药商业，又称医药批发公司，主要负责医药商品在市场上的流通，是专门从事医药商品经营活动的独立的经济部门，它将医药生产企业生产出来的医药商品，包括药品、保健品、医疗器械、化学试剂、玻璃仪器等，通过购进、销售、调拨、储运等经营活动，供应给药品经营企业、医疗器械经营企业、医疗机构，完成医药商品从生产领域向消费领域的转移。

二、医药商业的功能

医药商业是医药商品流通供应链体系的关键环节，承担着供应链中不同环节相互关联的重要职能。医药商业是连接医药生产和消费终端的“搬运大军”，起到了纽带的作用。

（一）拥有全面的销售网络，覆盖面广，医药商品能快捷到达最终消费者手中。

（二）了解终端市场，拥有良好的人际关系网络。

（三）品种齐全，满足各类顾客的需求。

（四）能够和医药生产企业一起承担市场风险。

（五）保障了医药生产企业和医疗机构、药品零售商之间的信息沟通顺畅。

拓展知识

2011 年 5 月，商务部印发了《全国药品流通行业发展规划纲要(2011—2015)》，这是新中国成立以来第一次制定的药品流通行业发展规划。经过五年的发展历程，在《规划纲要》的指导下，药品流通行业发生了巨大的变化。行业的集中度不断提高，在医药批发领域较好地完成了《规划纲要》提出的具体目标。现在已有 1 家年销售额过 3000 亿元、2 家年销售额过千亿元的全国性大型医药商业集团，21 家年销售额过百亿的区域性药品流通企业。药品批发百强企业年销售额占药品批发总额的比例已从 2010 年的 77.2% 上升至 2015 年底的 84.4%。

2014 年中国十大医药批发企业（排名不分先后）

序号	企业
1	国药控股股份有限公司
2	国药集团一致药业股份有限公司
3	国药集团药业股份有限公司
4	上海医药集团股份有限公司
5	南京医药股份有限公司
6	广州医药有限公司
7	安徽华源医药股份有限公司
8	华润医药商业集团有限公司
9	九州通医药集团股份有限公司
10	天津医药集团有限公司

步骤一　医药商业市场调查

相关知识

对医药商业市场的调查工作非常重要，可以通过排查摸底理清渠道。

进入一个地级市场，可以通过拜访医院、询问其他厂家的业务人员或者上网，对当地的商业渠道进行详细调查，把握以下内容：

✧ 该区域主要的商业公司都有哪些？

✧ 能够全面覆盖整个区域的商业公司有哪些？

✧ 该区域各个商业公司的经营能力如何？

✧ 详细了解主要商业公司的运作特点——哪些是综合性的商业公司，哪些是以医院为主要客户的商业公司，哪些是以乡镇卫生院为主要客户的公司，哪些是以城市市场为主运作的公司？等等。能够详细把握的一定要详细把握，准确了解各个商业公司的主要运作特点和其主要客户的特点。

✧ 了解他们的配送特点、配送时间、各医院的配送人员等。

要摸清以上情况，需要对医药公司进行深入了解，概括为以下几个方面：

一、医药公司的基础信息

对医药公司的基础信息调查主要包括以下几个方面：

（一）公司资金、信誉情况

这是保证供应双方互惠互利、长久合作的基础，需要多渠道、多途径考察企业的资金是否充足，能否按时支付货款，是否注重企业长远发展，是否具备良好的经营信誉及履行合同的能力。

（二）销售规模

医药公司销售规模的大小会影响到双方合作模式、产品供应价格谈判、销售服务项目等方面，因此需要通过查询获取企业年销售规模数据。根据《药品经营质量管理规范》及其实施细则规定，药品批发企业分为：小型企业，年销售 5000 万以下；中型企业，年销售 5000 万—2 亿；大型企业，年销售 2 亿以上；特大型企业，年销售 10 亿以上。

（三）销售渠道

由于医药行业的特殊性，不同类型的医药市场决定了产品销售类别。医院市场主要以处方药、新药、三类医疗器械销售为主，零售药店市场以非处方药品、保健品、一二类医疗器械销售为主，医院市场和零售药店市场又称为纯销市场，可以直接销售给消费者。因此需要分析医药公司的产品销售渠道，以及各类型销售渠道客户的规模、数量，根据销售渠道可以判断该公司对不同医药商品的销售能力。

二、业务经营信息

针对医药公司业务经营情况开展调查，包括产品经营信息和销售人员信息两方面。产品经营信息是指使用同类产品（拟经营产品）的客户有多少，各客户使用同类产品的数量又是多少，由此可以得出拟经营产品在该医药公司的市场开发潜力。销售人员信息是指负责各客户的销售人员情况，以及销售人员与客户的关系，可以通过销售人员与销售客户良好的人际关系，提供市场需求信息，为该产品的市场开发与推广起到强有力的推动作用。

三、竞品信息

在上述信息获取的基础上，进一步调查在该医药公司经营的同类产品及厂家名称、厂家实力，产品的批发价、优惠折扣和零售价，产品所在企业的营销策略、激励政策，以及产品市场占有率等信息。

四、医药公司购买行为信息

（一）购买类型

医药公司购买商品的类型可分为三种：直接重购、修正重购和全新采购。

1. 直接重购　这是一种在供应者、购买对象、购买方式都不变的情况下而购买以前曾经购买过的产品的购买类型。这种购买类型所购买的多是市场成熟、用量稳定、有质量保证的商品，参与者较少。面对这种采购类型，原有的供应者不必重复推销，保证产品质量和服务水平，尽量使客户感到满意，获得客户信赖，争取稳定的供应关系；对于新供应商可以通过增加服务项目、提供一些更优惠的政策，或者利用客户对原供应商某些方面的不满意，促使其重新考虑供货渠道，争取拿到第一笔订单，逐步扩大战果。

2. 修正重购　指购买方想改变产品的规格、价格等，或者不了解市场行情，需要调整或修订采购方案。对于这样的购买类型，原有的供应者要清醒认识面临的挑战，多方面搜集听取购买方意见，掌握用户需求变化，了解购买者的真正需要，积极改进产品规格和服务质量，以保持现有的客户；新的供应者要抓住机遇，充分了解购买者的需求，对原供应者的产品质量、服务优劣做比较分析，一旦获取订单，就要以更优于原供应商的姿态出现，购买者比较容易接受。

3. 全新采购　指购买者首次购买从未购买过的产品。这是复杂的购买类型，由于是第一次购买，买方对新购产品心中无数，因而在作出购买决策前，要收集大量的信息，进行慎重分析和评价，因而，制定决策所花的时间较长。首次购买品种的成本越大，风险就越大，参加购买决策人员就越多。“新购”是营销人员的机会，要采取措施，影响决策的中心人物；要通过实事求是的宣传，使购买者了解本产品。为了达到这一目标，企业需制定营销策略，以赢得采购者的信任和行动。

（二）购买的参与者

组织市场的购买决策过程比消费者的购买决策过程更加复杂，参与决策人员中有更多的影响者和决策者。参与购买决策过程的所有成员形成一个采购中心——购买组织，他们有共同的采购目标，每个人的决策权力不一样，承担的责任也不一样。从采购行为中参与者所承担的任务不同来分析，有以下几种角色：

1. 使用者　提出购买者，他们是实际使用某种医药商品的销售人员，在大多数情况下，由他们首先提出采购要求，并具体提出产品的品种、规格等。

2. 影响者　直接或间接对采购决策者有影响的人员，如质量部、财务部等相关科室主任，他们通常对首营品种进行审查把关，协助采购工作正常进行。

3. 决策者　指有权决定医药商品品种、规格、数量、价格及供货厂家的人，如采购部负责人。

4. 采购者　指实际完成采购任务的人员。

5. 批准者　指那些有权批准决策者或采购者所提购买方案的人员，如总经理或者分管经理。

（三）组织结构

组织结构是企业流程运转、部门设置及职能规划等最基本的结构依据，通过了解公司组织结构，可以熟悉企业人员的结构、上下级关系，知道企业人员的配备情况，医药公司基本组织结构图如下：

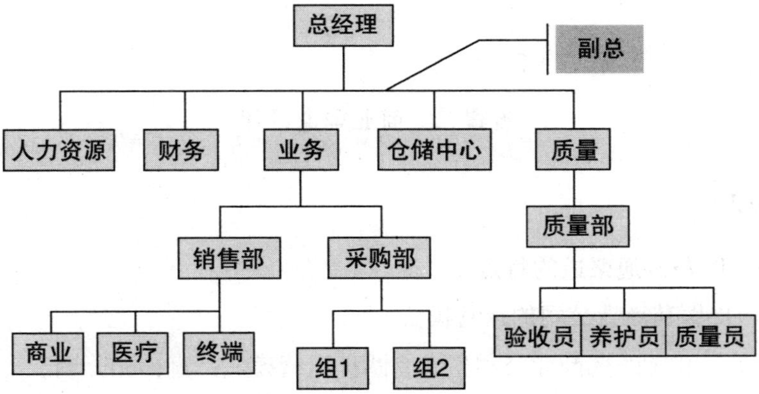

图 1－1　医药公司的组织结构图

（四）医药公司采购流程

医药公司产品采购流程如下图所示：

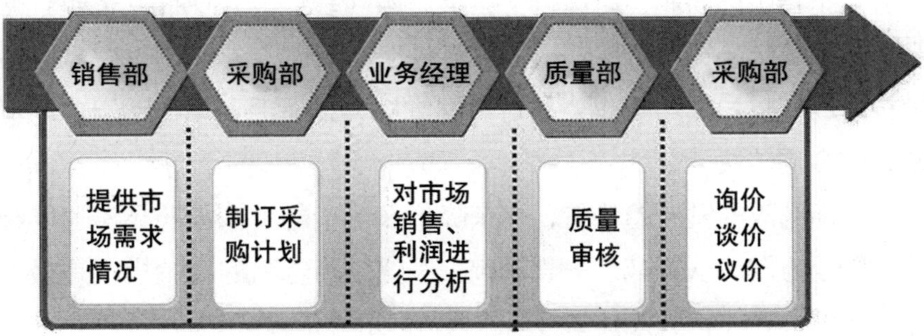

图 1－2　医药公司的采购流程图

做一做

以指定区域为例，试对该地区医药商业市场进行调查，掌握其基本信息，分析其综合实力排名。

步骤二　商业渠道设计

相关知识

一、医药流通渠道的特点

（一）医药商业公司的运营模式

目前，我国医药商业公司主要有两种运营模式：直销和分销。

直销是指医药商业公司通过上游供应商（大部分是药品生产企业）购进药品，然后将药品直接配送至医院、药店终端的模式。直销模式的特点：医药商业公司对终端的掌控能力强，毛利率较高，对药品生产企业的价格谈判能力强。

分销是指医药商业公司通过上游供应商（药厂或其他批发企业）购进药品，然后将药品销售给另外一个医药商业公司而非终端客户的商业模式。分销模式的特点：医药商业公司对终端掌控力弱，毛利率低，但市场覆盖率高，资金周转快。

而从新医改的发展趋势看，未来降低药品价格、减少药品流通层级是政策鼓励的方向。从“药厂—直销商—医院、药店”的直销模式是最符合政策导向的模式，将成为我国医药流通行业的主流模式。

（二）医药商业公司的销售类型

按照医药商业公司的终端销售特点可以分为三大类：一是配送型医药商业；二是终端销售推广型医药商业；三是配送加终端推广型医药商业。

配送型医药商业又可以分为三类，第一是以医院渠道配送为主的医药商业公司，它是医院药品招标中标药品的指定配送商业，销售渠道以医院配送为主。目前主要区域市场中的主流商业公司例如浙江英特药业、西安双鹤医药公司等为此种类型。第二是以零售药店及第三终端渠道配送为主的医药商业公司，它是依托其完善的药品配送、物流、仓储等物流体系和区域广覆盖的配送能力占领着区域市场药品的零售市场。它的生存和发展更加市场化，例如：全国各地的九州通医药商业。第三是医院和零售市场、第三终端市场兼有的配送型医药商业，目前这种类型的医药商业公司均是区域市场中强势的主流医药商业公司，例如北京医药股份、广州医药股份、重庆医药股份、华东医药股份等。以重庆医药股份为例，其下属多家专业化分类的医药商业公司，有以零售、批发、第三终端市场配送为主的重庆和平物流公司，有以药品医院配送销售为主的药品科、医贸中心等分公司，有专业进行 OTC 市场销售的和平连锁保健品分公司。

二、不同药品销售渠道的区别

目前，我们把市场上销售的药品分为新药和普药两大类。按照普遍观点，把刚上市不久、成分比较新、生产企业较少、价格较高的药品称之为新药，而把临床上已普遍使用、用量大、价格较低的药品称为普药。其中，新药多为处方药，普药大多为国家基本药物。二者的销售渠道区别如下：

大部分普药都是在零售药店、诊所和第三终端销售，因为它已经在临床上长期使用，消费者对它已经很熟悉，不用经过医生的诊断，自己也可以判断购买，多为非处方药，比如感冒药、胃肠药等，而且它的价格比较低，在二级以上医院，它的学术价值不能跟其他先进产品进行竞争；而新药则相反，由于刚上市不久，医生对该药品也不是很熟悉，更何况是患者，所以新药往往只能先经过医院的临床使用才能得以推广，例如肿瘤药。

做一做

分析给定的产品目录，结合对该地区医药商业市场的分析，确定每种药品适合的终端销售类型，并设计出相应的商业渠道。

步骤三 医药商业市场开发

相关知识

一、普药商业推广

目前中国的普药市场运作是商业起着主导型的力量和作用，而且各个区域市场已经基本形成以几家公司为主导、占有绝大部分市场份额的商业竞争格局，他们在当地区域市场耕耘多年，形成很强的市场垄断。对于中小企业而言，目前的产品无论是适合哪级终端的，在各个区域市场都会有不同的商业公司在当地占据垄断地位，借用他们的力量就可以迅速把产品送到各个渠道里。因此，普药市场推广工作的核心在于寻找合适的商业公司，对不同的商业公司进行有效的区分，根据不同商业公司的特点，运作不同的产品，制定不同的渠道政策，对渠道环节进行有效的刺激，从而迅速推广产品。

普药销售过程中，存在认识上的误区：普药没有卖点，利润低。任何产品都有一定的卖点，只是需要深入去挖掘。对于普药销售而言，卖点的挖掘非常关键，可以从生产工艺、所用原料、厂家实力等方面进行挖掘。普药需要通过规划和发展普药企业的特色产品线，从而在某一治疗领域或剂型方面表现突出，实现差异化竞争，从而慢慢形成品牌。

二、新药商业开发

对于新药，尤其是处方药来说，具有较强医院覆盖能力的医药公司是其市场推广过程中必须考虑的渠道。

新药通常借助其品牌建设及专业的推广手段来占领市场，价格也比较高。其营销手段主要是通过销售代表对医院、药店等终端进行专业拜访，组织各种形式的医生、店员教育活动，来扩大产品的影响力，提升产品销量。这种销售模式不仅需要投入大量的人力物力，而且需要一定的市场启动和培育时间，通常需要1—3 年的时间才能进入回报期。很多企业为了能够使新药迅速打开市场局面，会充分利用医药商业公司与终端客户之间的良好关系。

目前，新药销售量的70%是通过医院来实现的。因此，与医院关系密切、合作融洽的商业公司就成为各企业进行新药市场推广的有力助手。

做一做

模拟演练、拍摄新药、普药开发的拜访过程。

步骤四　商业渠道维护

相关知识

一、商业市场维护的工作内容

（一）定期拜访客户，定期与负责区域客户进行业务回顾及沟通，了解客户的业务需求，维护当地商业渠道畅通。

（二）完成公司产品在商业渠道中的铺货与销售。

（三）签订并协助执行商业客户协议。

（四）协助销售团队的工作，帮助完成公司产品在医院或者药店终端的销售。

（五）负责应收账款的管理。

（六）执行公司促销活动，按公司要求完成推广计划。

（七）及时收集、反馈市场信息。

二、货款支付审批流程

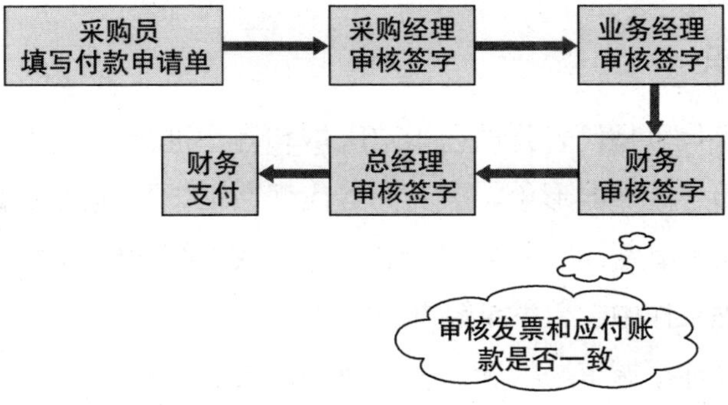

图1－3　货款支付审批流程

三、 客户疑义处理

表 1－1　　商业维护中的突发情况及其对策

序号	突发情况	对策
1	采购员以销售情况不好为由，推后结款	查系统流向、查医院的库存、查临床的用药，掌握医院的实际使用情况
2	采购员反映医院有破损产品，需处理	◎ 拿到破损的产品，了解其破损的原因 ◎ 根据批号情况进行处理。若公司有同批次的产品，调换补货即可；若公司无同批次的产品，可做退换货处理 ◎ 填写退换货申请单 ◎ 记录台账

做一做

根据下列情景描述，制定应对策略。

客情设计

突发情况 1：本月，你去商业公司采购小王那里询问回款的事情，结果小王说：这个月的销售情况不好，回款也不是很好，经理说结款的事先往后推推。

突发情况 2：采购员小王向你反映：昨天，市立医院有破损的产品，已经退回。

步骤五　商业市场分析

相关知识

医药商务代表是代表公司在指定区域和客户进行沟通谈判的人员，代表了公司在整个区域的形象。医药商务代表在维护当地商业渠道畅通、协助销售团队工作、帮助完成公司产品在医院或者终端的销售，以及公司应收账款的管理工作中起着举足轻重的作用。

为了更好地把握市场状况，医药商务代表需要按照公司要求定期填写报表，反馈信息，完成公司规定的各项销售报告，定期对工作完成情况、取得的经验及存在的问题，作系统的检验、分析和评价，并将工作情况向公司进行汇报。以下报表是医药商务代表需要完成的工作报表。

一、医药商务代表工作周报

医药商务代表需要详细记录一周中每天的工作内容，总结本周的主要工作情况和存在的主要问题，详细列出下周的工作计划，针对上周存在的问题制定出应对策略。

表 1－2　　周报表

<table>
<tr><th>项目</th><th>星期</th><th>日期</th><th>工作内容</th><th>本周主要工作情况</th></tr>
<tr><td rowspan="7">本周工作</td><td>周一</td><td>年月日</td><td>详细记录</td><td rowspan="4">本周评述：</td></tr>
<tr><td>周二</td><td>年月日</td><td></td></tr>
<tr><td>周三</td><td>年月日</td><td></td></tr>
<tr><td>周四</td><td>年月日</td><td></td></tr>
<tr><td>周五</td><td>年月日</td><td></td><td rowspan="3">主要问题：</td></tr>
<tr><td>周六</td><td>年月日</td><td></td></tr>
<tr><td>周日</td><td>年月日</td><td></td></tr>
<tr><td rowspan="7">下周工作计划</td><td>周一</td><td>年月日</td><td>详细计划</td><td rowspan="3">应对策略：</td></tr>
<tr><td>周二</td><td>年月日</td><td></td></tr>
<tr><td>周三</td><td>年月日</td><td></td></tr>
<tr><td>周四</td><td>年月日</td><td></td><td rowspan="4">意见反馈：</td></tr>
<tr><td>周五</td><td>年月日</td><td></td></tr>
<tr><td>周六</td><td>年月日</td><td></td></tr>
<tr><td>周日</td><td>年月日</td><td></td></tr>
</table>

二、月流向记录表

医药商务代表在每个月末，统计出每个客户对公司所有品种的采购量，做出月流向记录表。

表 1－3　月流向记录表

日期	客户名称	产品	规格	单位	生产企业	数量	批号

三、工作进度月报

医药商务代表月末对本月各客户按品种回款额、月末实际库存等工作进展情况进行总结分析，制定出下个月客户进货数量、进货额、回款计划。

表 1－4　商务工作进度月报

金额单位：元　　商务代表：________

客户名称	客户类别（A、B）	资信限额	品种	期末应收	本月回款额	本月回款计划达成%	月末实际库存						下月计划		
							进货量（盒）	进货额	销货量（盒）	销货额	库存量	库存额	进货量（盒）	进货额	回款计划

四、销售折让计算

医药商务代表每个月末根据销售政策和任务完成情况，计算出每个品种应该给客户折让的金额。

表 1－5　销售折让表

客户名称：　　回款区间：　年　月　日至　年　月　日

品种	回款数量	回款金额（元）	流向数量	流向金额（元）	折让（元）

五、 销售业务台账

医药商务代表每个月末对本月所签订的合同、回款、客户折让、发货、发票等情况进行详细记录，做月销售业务台账，年末做出一年的销售业务台账。

表 1－6 销售业务台账表

客户名称	合同							回款					折让		发货			发票				
	签订日期	合同号	产品名称	数量	单价	金额	月份	日期	金额	欠款	日期	对账	回款折让	年终折让	发货日期	批号	到货日期	发票号	数量	金额	交付日期	交付对象

做一做

根据给定的销售数据表，按照分析报告的格式要求，分析某时间段内的市场运作情况。

知识巩固

图 1－4 任务知识点

对照图1－4，梳理自己所掌握的知识体系，并与同学相互交流、研讨个人对某些知识点或技能技巧的理解。

拓展任务

试总结医药公司在医药行业中所起的作用。

任务2　中标药品配送

- **任务目标**

通过本任务的学习，学生达到以下目标：

□ 能合理选择中标配送企业

- **任务描述**

公司今年有部分产品中标，要求你配合终端销售人员，做好配送企业的开发，保障配送渠道的畅通。

- **任务素材**

1. 某制药公司的系列产品
2. 计算机
3. 某指定区域
4. 阅读材料

- **任务实施**

步骤　选择中标配送的医药商业公司

相关知识

药品集中招标采购是指多个医疗机构通过药品集中招标采购组织，以招投标的形式购进所需药品的采购方式。药品集中招标采购的目的是为了保证城镇职工基本医疗保险制度的顺利实施，从源头上治理医药购销中的不正之风，规范医疗机构药品购销工作，减轻社会医药费用负担。药品集中招标采购范围一般为城镇职工基本医疗服务的临床使用药品。常规使用及用量较大的药品必须实行药品集中招标采购。

国家医药卫生管理部门制定药品集中招标采购制度，一是希望通过该制度，以竞价方式解决“药品价格过高”问题；二是希望通过公开的招标程序，实现医院药品采购过程的“阳光化”，纠正药品采购中的不正之风。

一、药品集中招标采购

（一）招标采购工作流程

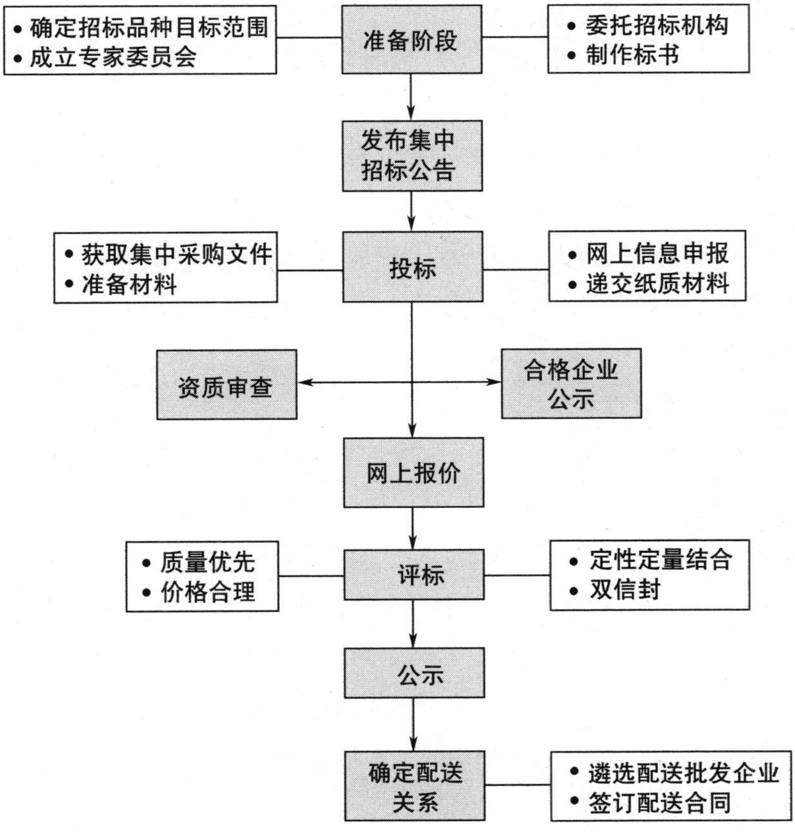

图 2－1　药品集中招标采购流程

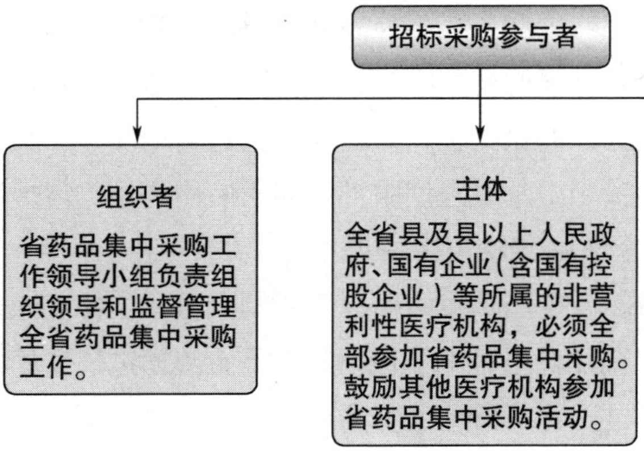

图2－2　药品集中招标采购的参与者

（二）药品生产企业投标工作流程

1. 招标前工作细则

（1）物价备案　根据搜索到的招标信息，考虑此地区是否需要备案物价。

（2）目录增补　有些地方招标前会发布信息增补目录，有些在招标公告中会说明是否可以增补。

（3）确定被授权人　被授权人代表整个企业所有品种去参加投标，包括买标书、递交资料、报价、议价、配送协议、中标通知书等，授权人一般为办事处经理。

2. 投标资料准备及跟进

（1）各省市会发布公告，告知发售集中采购文件的时间、费用、地点。有的省市不需要购买标书，只需到省药品集中采购交易平台进行下载即可。

（2）制作标书　仔细阅读招标文件内容，了解当地招标的要求、招标特点、评标规定等。必须按照采购文件格式要求制作投标文件，不得擅自更改附表内容、格式。投标企业需在投标截止日期前一周寄达，以便投标文件出现问题时能及时补充材料。

3. 资料审查阶段

（1）产品申报材料递交　随时关注递交材料的开始和截止时间，时间是否有更改。

（2）网上维护企业信息、产品信息、信息澄清、确认。

（3）及时补给缺少的、不合格的资料。

（4）进行信息确认。

4. 报价

一般由办事处经理报价。

5. 中标阶段

（1）领取中标结果 中标结果是网上公示，领取中标通知书。

（2）遴选配送 配送企业和厂家在规定时间内，在网上共同经营完成，每个地区可选择几家配送企业，也可选择代理商。

（3）签订合同 签订药品购销合同，按照合同履行条款。

（4）缴费 包括报名费、挂网（中标）服务费、保证金等。

（三）招标目录

1. 基药采购目录

列入国家基本药物目录的品种由省级人民政府统一确定，并报国家基本药物工作委员会备案，执行国家基本药物制度相关政策和规定的非目录药品的招标采购，由省政府指定的机构公开招标采购。

2. 非基药采购目录

除麻、精、毒、放等少数品种以及中药材和中药饮片外，医疗机构临床使用的其他药品，原则上全部纳入集中采购目录。对已纳入省集中采购的药品，经多次集中采购，价格已基本稳定的药品，可直接挂网采购。

（四）评标

基药招标实行双信封评标制度。

1. 技术标

主要对投标药品质量及质量可靠性（企业 GMP 资质认证、质量类型、生产规模、销售额、行业排名、市场信誉、不良记录等）进行打分，实行百分制。

2. 商务标

原则上以最低报价确定拟中标产品。评标的关键人物有招标办主任、有影响的学术专家。

（五）开标

中标并不意味着产品肯定能进医院，只是取得了进院的资格，对于新的医院客户还需要销售人员去做产品的推广工作。

三、配送公司的评估条件

（一）配送公司的基本指标

比如配送效率、配送及时率、破损率、配送网点覆盖能力等等。

（二）各配送公司在医药领域的经验和专业化水平

不同的企业对配送公司的要求是不同的，比如有些公司配送的东西是液体的，有些配送的货物是要求冷藏的。专业经验丰富、设备齐全，这些都是保证配送服务质量的基本条件。

（三）客户评价

可以考察配送公司以往服务的客户，可以根据对方服务的客户的级别大致看出来他们自身的实力，也可以向他们的客户了解他们的评价。

做一做

对指定区域内的商业市场进行分析，选择合适的医药公司，负责公司中标产品的商业配送。

知识巩固

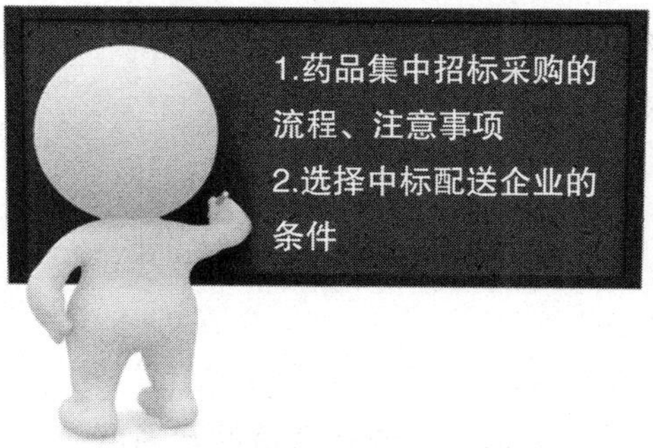

图2-3 任务知识点

对照图2-3，梳理自己所掌握的知识体系，并与同学相互交流、研讨个人对某些知识点或技能技巧的理解。

拓展任务

试谈谈个人对药品集中招标采购的认识与理解。

任务3 药品招商

- **任务目标**

通过本任务的学习，学生达到以下目标：

□ 能根据产品特点选择合适的代理商

□ 能设计简单的代理协议

- **任务描述**

公司决定，今年将选择一些品种做招商，而你是某指定区域的招商负责人。接下来，你要尽快进入工作状态，按照要求完成公司下达的招商任务。

- **任务素材**

1. 某制药公司的系列产品
2. 计算机
3. 某指定区域
4. 阅读材料

- **任务实施**

步骤一　选择合适的代理商

相关知识

目前，药品招商已经成为很多药品生产企业组建销售渠道的重要方式之一，越来越多的企业开始在发展经销商方面努力，很多中小型药品企业更是完全依靠经销商来实现产品的终端销售。

一、药品招商概念

药品招商就是指药品招商企业充分利用社会资源开创药品招商方面领域的市场，并向市场提供药品和服务等，把处于经营链不同环节企业各自经营的生产商、经销商、零售商通过构建一种稳定的、谋求双赢互利的伙伴关系，得以实现优势互补、风险共担、利益共享的战略联盟，最终占领和把控终端资源，创造更大利益。我们把这种药品流通联盟关系的构建简单称为招商，药品招商的工作主要包括通路规划、建设、运行及通路管理等系统工作。

二、药品招商的分类

现在医药招商的公司很多，主要按照品种和供货商进行划分。

（一）按品种划分

1. 临床类品种招商

一般指在医院渠道销售的临床品种的招商。

2. 炒作类品种招商

炒作产品都是短期行为，大多数都是通过广告的带动以谋取短期的获利。

3. 会销品种招商

会销指通过寻找特定顾客，通过亲情服务和产品说明会的方式销售产品的销售方式。保健品行业最主要的销售方式就是会销。

4. OTC 品种招商

指直接在药店销售的 OTC 产品的招商。

（二）按供货商划分

1. 厂家直接招商

厂家直接进行招商，分为电话招商和办事处招商。

2. 全国总代理招商

厂家将某个产品的全国销售代理权交给某公司，之后的招商工作就由该公司来负责。

（1）省级代理（一级代理）完成代理产品在该省区即定的销售任务，发展在该省区的分销网络，管理该省区内的冲窜货及招标事项。省级代理的条件是自身必须有纯销能力，且纯销能完成 60% 以上的省区年度销售任务，并有较强的市场管理能力。

（2）地级代理（二级代理）完成代理产品在该区域即定的销售任务，负责区域内的纯销、招标等事项。

（3）自然人（三级代理）指的是仅经营一个至几个医院或极小区域的散户，是一、二级代理的良好补充。

3. 市场调拨招商

市场调拨招商主要针对的是普药产品。

三、招商的方法

（一）展会招商

即传统的药品交易会，有 3 个关键要素非常重要。

1. 会前宣传

在宣传方面主要集中在招商网站上发布招商产品信息、展会的会刊、展前快讯或在专业媒体上临时投放一些广告，如《医药经济报》《中国医药报》等媒介，使经销商会前充分了解，会中直奔主题，现场达成高交易额。

2. 较好的展位

好的位置，就是好的广告平台，显眼的位置和角落的位置差价巨大的原因就是关注度的多少。

3. 富有创意的展位装修

通过参加医药行业展览会来进行招商，已成为许多中小医药企业的共识，一是因为医药展览会聚集的都是医药行业人士，包括医药经销商，招商的针对性强；二是因为通过展览会招商要比其他的医药招商手段相对要节省一些费用，在进行医药招商的同时可以展示一下企业品牌形象。

由于受资金的限制，许多中小医药企业参展的过程非常简单，仅仅是在展会上买一个标准展位，然后在自己的展位上发放一下资料，搜集一些医药经销商名片就可以了。参展缺乏策略、缺乏计划和缺乏周密的准备是大多数中小医药企业的通病。视觉冲击力强或者有特色的展位设计是吸引参展观众“驻足”的主要因素，同时为了让更多企业到展位来，可以进行产品促销，给代理商留下充分的印象，发一些纪念品，效果也会不错。展会后的跟进至关重要，对有意向的代理商要主动出击。

（二）电商医药招商

电子商务医药平台招商已经成为主流趋势，医药数字化平台是为医药上下游企业、中间商、医药终端提供交易所需的各种服务，即可提供药品信息发布、在线采购、在线销售、药品监管、在线支付、医药仓储和物流等医药流通全程服务。通过电子交易平台与线下的物流配送系统相互协调的运作，可实现医药商品的真实、高效流通，并且最终实现降低企业的销售、采购、生产、流通成本，减少流通环节，还原真实药价的目的。

（三）网络招商

网络招商的低成本和高效率，是制药企业开展网络招商的首要原因。开展网络招商需要做好网络宣传，而网络宣传与招商平台密切相关。目前医药招商主要渠道为：医药报刊、药品交易会、医药网站，而医药网站是近两年来发展最快的一种招商形式，其投入少、收效高的特点已逐渐为各家厂商认可。而随着互联网大环境的发展，医药行业上网的人群在不断壮大，专业的医药招商网站也在随之渐大渐强，成为医药招商渠道的中坚力量。

评判一个医药招商网站浏览量的方法，一般有下面几种方式：

1. 查询医药招商网站排名，排名越靠前的浏览量越大，特别是排名在10万以内的网站，参考价值更大一些。

2. 通过百度、google等大的搜索引擎来搜索一些关键词，比如医药招商、医药招商网、药品招商等，排名靠前的相对来讲浏览量可能会更大一些。

3. 看具体某个网站信息的更新量，即每日发布的药品招商信息、代理商留言信息是不是很多，网站的药品招商数据库、代理商数据库是不是最新的，不要单凭数据量，还要看数据的质量。

（四）电话招商

对于一个制药企业来说，选代理商是否成功是制药企业存活的命脉，所以要小心谨慎。电话招商的拜访程序如下：

1. 电话了解情况

新客户的发展，必然已经经过多次电话沟通，电话沟通中，应该初步了解经销商以下情况：

（1）经销商基本信息　姓名、地址、手机、传真、办公电话、邮编等详细信息。

（2）经销商性质　分为个人代理、挂靠经营、公司经营，如是公司，则需了解是股份公司还是国营单位。

（3）经销商主要纯销渠道　分为临床为主、OTC为主、批发为主，确定其主要销售渠道。

（4）经销商销售人员人数　临床代表人数，OTC 销售代表人数，专职促销人数。

（5）经销商经营思路　以临床为主还是以 OTC 为主，以纯销为主还是以分销为主。

（6）经销商销售区域　拟销售的区域，自己纯销的区域，分销的区域。

（7）经销商经营的主要品种，经营情况，市场运营模式。

（8）经销商对公司哪个目标产品有兴趣，该产品的市场反馈情况。

（9）经销商是否经营过同类产品，经营的情况，该同类产品价格、代理政策、销量情况，在经营过程中存在的问题，目前不经营该产品的原因。

（10）经销商对经营公司目标产品的要求。

2. 电话传递的信息

在了解经销商基本情况后，在电话沟通中应该向经销商传递以下基本信息：

（1）公司基本介绍，注册资金、规模、集团情况、公司现状。

（2）目标产品情况，包括零售价格、产品卖点、产品功能、产品优势、产品功效等。

（3）公司在目标区域的销售思路，以临床为主还是以 OTC 为主。

（4）公司在目标区域的销售目标、任务、考核等。

（5）公司目标产品的代理扣率。

（6）保证金政策。

（7）公司的市场保护政策。

（8）公司其他产品的基本情况介绍。

3. 拜访准备

拜访前做出详细的拜访名单拜访名单。包括客户姓名、地址、电话、产品以及销售代表对该客户的评估情况，出发前，先电话或短信通知该区域客户销售代表到达的时间，以便对方届时安排时间会面。

4. 到达后安排

到达后，先以短信通知该区域所有客户，销售代表住的宾馆、宾馆电话；先拜访或电话咨询已经认识的业内人士和老客户等熟悉人员，侧面了解本次欲拜访的目标客户群公司及个人的资金、经营能力、经营方式、信誉等各方面情况，以做到知己知彼，避免被客户蒙骗。准备就绪后，即以电话约见客户。

（五）短信群发招商

在医药行业，行业网站在积累一定资源后，会推出类似的招商短信。由于其精准度和相关性较强，这种专业领域的“精准”发送更能突出对企业和目标人群的服务性，更易被信息接收者认可。作为在医药领域有多年积淀的各家网站，通过参加各种行业会议、展览等途径，积累了几万条甚至几十万条经销商信息。行业网站类数据库的优势在于针对性强。为了加强针对性，药品招商网站把所掌握的网络数据进行科学划分，如按区域、代理品类、代理实力等方面都可以调出同类经销商，而这些经销商名单在医药招商网站的持续服务中不断筛选完善，如果出现打不通，或停机等现象，手机号码即被删除，能确保数据的准确性。

（六）DM 杂志招商

在美、日等国家，直邮信函（DM）已进入成千上万的家庭，DM 杂志直投在我国是新型产业，DM 广告一直被一些大品牌企业作为大众媒体必不可少的有益补充，而一些中小企业，特别是做高端产品的中小公司多将其作为重点媒体工具。

DM 杂志主要优点有以下几个方面：发行是免费赠送，不必花那么大力气想如何吸引顾客购买；DM 杂志投放有针对性的目标，减少了浪费，为企业节省了资金；DM 杂志读者对象明确而且集中稳定；DM 直投杂志形式和内容统一，阅读率高，读者就是商品信息的接受者。

（七）邮件招商

通过大量的邮件发放，寻找意向代理商。一般是加入群后经营。

四、选择代理商

（一）代理商基本要求

1. 有资源的、有经验的、有队伍的、有关系的、模式适合招商产品的。

2. 选择一级代理商需强调其分销能力、地政关系和终端覆盖情况。

3. 选择二级代理商需强调终端覆盖，即医院开发情况和 OTC 铺货率。

（二）选择代理商的主要因素

1. 开发能力　与医院、药店、其他终端客户的关系。

2. 经济实力　资金实力、经营设施、相关设备，以及员工的专业化水平。

3. 经营能力　终端覆盖能力和医院临床上的量能力。

4. 当前产品的市场运作情况。

5. 综合素质　包括经销商的信誉、管理体系和效率、服务能力等方面。

五、代理商的常见疑问

（一）产品是否有销路

代理商经销产品是为了进行二次销售，用来换取利益和价值的。产品的销路是经销商关心的核心问题。因此，代理商必须确认医药招商产品比竞争产品有优势，会成为畅销产品。如何能说服代理商使其对招商产品充满信心？可以建设样板店和打造样板市场，用榜样的事实来说话，使代理商确信招商产品有市场前景。

（二）产品利润是否高

经销产品就是想获得更大的利润，没有利润就打动不了代理商。因此，代理商关注产品能否带来高额利润。如何使产品给代理商带来丰厚的利润？招商厂家要保证经销商的利益，产品周转要快，产品质量要稳定，产品供货要及时。

（三）招商企业能否有安全感

经销商选择产品已从原来的感性盲目选择转变为现在的理性分析考察。因此，经销商需要考察招商企业在做市场上是否会半途而废，是否愿意共同开发市场、共同承担费用、共同承担市场风险。代理商除了考察招商企业的实力以外，还要重点看招商企业是否有长远打算做市场的理念，看企业是否有成功的市场案例。

六、代理商窜货

（一）窜货类型

1. 恶性窜货

经销商为了牟取非正常利润，蓄意向非辖区倾销货物。

2. 自然性窜货

一般发生在辖区临界处或物流过程，非供销商恶意所为。

3. 良性窜货

经销商流通性很强，货物经常流向非目标市场。

4. 同一市场内部的窜货

甲乙互相倒货。

5. 不同市场之间的窜货

两个同一级别的总经销之间相互倒货。交叉市场之间的窜货：经销区域重叠。

（二）窜货原因

1. 多拿回扣、抢占市场：供货商给予中间商的优惠政策不同。

2. 供应商对中间商的销货情况把握不准。

3. 辖区销货不畅，造成积压，厂家不予退货，经销商只好拿到畅销市场销售。

4. 运输成本不同，自己提货，成本较低，有窜货空间。

5. 厂家规定的销售任务过高，迫使经销商去窜货。

（三）窜货的危害

1. 一旦价格混乱，将使中间商利润受损，导致中间商对厂家不信任，对经销其产品失去信心，直至拒售。

2. 地区差价悬殊，使消费者怕假货、怕吃亏上当而不敢问津。

3. 损害品牌形象，使先期投入无法得到合理的回报。竞争品牌会乘虚而入，取而代之。

（四）窜货的预防与治理

规范渠道和市场、梳理渠道和经销商结构、加大市场管理和业务员考核等，是整治窜货的有效手段。

1. 招商企业要坚定规范市场、规范渠道的决心，即便是短期内对销售有不利的影响。

2. 加强实地调查，了解经销商所辖区域的实际市场消化能力，为渠道商制定合理的销售协议，并严格遵照执行。

3. 梳理经销商结构，并在协议中明确规定，对地区重复较多的渠道商进行归拢与淘汰，避免经销商为争夺客户扰乱价格体系。

4. 加大经销商市场管理考核与奖惩力度。

5. 制定严格的窜货管理制度。

6. 将业务员由产品销售者转为市场管理者。

做一做

试以注射用头孢曲松钠、复方氨酚烷胺胶囊、鱼油为例，分别为其选择合适的招商渠道，并制定一份针对某指定市场的药品招商方案。

步骤二　设计招商代理协议

相关知识

各招商企业代理协议代表了企业的信誉，协议一旦签署就应严格执行，不能随意更改。各企业协议格式大致相同，不同的是具体条款的具体细节，恰恰是这些具体细节的差别导致了各招商企业业绩的不同。

一、区域市场、 供货价

第一条款是甲方授权乙方在×××市场/医院独家销售、推广甲方的××产品，甲方以×××价格向乙方供货。单纯低价招商的企业多是这么写，而做得更细致的企业会作出如下保证：

（一）在协议期内甲方不得在上述区域授权其他单位或个人销售该产品。有的企业刚签署完协议，市场启动期未过，就另行发展其他代理商，这样的短视招商严重阻碍了其长期发展。

（二）如果原材料价格出现大的浮动甲方应提前1个月告知乙方，并作出相应调整，甲方尽可能保证按协议价供货。价格出现大的调整企业应出具正规的产品调价函，可以有效约束企业不能单纯考虑自己的利益，随意更改产品代理价格。

二、首批提货量、 市场开发进度、 任务量

协议签订后乙方首批提货量不得少于××件，市场开发期为3个月，3个月内需消化完首批提货；3个月内开发××家二甲以上医院；年销售任务为××件。细致的企业除了上述条款外还有如下条款：

（一）不硬性要求首批提货量，但要求上报市场开发进度表。市场开发进度表可以反映代理商的实力和市场经营思路。

（二）启动期内甲方可以协助乙方开拓市场。

（三）协议任务量就如同企业业务人员的绩效任务，任务过大完不成，就会想法冲货或影响业务的积极性；任务过小企业销量不易提升，业务人员也可产生惰怠心理。因此，任务量的制定应慎重斟酌，既能调动代理商的积极性又能实现销量的大幅提升。返利政策根据任务量进行阶梯返利。返利可以季度或年度给予兑现现金或货物，如果有冲窜货行为则不兑现返利。

三、保证金

保证金是招商企业为了让经销商保证履约而收取的资金。代理商多对保证金的收取持反对态度，是困扰招商企业的难题：收取保证金，招商企业有可能丢失客户，不收取保证金则会出现代理商窜货现象，而且处罚没有保障。

招商企业一般是重点品种或成熟市场严格收取保证金，非重点品种或空白区域采用可收可不收的态度。市场保证金多涉及当地医保的办理、任务量完成情况、有无市场冲窜货、有无低价倾销等，如无上述违规行为，保证金于合同期内或合同执行完3 月内退还。

四、提供相应的服务

处方药多执行现款现货的结算原则，甲方需提前一周上报采购计划，款到3 日内甲方组织发货。进下一批货时需提供上批货物的销售流向和进院发票复印件。后续服务包括货源的充足供应、销售合法手续的完备提供、发票的及时送达、临床宣传折页等促销品的提供、协助代理商举办学术年会、科室会等学术会议，以及对代理商业务人员进行产品知识和推广技巧、市场前景的相关培训等等。

五、退换货

招商企业原则上无质量问题不给予退换货，但是考虑到市场上的实际问题，可以协商收到货物3 个月内却无法销售的可以执行退整不退零的退货原则，并扣除货物供货价 20% 的发货费和管理费用，也可协助经销商进行分销。

招商企业多是希望找到实力强大、网络齐全的代理商，并把自己的产品作为重点来推广。可现实往往不如愿，实力强的代理商看不上企业的产品、实力小的代理商企业又看不上，这就是目前的医药招商现状。因此企业应该好好培育自己的代理商，尤其是把下游的中小代理商培养成大的经销商，共同拓宽市场、扩大市场占有率。协议应该是合作双方的共同约定，共同来维护具体条款，约定俗成，以协议为依据开发、规范市场。

六、代理商激励措施

招商企业对经销商的激励可分为直接激励和间接激励。直接激励，就是给予经销商物质激励，这是一种非常重要的激励手段。对于经销商管理而言，物质激励可以理解为利润刺激，即要保证经销商获得适当的经济利益，以鼓励其积极销售厂家的产品。间接激励主要指招商企业为经销商所做的相关支撑工作。

（一）给予返利

由于返利会直接影响到招商企业和经销商的既得利益，在制定返利政策时，要考虑到如下因素：

1. 返利标准　招商企业根据品种、数量、次级、返利额度制定出返利标准，要参考竞争对手的情况，考虑到现实性，防止抛售、倒货等现象的出现。

2. 返利形式　包括现价返、货物返，或者二者结合。

3. 返利时间　根据产品特性、货物流转周期确定返利时间，返利时间一般分为月返、季返、年返三个时间段。

（二）给予折扣

1. 数量折扣　经销数量越多、金额越大，折扣越大。

2. 等级折扣　经销商依据在渠道中的等级，享受相应待遇。

3. 现金折扣　回款时间越早，折扣力度越大。

4. 季节折扣　在旺季转入淡季之际，可鼓励经销商多进货，减少厂家仓储和保管压力；进入旺季之前，加快折扣的递增速度，促使渠道进货，达到一定的市场铺货率，以抢占热销先机。

5. 返点　根据提货量，给予一定的返点，返点频率可根据产品特征、市场销货等情况而定。

（三）组织促销活动

招商企业派人前往主要的经销商处协助举办产品展览和操作表演，培训销售人员，或根据经销商的销售业绩给予相应的激励。推出促销活动或政策时，应设计一套层次分明、分配合理的价差体系。价差指的是产品从生产企业到消费者手中经过的所有批零渠道的利益分配。

（四）开展销售竞赛

通过设计经销商、销售人员销售大赛的方式，开展销售技能比拼大奖赛，来激发经销商的销售热情，提升人员素质，扩大销售额、利润额。

（五）组织经销商培训

一般来说，经销商在管理方面与招商企业相比处于劣势，一些新的管理理念和管理方法，需要企业组织培训。另外，厂家的企业文化和理念，也需要通过培训来进行灌输和传达。通过培训，培养企业销售体系所需要的专业人才，提高合作伙伴的管理水平、增值能力、销售推广能力和商务、宣传、服务的规范，提升企业销售体系的竞争力，使合作伙伴与企业共同成长。

（六）提供营销支持

1. 帮助经销商建立进销存报表，做安全库存数和先进先出库存管理

进销存报表的建立，可以帮助经销商了解某一周期的实际销售数量和利润；安全库存数的建立，可以帮助经销商合理安排进货。

2. 帮助经销商管理其客户网，加强经销商的销售管理工作

帮助经销商建立客户档案，包括客户的店名、地址、电话，并根据客户的销售量将它们分成不同的等级，使经销商对不同等级的客户采用不同的支持方式，从而更好地服务于不同性质的客户，提高客户的忠诚度。

3. 帮助零售商进行零售终端管理

终端管理的内容包括铺货和商品陈列等。通过定期拜访，帮助零售商整理货架，设计商品陈列形式。

做一做

在步骤一的基础上，根据代理协议的一般要求，并参照给定的模板，设计一份简单的代理协议，主要列出其中的重点内容。

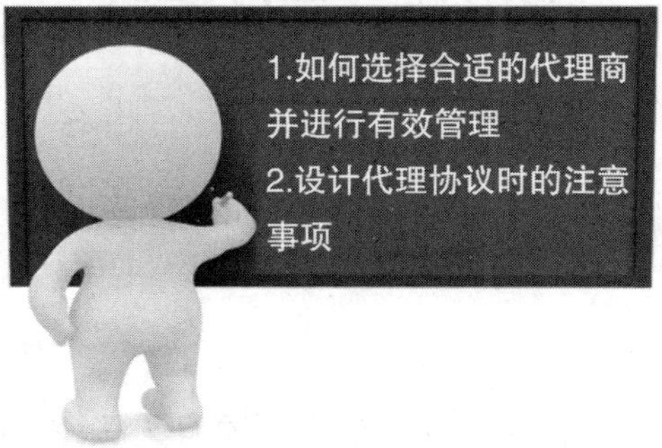

图 3－1 任务知识点

知识巩固

对照图 3－1，梳理自己所掌握的知识体系，并与同学相互交流、研讨个人对某些知识点或技能技巧的理解。

拓展任务

试总结药品招商人员的工作职责及流程。

阅读材料

阅读材料1　独家代理协议

合同签署地：

合同编号：

甲方：

乙方：

为保护甲乙双方的合法权益，根据国家有关法律、法规规定，秉着诚实守信，互惠互利的原则，双方协商一致，特订立本合同。

1. 甲乙双方均同意按照本合同内容之规定执行。甲方授权乙方作为________省________地区（以区号为准）________________有限公司产品________________加盟（独家）授权代理商，公司在该区域不再发展第二家加盟（独家）代理商。

2. 代理商全年进货总金额需达________元（大写：零佰零拾万零仟零佰零拾零元整），也可以不定额，定额完成有返利。

2－1　代理商首批进货金额需达________元（大写：零万零仟零佰零拾零元整）。

2－2　完成全年销售总额及年终返利：完成全年进货总金额返点________，超出部分奖励________。

3. 一个销售年度结束后，甲方有权在对乙方进行综合考核评估后决定是否继续授予其该地区的独家代理权；乙方亦有决定是否继续作为甲方该地区独家代理商的权利，在同等条件下乙方拥有优先权。

4. 供货及相关细则

4－1　合同供货价格：以甲方书面通知乙方的价格为标准，本价格不含税，需要发票按正常税率收取。

4－2　货款支付方式：规定期限内全款汇到甲方账户，款到发货。

4－3－1　首批进货：本合同签订之日，需交合同保证金________元，________日内按照计划量所需金额将首批进货款全额汇到甲方账户。甲方在收到乙方全款后，按照供货合同的要求组织发货，并退回合同保证金或者直接转为货款。

4－3－2　发生人力不可抗拒的意外因素（如铁路、公路、海运事故等），使甲方不能保证供货期或乙方不能按时交纳货款的情况除外。

4－4　交货地点及运费

4－4－1　合同交货地为代理商代理的城市。两地之间运费（以地区级城市为标准，仅限普通物流，如需快递或快速物流，差价由乙方负责）由甲方承担。

4－5　包装标准：按一般包装标准执行，包装物不回收。

4－6　甲方保证保质、保量、按期将产品交付乙方，如果在约定期限内无法交货的，超出一天按照货款总额的1%给予补偿（特殊情况根据双方约定）。

5. 广告促销管理

5－1　甲方设计、制作的产品必备资料，除按乙方购货数量比例配赠外，可以专为乙方的市场推出相应的广告宣传，其费用由乙方负责或者双方按比例分摊，具体情况双方协商解决。

5－2　乙方组织的促销推广活动，其形式及内容必须经甲方审核书面同意后方可执行。否则，一切后果由乙方自负。

6. 双方的权利和义务

6－1　甲方享有的权利

6－1－1　对乙方的经营有咨询、监督、调查权。

6－1－2　对违反本合同的不良行为有处罚权；情节严重的，可以直接追究乙方经济、法律责任。

6－2　甲方承担的义务

6－2－1　有按照合同规定维护乙方合同权益的义务。

6－2－2　有对乙方首次进货时提供业务培训或提供培训资料的义务。

6－2－3　有按时供货、保证货物质量和提供经营信息的义务。

6－2－4　有按照合同规定在合同期内同一签约地区不向乙方以外的任何其他法人或自然人供货的义务。

6－3　乙方享有的权利

6－3－1　有在合同规定范围内的自主经营权。

6－3－2　合同期满后，乙方在同等条件下有优先获得该地区独家特约代理商的权利。

6－3－3　对违反本合同的行为有处罚权；情节严重的，可直接追究甲方经济、法律责任。

6－4　乙方承担的义务

6－4－1　对甲方的产品、经营、市场策略等有保密义务。

6－4－2　不得经营假冒、侵权产品并有协助甲方共同处理上述问题的义务。

7. 双方必须遵守的其他条款

7－1　开箱损坏（未经用户使用）的产品，由甲方负责无条件退换，其运费由甲方负责。

7－2　售出产品的保修凭证（厂商联）必须及时寄回公司备案。否则，该售出产品不给予保修。

7－3　乙方在合同有效期内完成公司规定的首次进货量后，再进货产品实行可退货制度，原则上是没有经过拆封的部分，不得影响二次销售，可以享受公司无条件全额退款。

7－4－1　乙方退货产品的价格原则上以甲方当时的供货价格为标准，如遇价格上下浮动的，按变动后的价格执行。

7－4－2　乙方保证退货部分产品无使用、产品外包装完好无损，并不影响第二次销售（外包装损坏，收取一定费用）。

7－4－3　退货产品在乙方发运到甲方指定地点后由甲方验收，3 个工作日内，甲方按照其中合格品的实际货值向乙方汇出退货款额，退货中发生的运费、手续费、保险费、破损包装物等所有相关费用由乙方承担。

7－5　终止合同后的有关条款

7－5－1　乙方应对甲方的经营内容（包括配套产品及销售的全部相关

内容）继续承担2年保密义务。

7－5－2　退还所有文件、资料、授权委托书、特约代理牌（证书）等（包括复制品）。

7－5－3　如违反本条款，乙方同意按照侵犯甲方知识产权论处。

8. 乙方如遇到其他区域代理商窜货现象，收集证据并告知甲方，甲方及时通知窜货方并退出该区域销售，严重者甲方可以取消窜货方代理资格。

9. 由不可抗力或国家政策变动等特殊情况造成的违约行为，双方协商解决。

10. 违约责任：双方同意本合同（含附件及补充合同）全部条款，如违约，双方在协商不成的情况下，可提请至人民法院裁决。

11. 合同生效及期限：本合同自乙方的合同保证金到达甲方账户后生效，有效期为______年____月____日至______年____月____日。有效期日前，甲方相关款项必须到达甲方账户，否则合同自动失效，保证金不予退还。

12. 本合同未尽事宜，由双方协商确定后作为补充合同监督执行。

备注：（1）合同有效期内，甲方在乙方代理的区域再发展第二家代理，甲方赔偿乙方人民币50000元。

（2）甲方允许乙方在没有代理商的区域销售，可以优先取得该区域代理资格，如果有人签订该地区代理，则乙方必须无条件退出该地区。

甲方：　　　　　　　　　　　　乙方：

签订代表（签字盖章）：　　　　签订代表（签字盖章）：

年　月　日　　　　　　　　　　年　月　日

阅读材料2　医药商业市场营销案例

案例背景

医药公司是药品生产企业和销售终端之间的桥梁。医药公司因其广泛的销售网络覆盖和良好的终端人际关系，在医药行业中扮演着重要的角色，因此，成为众多药品生产企业进军医药市场、销售产品的有力帮手，可实现快速铺货、及时配送等，为终端市场产品供应及时性、种类齐全性提供了保障。

案例 1　医药商业市场之调查

一、案例描述

小张是山东绿叶制药的一名商务代表，主要负责公司新药诺森在临沂地区的商务推广与市场维护工作。今天，她要去拜访代理商×××采购部的谢经理，与其洽谈诺森的市场推广工作。

小张拿着公文包来到采购部谢经理办公室门口。门半开着，小张看到谢经理坐在正对着门的办公桌后处理文件。准备了一下后，小张敲了敲门。

谢经理抬头看向门口，说：请进！

小张快步走到谢经理办公桌前，从公文包里拿出名片，双手递给谢经理，说：谢经理，您好！我是山东绿叶制药的张晓洁。不好意思，打扰了，您现在方便吗？我想向您介绍一下我们公司的新产品——诺森。

谢经理接过名片，随手放在桌子上，说：这个产品我知道，有另外一个公司的业务员来推广过了。况且，我从来没跟你们公司打过交道。

小张从公文包里拿出公司资料，双手递给谢经理，说：谢经理，那我先简单向您介绍一下我们公司。我们绿叶制药是一家集科研、生产、销售于一体的中型医药企业，总部就在烟台。公司有丰富的产品线，产品覆盖肿瘤、心血管、消化及代谢、中枢神经系统等领域。今天向您推荐的诺森是我们公司今年新上市的一个品种，在×××市场的销售情况非常好。另外，我们公司针对代理商还有季度返利、年终返利、产品专卖返利、新品推广返利等优惠政策。

谢经理接过资料，随意翻翻，说：相比起来，你们的价格比较高啊！而且这是个新品，市场前景怎么样，还不好说。

小张（急切地）：谢经理，您放心吧，我们的产品质量绝对没有问题！

谢经理看着小张，摇摇头，说：我们公司没做过这个产品，以后有机会再说吧。

小张又从包里拿出一些资料，双手递向谢经理，说：谢经理，您看……

谢经理看了看表，站起来说：不好意思，我马上要去开会！

小张（沮丧地）说：那打扰您了，谢经理。再见！

小张垂头丧气走出谢经理办公室。

二、案例分析

毫无疑问，小张的这次拜访是失败的，而且可以看出，她并没有从与谢经理的谈话中获得有效信息。分析其拜访过程的表现，小张失败的原因可以从以下几个方面分析：

（一）拜访准备不充分

当谢经理提出产品价格较高且市场前景不明朗时，小张却在强调产品质量可靠，以期望客户可以对产品产生信心。而这时客户信心的建立并不在产品质量上，而是在于对产品前景的了解上。所以小张在拜访之前应该对公司情况进行调查了解，例如公司的业务类型、负责人的情况等，做到心中有数。这些情况可以从网上进行调查，也可以从同行处了解。另外，客户对没经营过的新产品通常都没有信心，作为销售人员来说必须知道这一点，那么如何消除客户的疑虑呢？小张可以对当地的医药市场进行了解，并结合产品的特点，为客户设计一份建设性的市场推广方案，这样既可以在一定程度上消除客户的疑虑，又可以体现销售代表的专业水平，一举两得。

（二）心理素质较差，情绪化

小张在整个拜访过程中的情绪变化较大，尤其是当感觉业务进展不顺利的时候，显得很沮丧，这样会影响到客户的情绪，这也是导致客户拒绝的一个原因。尤其是负面情绪，就像感冒病毒一样，对客户的影响力更大。所以作为销售人员都要清楚：要调动客户的情绪，首先要调动自己的情感。你高兴的时候，客户肯定也会有所感觉，会受到你的情绪影响，变得高兴起来，或者不会非常难为你。只有这样，谈判的气氛才会融洽，才会有可能提高业务的成功率。

案例2　王军为什么失败了

一、案例描述

王军是一名刚毕业参加工作的大学生，在绿叶制药做销售代表，主要负责×××市场，推广销售公司生产的一种心血管类药品——血脂康。王军工作很努力，但是却收效甚微。以下是他的三段推广经历。

【情景一】

王军连续数次去一家医药公司推广，采购经理每次都详细了解产品的功能主治、质量、价格、各项保证，王军也都尽心尽力地给他做讲解。但是采购经理一直拖着不表态，总是说：等下次有机会再说。一个月后，王军认为这家公司采购经理无购买诚意，于是就放弃了努力。

【情景二】

王军经过事先调查，了解到当地一家医药公司的购买决策者是该公司的采购经理和销售经理。他先去拜访了采购经理，并向采购经理详细介绍了产品的功能主治、质量、价格和服务，采购经理当场表态同意购买。轻松地过了这一关，王军很高兴，为了了解该公司销售部的情况，他接着又去拜访销售经理。销售经理听后沉吟未决，王军为了尽快促成交易，就告诉他："采购经理已经同意购买了。"不料销售经理一听这话，脸色阴沉地对他说："既然采购经理已经同意了，还找我干吗？"说完就没再搭理王军。王军一时也没明白怎么回事，但是也知趣地告辞离开了。第二天，当王军拿着公司的销售合同再次拜访采购经理时，采购经理以"公司已有同类产品，等有机会再合作"为由拒绝了他。

【情景三】

×××医药零售连锁药店采购部经理张先生一直从事采购工作多年，

精通业务，擅长计算，头脑清楚，反应敏锐，总是从公司利益出发去考虑问题，多次受到总经理的表扬，有望升为该零售连锁药店副总经理。王军通过耐心地介绍产品和谈判交易条件，终于使他成为客户，并持续保持良好的关系。这期间，王军在征得公司同意的情况下满足了张先生提出的许多要求，如保证交货时间、延长货款支付时间、培训营业员产品知识和销售技巧、开展合作广告等等；还注意加强感情投资，经常与张先生交流沟通，并在张先生和其妻子、孩子生日时送上鲜花和纪念品，双方的关系日益密切。可是，有一天张先生突然通知王军，停止购进他的产品，因为另一家企业提供了剂型、价格更加优异的同类产品，可以为公司赚取更大的利润。王军听了十分生气，认为张先生一点不讲感情，办事不留余地，是个不可交的人，从此断绝了与张先生的联系，也断绝了与该零售连锁药店的生意关系。

二、案例分析

情境一营销过程属于新购，王军之所以没有成功，分析原因有以下两个方面：

（一）王军不太了解医药公司采购新产品的程序

该公司以前未经营过这种产品，要对该产品的价格、服务、市场需求和市场风险等因素作全面分析和预测后才能做出决定。而王军在这方面并没有给客户提供合理化建议或者可行性方案，使得客户心里没底。

（二）王军对信息的敏锐度差

在不明白被拒原因的情况下，不是去寻找原因，而是就此放弃了努力，从而丧失了机会。

情境二中王军开发失败的原因是未明确各种角色之间的人际关系。王军虽然通过调查探悉该公司的购买决策者有哪些，但是未能进一步了解他们相互之间的关系，因此王军未能在推销过程中利用有利关系和回避不利关系，从而引起了销售经理的抵触情绪。

情境三营销过程属于典型的市场维护过程，王军在此次经历中失误的原因主要是以下两个方面：

（一）王军忽视了采购人员的性格因素

张经理购买行为理智性强，不太受感情因素支配。对这类采购者，供应商仅仅依靠感情投资难以奏效，必须密切关注竞争者的动向和市场需求变化，随时调整营销策略和交易条件，提供比竞争者更多的利益。

（二）王军片面地以为感情投资可以解决一切问题

忽视分析不同购买者的购买风格，忽视提高产品、服务和交易条件的竞争力，采取了意气用事的错误做法。正确的做法是继续与张先生保持良好的关系并及时向本公司反映竞争者的动向，改进产品后再重新进入该药店。

案例 3　医药商业市场维护之管理代理商

一、案例描述

某医药企业在全国有 100 多家地市级代理商。每年都要制订十几项渠道管理制度，其核心是渠道奖励政策，对销量有着举足轻重的影响。

营销中心刘总监走马上任之后，提出了“特殊支持型奖励政策”——对全国各代理商区别对待，依据市场潜力、竞争态势、代理商广告及促销计划投入量，给予各地区数额不等的费用支持，少则几千，多则数十万。

由于各地情况迥异，代理商年初纷纷向公司表决心、提计划。在无法准确预测各地区全年销量的情况下，刘总监只能凭主观感觉决定公司在各地区投入多少资金。

“会叫的鸟儿有食吃”，这激起了渠道代理商的强烈不满。没拿到支持的地区不停地抱怨，拿到支持的地区还嫌支持太少。公司前所未有地投入了近千万元费用，却换来了代理商大面积的消极怠工、怨声载道。

这一年成为该企业销售史上的“滑铁卢”，任务落空、费用超标，销售形势急转直下。

第二年，为了扭转被动局面，营销中心吸取了失败教训，推出了“返利型奖励政策”——公司不再预先支持各地区费用，一律以全年的实际业绩说话，按不同销量级别给予不同返点奖励。

但如此千篇一律的政策有失僵化，没有考虑部分特殊市场的具体情况，引发了销量排名前20位的大代理商集体抗议。他们认为：“没有投入就没有产出，竞争激烈的地区仅靠代理商的力量是不够的！而市场广告、促销费用全由代理商垫付，公司等着年底坐收渔翁之利，是一种不负责任的态度。”

大代理商的消极直接影响到了中小代理的信心。该企业销售再度全面下滑。渠道奖励政策是一切问题的焦点，两种政策都让代理商十分闹心。企业钱没少花却激化了矛盾。

二、案例分析

几乎所有的销售人员都认为管理代理商的工作就是签签合同、收收款子、处理处理售后问题，工作非常的简单而轻松。是的，这样的工作是很轻松，但是这些都是做的表面工作。如果这样管理代理商，也许会获得业绩上一时的增长，但不能获得长久的进步。那么该如何来管理代理商，使其既愿意被你管，又能保持很高的积极性呢？奖励是最有效的方法。

该企业第一次推出的“特殊支持政策”，实际上是一种“过程导向”政策，这种政策在营销管理中要慎用。否则那些仅仅描绘了“宏伟蓝图”的地区就能得到公司的支持，那些默默无闻、踏实肯干的地区却受到了冷落。这种费用支持导向会鼓励越来越多的渠道网络“坐而论道”，而且由于考虑因素过多、随意性太大，下级无法协助管理，很容易将矛盾集于总监一身，使得管理者心力交瘁，按下葫芦浮起瓢。“没有好的过程就没有好的结果”，这是许多管理者采用过程导向考核的一个根本原因。他们固执地认为，只要把过程中的所有关键点都考虑到了，理想的结果就会出现。

过程导向通常存在以下问题：

（一）评价指标制订以偏概全

不是所有的关键过程指标都能找到，做营销不是搞生产，后者必须标准化，而前者创新性极强。总部规定的过程指标，大多只是常规打法的，而创新性打法有时效果更好，却与奖励无缘。

（二）指标考核方向错误

由于管理者自身信息与能力的不足，对各地区的实际情况无法全面掌握，他们提出的过程指标并非都是增长良方，有时会误导代理商。比如，在广告的投入产出比不断下降时，仍要求各地区大量投放广告。

（三）指标量化约束过大

过程指标越多，越会导致平均用力，抓不住主要矛盾。许多硬性化的过程指标，比如全年必须办多少次促销活动，进多少家卖场，会束缚一线代理商手脚，逼迫其放弃更适合本地区的增长方式，导致主攻力量分散。

要实现市场的更大效率，就必须充分发挥被管理者的主观能动性！要促使渠道自我管理，结果导向是必不可少的，这会调整每一个被考核地区做出最优化选择。中国的改革开放之所以取得巨大成就，与变过程导向为结果导向的管理思维密不可分的，“黑猫白猫”理论就是其中典型代表，影响了整整一代人。

那么该企业后来采用了以结果为导向的政策，为什么效果也不理想呢？这是因为企业又将结果导向绝对化了。这种“一刀切”的做法，没能适应激烈变化着的市场形势。

如何正确把握两种导向之间的关系？二八法则是解决此类市场管理问题的最佳途径。80%的问题要以过程为导向，形成统一的管理规定来集中处理，这可以通过普惠支持政策来体现。20%的问题则要以结果为导向，特事特办，这是特殊支持政策的范畴。简单讲，就是总部想清楚了、有把握的事，可以运用过程指标来考核，规范整个渠道都采用统一打法，避免个别地区再重新摸索走弯路。而总部没有想清楚、也不太有把握的事，可以运用结果导向的指标来考核，鼓励渠道采用符合地区特点的创新打法，避免草率决策使大家一起走弯路。信息了解全面、一线经验丰富、竞争环境多变的企业，可适当加大过程导向的指标比例，比如对多办促销活动的代理商增加奖励，可以不与短期销量挂钩。但这种考核一定不能过多，以免破坏了以结果导向为主体的奖励构成。可以选择“几刀切”的模式，将市场划分为若干大类，每一类采取一种策略，这是最常见也是最有效的一种方法。

案例 4　医药公司市场营销之电话招商

一、案例描述

小孙是某医药公司的招商人员，负责对公司所代理的产品进行电话招商。今天，她要给一个从未接触过的代理商打电话，推广公司产品，达到招商的目的。

对方：你好，哪位？

小孙（小心翼翼，声音很小，还有点颤音）：您好，我是××医药公司的，您现在方便吗？

对方：还行，你抓紧说。

小孙：我们公司有些品种，我向您做个简单介绍，您看看有没有意向经营一下。

对方：哦，你说说看。

小孙：我们公司代理了××××（小孙开始照着产品目录念）

大约 1.5 分钟后……

对方：我这还有点别的事，以后再说吧！

小孙（很紧张）：那我改天再给您打吧。

对方：不用，我有需要的话会给你打的。

小孙（很失望）：哦，那好吧！再见。

对方：再见。

电话挂断。

二、案例分析

毫无疑问，这是一次非常失败的电话营销案例。通过这次电话营销，对方没有收到任何信息，所以也绝对不会主动联系小孙。现在我们对这次电话记录做分析：

第一，小孙明显信心不足，通电话过程中语言颤抖，音量小，这是电话营销非常要命的缺点。你的语言不能感染人，就没有人真正愿意跟你交谈下去，那你就无法获得真正有效的信息；

第二，没有明确本次电话拜访的目的。作为电话营销人员，对每次电话拜访都应做预期效果估计，需要得到些什么，如何切入等。盲目地打完一通电话，自己大汗淋漓，回过头来，发现什么效果也没有，这是很多电话营销员存在的弊病，没有对电话作为营销工具的性能进行了解。电话营销应是循序渐进的过程，挖掘潜在客户，建立良性客情，所以应精心策划每一个电话拜访的过程、目的；

第三，没有做到有针对性的传递信息。通过有限的信息对客户做初步分析后，可以针对客户经营产品的特性，有针对性地做交流；同时发挥自己的专业知识，有效传递优势信息，让客户产生信任，产生兴趣。这样既找到了客户感兴趣的话题，同时又展示了自己；

第四，缺乏灵活的临场应变能力。所有的计划都做齐了，但我们电话营销不只是针对公司，最直接的是针对人。每个客户的性格是不一样的，这电话打过去，有可能遇到各种各样的答复。比如对方说我很忙，其实是软拒绝。这时你要思考为什么要拒绝，肯定你的介绍并没有引起客户的兴趣，你得想办法化解这个尴尬的气氛，可以以理解的口吻肯定对方的理由，再有重点地介绍产品，这样会更有效；再例如对方说以后再联系你，这也是一种托词。要利用各种方法对其进行挽留，例如问询对方的地址给对方寄产品资料、给对方发电子邮件等，过几天再给对方打电话确认，都比直接放弃要好得多。

电话招商作为医药公司一种常见的营销手段，具有低成本、高效果的特点。但是并不是每个人都能把电话营销做好，所以电话营销员的综合能力非常的关键。总之，只有对电话营销的特性充分了解，自身素质的有效提高，才能把电话转变成营销工具的利剑，这时候就可以亮剑了。

参考文献

[1] 菲利普·科特勒. 营销管理(第 11 版). 北京:中国人民大学出版社,2005.

[2] 严振. 药品市场营销学(第 2 版). 北京:化学工业出版社,2006.

[3] 汤少梁. 医学市场营销学. 北京:科学出版社,2007.

[4] 冯国忠. 医药市场营销学. 北京:中国医药科技出版社,2007.

[5] 吴弘. 医药市场营销实用技术. 北京:中国中医药科技出版社,2008.

[6] 张平淡. 医药营销:观察与思考. 北京:中国经济出版社,2008.

[7] 孙天福. 市场营销基础. 上海:华东师范大学出版社,2011.

[8] 钟明炼. 药品市场营销学. 北京:人民卫生出版社,2011.

[9] 董国俊. 药品市场营销学. 北京:人民卫生出版社,2012.

[10] 林瑾文. 药品市场营销技术. 南京:凤凰出版传媒集团,2012.

[11] 王会鑫,周先云,黄颖,等. 医药营销技术. 武汉:华中科技大学出版社,2013.

[12] 沈志平. 医药市场营销(第 3 版). 北京:科技出版社,2015.

图书在版编目（CIP）数据

医药市场营销实务／丛淑芹主编. —济南：山东人民出版社，2016.3（2025.1 重印）
ISBN 978－7－209－09443－6

Ⅰ. ①医… Ⅱ. ①丛… Ⅲ. ①医药－市场营销学－教材 Ⅳ. ①F724.73

中国版本图书馆 CIP 数据核字（2016）第 022735 号

医药市场营销实务

丛淑芹　主编

主管单位　山东出版传媒股份有限公司
出版发行　山东人民出版社
社　　址　济南市市中区舜耕路 517 号
邮　　编　250003
电　　话　总编室（0531）82098914
　　　　　市场部（0531）82098027
网　　址　http://www.sd-book.com.cn
印　　装　山东新华印务有限公司
经　　销　新华书店

规　　格　16 开（169mm × 239mm）
印　　张　21
字　　数　380 千字
版　　次　2016 年 3 月第 1 版
印　　次　2025 年 1 月第 6 次
ISBN 978－7－209－09443－6
定　　价　36.00 元